도전! 지구둘레길 395일

도전! 지구둘레길 395일
(아프리카 편)

초판 1쇄 인쇄 2012년 10월 20일
초판 1쇄 발행 2012년 10월 25일

지은이 최세열
펴낸이 金泰奉
펴낸곳 한솜미디어
등 록 제5-213호

편 집 박창서 김주영 이혜정
마케팅 김영길 김명준
홍 보 김태일

주 소 143-200 서울시 광진구 구의동 243-22
전 화 (02)454-0492(代)
팩 스 (02)454-0493
이메일 hansom@hansom.co.kr
홈페이지 www.hansom.co.kr

값 15,000원
ISBN 978-89-5959-329-3 (03980)

도전! 지구둘레길 395일

| 삶의 二毛作 | 아프리카편 |

한솜미디어

예순여섯에 걸은 후반생後半生의 순례길

'이유 없는 반항Rebel Without a Cause', 오늘을 사는 기성세대는 1950년대에 회자하였던 10대의 성장통을 모두 겪었을 것이다. 그래서 우리 아이들이 안고 있는 답답증과 소통 부족의 현실에서 느끼는 소외감에 공감할 수 있고 '이유 없는 반항'을 신세대의 투정 정도로 이해하는 너그러움도 가질 수 있다.

그러나 당신은 60대 노장의 '이유 있는 반항'에 대해 들어본 적이 있는가? 서른 후반에서 쉰 전반을 아우르는 기성세대에게 자리를 내준 60대는 대부분이 사회활동에서 떠밀려 난 퇴직세대이고, 인생의 석양을 관조하게 되는 잊혀가는 황혼 세대이다.

새 아침에 떠오르는 태양이 아름답다면 붉게 물든 저녁노을도 장엄하지 않았던가? 새봄의 신록이 희망의 상징이라면 어찌 온 산을 붉게 물들인 오색 단풍과 황금 들녘에 물결치는 오곡은 풍요로운 결실의 증거가 아니겠는가?

예순여섯 살이 되던 그해 2010년 1월~2011년 2월 배낭을 메고 여섯 대륙, 서른세 나라의 나그넷길을 다녀왔다. 그것은 지금껏 살아왔던 나의 전반전 삶에 대한 이유 있는 반항이었고, 미지의 후반생에 던진 하나의 도전장이었다.

우리말 가운데 내가 제일 싫어하는 단어는 '노인'이다. 안타깝게도 기성 사회에서는 노인이라 하면 인생을 다 살아버려서 용도 폐기된 그래서 커튼이 내려진 무대 밖으로 퇴장해야만 하는 퇴역 배우 정도로 생각한다. 나는 그와 같은 사회적 통념에 반기를 들고 싶었다. 그래서 나는 젊은이들의 전유물이 되어버린 배낭을 메고 예순여섯 살에 '이유 있는 반항의 나그넷길'을 시작하였다.

내가 거닐었던 긴 도전의 길목, 세계의 지붕 티베트 고원과 에베레스트의 베이스캠프를 지나며 불자들의 윤회 사다리를 보았다. 몽골 벌판에서 시베리아 철도로 북극권의 종착역 로바니에미까지 가는 1만 km의 정신 나간(?) 기차여행 가운데 옛 유형의 땅 시베리아가 약속의 땅 가나안이었음을 보았다.

신비에 싸인 미지의 대륙 아프리카를 좌충우돌하는 동안 선사 이전 인류 조상의 모습을 훔쳐보았다. 아프리카의 정상 킬리만자로 우후루봉에 올라서 예순여섯 살의 내가 아직 건재함을 확인하였다. 희망봉에서 흑백 공존과 상생의 무지개를 꿈꾸는 이들의 도전을 보았다. 죽음의 사막 나미비아의 황야에서 밤을 지새우며 젊은 날 방황의 계절을 회상하였다. 시나이 반도에서 이스라엘로 출애굽(?)하면서 파라오와 나일 강 신들의 땅에서 지냈던 노예의 삶을 탈출하여 40년 동안 광야 길을 걸었던 그들의 애환과 투쟁을 공감할 수 있었다.

남극의 백색 대륙 위를 두 발로 걸어보던 날, 나는 스콧과 아문센의 남극점을 향한 경주가 인간만이 지닌 도전의 특성임을 배웠다. 그리고 세상의 끝 마을 우수아이아에서 페루의 안데스 골짜기까지 남미대륙을 거슬러 올라가는 고달픈 행보를 시작하였다. 마지막으로 아마존 정글의 원주민들과 함께 지냈던 며칠 동안 우리와 닮은 꼴 형제의 모습을 보았다. 배낭여행의 첫사랑 안데스를 네 번째 넘어오며 나는 애환이 깃든 내 젊은 날의 초상을 볼 수 있었다.

사람들은 남미대륙의 끝자락 아르헨티나의 가장 남쪽 마을 우수아이아를 '세상의 끝' 이라고 부른다. 지구의 바닥 남극 탐방에서 돌아온 날 나는 그곳에서 다음과 같은 글이 적힌 팻말을 보았다.

'세상의 끝 그러나 모든 것의 시작. El fin del mundo, el principio de todo.'

'끝' 이란 곧 '시작' 이란 뜻의 이음동의異音同意어다. 살아보니 인생이란 항상 후반생의 반전이 있기에 살아볼 만한 것 같다. 인간은 60대 중반에도 통념의 고치를 뚫고 나와 재생의 창공으로 비상하는 나비가 될 수 있다는 확신을 갖게 되었다.

옛날 요엘이라는 선지자는 '젊은이는 이상을 보고 늙은이는 꿈을 꿀 것이다' 라고 예언했다. 꿈꾸는 삶이란 나이에 상관없이 영혼이 젊은 자에게 미지의 신세계이다. 내가 좋아하는 '조지 워커' 가 100세 생일에 읊은 그의 시 '노년 찬가Growing Old' 가운데 이런 구절이 있다.

사람들은 '늙는다는 것이 삶의 언덕 아래 내리막길을 간다' 하네
우리의 운이 다해버린 듯 슬픔에 잠긴 말투로-

지나버린 한 때의 시절時節을 한숨 지며 이야기하네
다가오는 미래가 불멸不滅의 빛을 잃었다는 투로-

그러나 그것은 내리막길이 아니라오, 더 높은 곳으로 오르는 것이라오.
우리의 영혼이 열망하는 고도高度가 거의 다 보일 때까지…

그 누가 물결치는 황금 이삭을 갓 솟아난 여린 싹과 바꾸려 할까?
또, 무르익은 오곡을 보며 녹엽綠葉의 시절을 그리워하랴?

또 누가 진리의 길 위에 얻은 아름다운 은백銀白의 머릿결을
반짝이는 앳된 머리 타래로 바꾸고 싶어 하랴?

영혼은 항상 젊음이건만 흐르는 세월이 사람을 늙게 할까?
노년에 맺은 잘 익은 실과實果, 그 최상의 맛을 그 누가 알까나?

우리 시대를 살며 일탈을 꿈꾸는 오륙십 대의 어버이들에게 이렇게 외치고 싶다.

"그대가 67세 미만의 젊은이라면 이제 한 번 '이유 있는 반항'을 하여보라! 그대의 버킷리스트에 도전하기에 그대는 아직 늙지도 늦지도 않았다! 그대가 꿈꾸는 일탈을 '60대의 반항'이라고 불러도 좋다. 왜냐하면, 그것은 통념의 고치를 뚫고 나온 모충毛蟲이 하늘로 비상하는 나비가 되는 변신의 순간이기 때문이다."

서른세 나라에서 나그네로 보냈던 나날들이 외롭고 때로는 고달팠으나 꿈을 메고 걸었던 방랑자의 길은 마냥 행복했었다. 우리와 좀 달리 생긴 그들의 삶과 문화를 접하며 흘러가버린 시공 속의 내 옛 모습을 보게 되었고, 그 행로에서 마주친 다른 마을에서 온 길동무와 나누었던 시간은 내 가슴을 열게 하고, 새로운 세계에 눈을 뜨게 하여 내 삶을 풍요롭게 해주었다.

'도전! 지구둘레길 395일' 아프리카 편은 소년의 꿈을 메고 검은 대

륙의 오솔길을 걸었던 예순여섯 살의 한 장년長年이 체험한 나그넷길의 기록이다. 그리고 지금껏 걸어온 65년 전반생前半生 삶의 단편들을 돌이켜보는 한 영혼의 자전自傳 기록이기도 하다.

나는 인류 조상의 진원지라는 검은 대륙 아프리카에서 인간과 야생동물이 공생하는 세계, 생물과 무생물이 공존하는 우주의 한 조각을 볼 수 있었다.

중동의 화약고, 성서의 나라 이스라엘 갈릴리에서 야물커를 쓴 보수주의 유대인과 축구를 사랑하는 팔레스타인 청년이 서로 농담을 하며 상생하는 것을 보고, 평화를 위하여 종교와 이념의 차이를 잠시 초월할 수만 있다면 지구촌의 다른 동네에서도 공생할 수 있다는 희망을 갖게 되었다. 그리고 신이 주신 선물, 우리가 사는 이 지구는 아직도 살만한 아름다운 행성이라고 믿게 되었다.

예순여섯 살 소년의 도전에는 마침표가 없다. 나는 이 글이 마무리되는 대로 약속의 땅 가나안을 탐지하러 간 여호수아와 갈렙처럼 금단의 땅을 탐지하고 오지 중의 오지를 찾아가는 지구촌 순례의 도전을 계속하려 한다. 그것이 북극北極 선을 따라가는 북행길이든 적도赤道 상의 둘레길이든 우리 민족의 뿌리를 찾아가는 만주 벌판이든 같은 민족이 숨 쉬고 있는 북녘땅이든 60대 노장의 세 번째 이유 있는 반항은 계속될 것이다.

최세열

a and Mideast (Aug 7 – Oct 20, 2010)
pia, Kenya, Tanzania, Madagascar, South Africa,
e, Zambia, Namibia, Egypt and Israel
PORTUGAL
SPAIN
ITALY
ROMANIA
BULGARIA
GREECE
TURKEY
GEORGIA
SYRIA
IRAQ
IRAN
JORDAN
SAUDI
ARABIA
YEMEN
OMAN
MOROCCO
ALGERIA
LIBYA
EGYPT
Western Sahara
MAURITANIA
MALI
NIGER
CHAD
SUDAN
ERITREA
ETHIOPIA
SOMALIA
SENEGAL
GUINEA
NIGERIA
CENTRAL AFRICAN REPUBLIC
CAMEROON
GABON
UGANDA
KENYA
DEMOCRATIC REPUBLIC OF THE CONGO
TANZANIA
ANGOLA
ZAMBIA
ZIMBABWE
MOZAMBIQUE
NAMIBIA
BOTSWANA
SOUTH AFRICA
MADAGASCAR
SEYCHELLES
COMOROS
SOUTH ATLANTIC OCEAN
Mediterranean Sea
Black Sea
Red Sea
Equator
Cairo
Aswan
Abu Simbel
Dahab
Addis Ababa
Lalibela
Lower Omo Valley
Masai Mara
Nairobi
Kilimanjaro
Antananarivo
Antsirabe
Isle Sainte Marie
Victoria Falls
Pretoria
Windhoek
Walvis Bay
Sossusvlei
Cape Town

도전! 지구둘레길 395일

도전! 지구둘레길 395일

남부 아프리카 _ 166
(남아프리카, 짐바브웨, 잠비아, 나미비아)

이집트에서 이스라엘로 新 출애굽기 _ 211

잃어버린 이스라엘의 옛 지파
에티오피아

미지의 대륙, 아프리카를 향하여

2010년 1월에 시작하여 남미와 중앙아시아, 시베리아 그리고 서유럽을 거쳐서 7월 초 한국에 돌아와 잠시 숨 고르기를 한 후 다음 행선지인 아프리카로 떠나기 위해 배낭을 꾸렸다.

"아프리카? 환갑이 훨씬 지난 예순 중반에 배낭을 메고 천하를 주유한다니… 소가 웃을 일이다. 혹시 네 머리가 어떻게 된 것이 아니냐?" 고 말하는 이도 있었다. 그러나 눈앞에 전개될 새로운 세계에 대한 도전을 생각하면 뜨거운 심장이 뛴다. 후반생의 꿈을 이루는 '삶의 이모작'을 계속할 수 있기에 지금 나는 행복하다. 그래서 이 글을 접하는 5~60대의 벗들에게 이렇게 외치고 싶다.

"벗이여, 그대도 소년 시절의 꿈을 좇아 나와 함께 나그넷길을 떠나자. 아이들에게 그대의 발자취가 담긴 전설을 유산으로 남겨주도록!"

아프리카 대부분의 나라가 전쟁과 가난, 무지와 병고 속에 신음하고 있다. 그러나 천혜의 자연과 무한한 천연보물이 숨겨진, 무한 가능성이 있는 곳이기도 하다. 이런 이유로 아프리카는 내 가슴속에 모험심의 불꽃을 지피기에 충분한 매혹적인 대륙이었다.

남미 일부와 유라시아를 다녀온 나는 2010년 8월 초에 출발하여 3~4개월에 걸쳐 아프리카 대륙을 일주하겠다는, 나름대로 알찬 여정을 준비하였다. 우선 성서 속의 나라 에티오피아에서 시작하여 광활한 동물들의 왕국 케냐를 보고, 아프리카의 지붕 킬리만자로에 오른 후, 고생대의 세계 마다가스카르 섬을 찾는 것이 아프리카 동부 탐사 1차 일정이었다. 2차로 남부 아프리카의 여러 나라와 서부 아프리카를 돌아 마지막으로 이집트에서 아프리카 일주를 마칠 계획이었다.

에티오피아는 사하라 이남의 아프리카 대륙에서 역사가 가장 오래된 나라로, 옛 이름은 아비시니아 · 에티오피아 · 구스 · 시바였다.

에티오피아의 인구는 총 8천5백만 명으로 아프리카에서 두 번째로 많으며 80여 종족의 다양한 문화와 흥미로운 역사가 숨겨진 곳이다. 인류학자들은 현생 인류의 조상이 아프리카에서 출현했다고 주장한다. 이곳에서 인류의 선조 호모사피엔스 중에서도 가장 오래된 500만 년 전의 유인원 라미두스Ramidus와 320만 년 전의 유명한 여인의 유골 '미스 루시Lucy'가 발견되었다.

에티오피아의 촌락

2010년 8월 8일 일요일, 아프리카로 가기 위해 샌프란시스코 공항을 떠났다. 에티오피아의 수도 아디스아바바로 가기 위해서는 워싱턴 댈러스와 로마의 레오나르도 다빈치 공항을 거쳐야 한다. 총 21시간의 탑승 시간, 워싱턴에서 체류한 시간까지 계산하면 총 34시간 반이 걸렸다.

밤 10시가 넘어 공항에 도착해서 그런지 아디스아바바는 너무 어두웠다. 택시가 신호를 받아 잠시 서는 사이에도 걸인들이 택시에 많이 몰려들었다. 택시 운전사가 약칭으로 부르는 '아디스'의 인구는 400만 명인데 유동인구까지 합하면 600만 명 정도라고 한다. 지금은 장마철이라 날씨가 시원한데, 머리가 아플 정도로 매연이 심하다.

택시기사가 데려다 준 바로 호텔은 이름만 호텔이지 가난한 배낭족을 위해 존재하는 미화 10불 미만의 싸구려 여인숙이었다. 손바닥만 한 어두컴컴한 방에 들어가니 배낭 놓을 자리도 없고 모기만 앵앵거렸다. 시트에서는 퀴퀴한 냄새가 나고 샤워기에서는 녹물만 나왔다. 저렴한 숙소를 찾아 짠돌이 노릇 한 것이 바로 후회되었지만 그나마 화장실이라도 실내에 있는 것이 위안이 되었다.

늦었지만 저녁 식사를 하기 위해 식당으로 갔으나 전통음식인 인제라Injera와 스파게티밖에 없다고 한다. 인제라는 하얀 스펀지 같은 팬케이크 위에 된장 같은 콩 소스와 삶은 채소 그리고 삶은 곡물을 보쌈처럼 싸먹는 음식인데 우리의 밥과 김치처럼 이곳 사람들의 주식이다. 이곳의 위생 환경이 꺼림칙하여 인제라 대신 스파게티로 저녁을 때운 후 일찍 잠을 청했다.

에티오피아는 한때는 찬란했던 고대 문명국이었지만 현재는 최빈국에 속한다. 여기는 숙소와 교통편을 인터넷으로 사전 예약할 수 있는 곳이 아니므로 꼭 가고자 하는 행선지를 현지에서 2주간에 걸쳐 확정해야 했다.

내 목록에 있는 순례지는 아프리카 오지 중에서도 오지인 오모 강 협곡에 사는 원시부족들의 촌락, 세계에서 가장 오래된 기독교 국가의 군주가 암산 속을 파고들어 가 세운 11개의 석굴石窟교회, 솔로몬과 시바 여왕의 전설을 간직한 악숨Axum 제국의 1,000년 유적지, 그리고 나일 강의 근원 블루 나일 폭포, 아프리카 대륙에서 유일하게 존재하는 유럽풍의 성 곤다르이다. 그리고 시간이 허락하면 시미엔 산도 들러볼 참이다. 아프리카 순례의 첫 단추를 전문 여행사 도움 없이 나 홀로 꿰려 한다.

11개의 랄리벨라 석굴교회와 에티오피아 미인의 커피 의례

에티오피아는 솔로몬 왕의 후예라는 메넬리크 왕조 이래 비잔틴 제국의 무역로를 쥐락펴락했던 아프리카의 패자였으며, 중세 모슬렘의 정복전쟁 가운데서도 아프리카 대륙에서 유일하게 기독교를 국교로 유지한 크리스천 왕조였다.

2010년 8월 9일, 첫 행선지는 땅속에 돌을 깎아 만든 11개의 교회당이 있는 랄리벨라Lalibela이다. 밤새 시차와 모기와 씨름하느라 잠을 설치다가 새벽 5시에 일어나 항공권도 예약하지 않은 채 아디스 공항으로 갔다. 다행히 랄리벨라까지 가는 비행기 표를 어렵지 않게 구할 수 있었다. 1시간 후 랄리벨라 공항에 내리니 전화로 예약했던 숙소에서 안내인 데스타우가 마중 나와 랄리벨라까지 동행하였다.

공항에서 1시간 정도 거리인 랄리벨라까지 가는 도로 주변에 건초로 엮은 움막 농가들의 평화로운 풍경이 눈에 띄었다. 마을 중심가를 제외한 대부분의 사람들이 이 같은 초막집에서 살고 있다. 거리에는 나무 등짐을 지고 가는 여인들과 아이들, 우산이나 지팡이에 괴나리봇짐을 하나씩 꿰고 활보하는 남정네들이 인상적이다. 이곳에서도 힘든 노동은 여인들의 몫인가 보다. 또 얼굴이 우습게 생긴 양과 염소 떼를 몰고 가는 목동들이 보이고, 한두 개 곡식 자루를 등에 진 새끼들이 등짐을 잔뜩 진 여러 마리의 나귀 뒤를 졸졸 쫓아가는 모습도 흥미롭다.

랄리벨라에는 유네스코 세계문화유산으로 지정된 모놀리틱한 덩어리 바위 교회가 있다. 11개의 석굴교회의 특색은 각 교회가 하나의 거대한 암석 속을 깎아 들어가 내부를 완성시킨 것이다. 바위를 파서 건축한 경주의 석굴암과 같은 형태이나 규모 면에서는 실로 엄청나다.

석굴교회는 독실한 크리스천인 랄리벨라 왕에 의해 12세기에 축조

랄리벨라 마을의 전경

돌을 파서 만든
교회 안의 신자

암하라어로 된 성서

셀라시에 황제가 홀로 찾았던 성 조지 교회

되었는데, 11개의 교회당 중 십자가 모양의 에티오피아 수호 성자 성 조지 교회가 가장 유명하다. 이 교회는 셀라시에 황제가 무솔리니의 이탈리아군에 쫓겨서 국외로 망명하기 직전에 홀로 찾아와 기도하였던 곳으로도 유명하다.

숙소에 짐을 부려놓고 데스타우와 나오는 길에 이곳 촌민들이 하얀 옷을 입고, 하얀 천을 머리에서부터 무릎 아래까지 두른 채 돌 속의 교회당으로 향하고 있는 모습을 보았다. 아마도 기도하거나 예배하기 위해 가는 길이리라. 석굴 교회당에서는 남녀가 각각 분리된 자리에서 예배를 본다. 한쪽 구석에는 에티오피아 언어인 암하라Amharic어로 쓰인 성경을 펴놓고 명상에 잠긴 남자들이, 그 반대편 구석에는 나이 많은 할머니와 어린 소녀가 따로 앉아서 기도하고 있다. 비록 빈한하지만 깨끗하게 정성껏 차려입은 그들의 모습에서 경건함이 엿보인다.

바위를 깎아 만든 교회 통로와 좁은 문

에티오피아 교회당이 특이한 것은 모든 회당 건물 안에 지성소가 있다는 것이다. 커튼으로 가려진 안쪽에 구약성서에 나오는 언약궤 모형이 있는데 지성소는 일반 신도의 출입이 금지돼 있고 오직 성직자만이 들어갈 수 있다고 한다. 가톨릭 성당의 성상聖像이나 개신교 예배당의 화려한 장식도 없고 양피지에 그린 성화만 보인다.

지금은 금식 기간이라 오후 3시까지는 식사를 할 수 없다고 한다. 에티오피아 동방정교회의 수수한 석굴 교회당은 얼마 전 보았던 티베트 불교사원을 연상케 했다. 에티오피아와 티베트, 두 나라의 신도들에게서 비록 문화와 종교는 다를지라도 '가난하나 독실하고, 구걸할지언정 도적질하지 않는다'라는 공통된 종교적 도덕관을 엿볼 수 있었다.

에티오피아는 현대인이 즐기는 커피의 본고장이다. 한국이나 일본의 다도茶道 의식처럼 에티오피아인들은 손님을 대접할 때나 명절 때에 전통 커피 의례를 행한다.

공항에서부터 안내를 자청하고 따라온 가이드 데스타우가 에티오피아의 커피 세리머니를 보고 싶냐고 묻기에 그렇다고 했더니 여동생에게 전화를 걸어 오늘 귀한 손님이 찾아갈 테니 커피 세리머니를 준비하라고 한다.

우리는 11개의 석굴교회를 둘러본 후 중심가에서 좀 떨어진 데스타우의 집으로 향했다. 흑인치고는 예쁘고 귀엽게 생긴 열여덟 살의 여동생이 우리를 맞이하고 나를 상석에 앉힌 다음, 이 나라 전통의식에 따라 커피 세리머니를 시작하였다. 에티오피아 소녀들은 어렸을 때부터 어머니에게 커피 의례를 배운다고 한다.

머리를 빨간 수건으로 묶어 한껏 모양을 내고 예쁜 수가 놓인 새하얀 원피스를 차려입은 젊은 아가씨가 전통의식 순서에 따라 불을 지피고, 커피콩을 볶은 다음 콩을 갈아서 가루로 만든다. 잘 닦은 포트에 정성껏 커피를 달인 다음 솔잎을 깔아놓은 바닥에 나를 앉히고는 두세 차례로 나누어 커피잔을 공손하게 올리는 의식이다.

예전에 한국과 일본에서 다도의식에 몇 번 참석한 적이 있었다. 그러나 커피의 고향 에티오피아에서 아름다운 에티오피아 여인이 보여주는 전통 커피 세리머니에 초대되었던 것은 잊을 수 없는 환상적인 경험이었다.

안내인 동생의 커피 세리머니

'아, 예기치 못한 에티오피아의 민속 문화를 체험하다니… 아

프리카 첫 나그넷길에서 맛본 향기로운 커피 맛, 오랫동안 추억하게 될 행운이었다!'

에티오피아인들은 랄리벨라를 '새 예루살렘'이라고 부른다. 그리고 마을의 계곡 사이를 흐르는 작은 시냇물을 요단강이라고 부른다. 나는 막 내리기 시작하는 부슬비를 맞으며 요단강을 건너 숙소로 돌아와 잠을 청했다. 랄리벨라에서 맞는 아프리카의 두 번째 밤, 늦도록 잠을 이루지 못하고 있었다.

'생소한 나라의 신비로움 때문인가? 아니면 아름다운 에티오피아 여인의 커피 향에 흠뻑 취했기 때문인가? 아마도 시차 탓일 게다!'

밤이 되자 끊임없이 쏟아지는 폭우와 천둥, 번개로 벌써 몇 시간째 정전이다. 내일은 옛 악숨 제국의 수도 악숨으로 가야 하는데 이렇게 쉬지 않고 비가 내리면 비행기가 뜰 수 있을까? 잠은 오지 않고 걱정만 쌓인다.

2010년 8월 10일 화요일, 노아의 방주 때처럼 밤새도록 퍼붓던 비가 아침이 되자 말짱하게 갰다. 장마철에는 흔히 있는 현상이라고 한다. 공항으로 가는 길에 랄리벨라 고원에서 내려다보는 햇살을 머금은 평원이 무척 아름답고, 나귀 등에 짐 보따리를 싣고 내리막길을 가는 촌부들의 모습도 평화롭기만 하다.

비 때문에 늦게 출발한 항공기는 1시간 후 악숨에 도착했다. 페르시아 역사학자이며 종교 지도자인 마니가 기원전 1세기에 시작된 에티오피아 악숨 제국을 로마, 페르시아 그리고 중국과 더불어 4대 강국이라고 불렀을 만큼 강성한 나라였다.

나는 이곳에서 3,000년 전에 존재했던 솔로몬의 전설을 간직한 악숨 제국의 유적들을 살펴보았다. 첫 번째가 시바 여왕의 궁궐터요, 다음이 맨 처음 기독교로 개종한 에자나 왕이 세운 에자나 스톤Ezana Stone과 에자나와 칼렙 왕의 무덤, 그리고 크리스천 제국이 되기 전에 세워졌던 토속종교 유물인 오벨리스크 등이었다.

그 외에도 시바 여왕의 아들 메넬리크 왕자가 부친 솔로몬 왕을 만나고 선물로 가져왔다는 언약궤를 보관한 성모 마리아 시온 교회가 있다. 언약궤란 모세가 이스라엘 백성을 위해 시내 산에서 받은 십계명 석판을 보관한 성궤를 말한다.

성모 마리아 시온 교회

언약궤가 비치된 십계명 채플

이곳의 가이드 다윗이 들려준 전설에 의하면, 솔로몬 왕은 예루살렘 성전에 보관된 언약궤와 똑같은 모형의 언약궤를 만들어 자신을 찾아온 아들 메넬리크 왕자에게 주었다고 한다. 그런데 새로 만든 언약궤는 예루살렘 성전에 비치하고 모세 시대부터 내려온 언약궤는 메넬리크에게 주어 악숨 제국으로 보냈다고 한다. 솔로몬 왕은 바빌로니아의 침공으로 이스라엘의 멸망과 함께 성전이 파괴되고 언약궤가 손실될 것을 이미 알고 있었기 때문에 진짜 언약궤를 이곳으로 대피시켰다는 것이다.

전설이 사실인지는 확인할 수 없으나 지금도 성모 마리아 시온 교회당 옆에 언약궤를 보관한 테블릿 채플에는 수사들이 수 세기에 걸쳐 성궤를 지키고 있다고 한다.

에티오피아 사람들이 믿고 있는 것처럼 이곳에 있는 언약궤가 진짜인지 알 수 없으나, 기원후 1세기 이스라엘의 멸망과 제2의 예루살렘 성전 파괴 이후 이스라엘 언약궤의 행방은 묘연하다.

지혜로운 솔로몬 왕의 명성을 듣고 그를 만나기 위해 예루살렘까지 찾아갔다는 시바 여왕의 궁궐터 발굴 현장에 가보았다. 그곳에는 수천 년 전의 호화로웠을 왕궁 일부가 발굴되어 있었다. 당시 여왕의 욕실로 추정되는 구역에 놓인 반석들과 목욕탕에 연결된 상수로와 돌관을 통해 외부로 나가는 하수구까지 섬세하게 조성되어 있었다.

에티오피아 사람들이 테블릿 채플에 있는 언약궤를 진짜 언약궤로 확신하듯 솔로몬 왕과 시바 여왕의 전설을 사실로 믿는다.

"아, 터는 그대로인데 솔로몬 왕과 사랑에 빠졌던 여왕의 흔적은 찾을 길이 없구나!"

솔로몬 왕을 찾아갔던 시바 여왕의 궁궐터에는 여왕의 욕실도 있었다

솔로몬 왕의 황태자 교육 이분법二分法 그리고 에자나 스톤

이곳에서 들은 솔로몬과 시바 여왕 사이에 태어난 메넬리크 왕자가 아버지를 찾아 예루살렘에 갔을 때의 이야기가 재미있다.

메넬리크 왕자는 수백 마리의 낙타와 말과 나귀를 이끄는 대상의 무리와 500명의 측근들 그리고 귀족의 자제들로 구성된 왕자의 친구 수십 명을 대동하고 솔로몬 왕을 만나기 위해 소문으로만 듣던 예루살렘으로 향하였다.

처음 보는 아들을 맞은 솔로몬 왕은 아들이 에티오피아 제국을 경영하고 국정을 책임질 수 있도록 그에게 훌륭한 왕도를 가르치려고 하였다. 솔로몬 왕은 제일 먼저 열다섯 살의 어린 메넬리크에게 누가 왕자의 진실한 친구인지 구별하는 법을 가르쳐 주었다.

솔로몬 왕이 메넬리크에게 "너에게 진정한 친구가 있느냐?"라고 묻자 "예 아버님, 저에게는 좋은 친구가 여럿 있습니다"라고 대답하였다. 그러자 솔로몬은 친구라고 생각하는 소년들을 한 명씩 데려와 자신이 베푸는 조찬에 참석하도록 명했다. 그리고 그의 시중에게 조찬 중에 일어나는 그들의 행동과 대화를 살펴보도록 하였다.

메넬리크는 첫날 진정한 친구라고 생각한 한 젊은이를 데리고 왕의 조찬에 참석하였는데, 그는 메넬리크 왕자와 학습을 같이했던 동무였다. 궁중 조례를 마친 솔로몬 왕은 두 젊은이를 왕의 조찬 테이블에 앉히고는 자신은 커튼 뒤에서 혼자 식사를 하며 그들의 행동에 대한 보고를 받았다.

두 젊은이의 조찬 상에는 막 구운 빵, 우유, 신선한 과일, 구운 양고기 그리고 마지막으로 접시 하나에 3개의 달걀부침이 놓여 있었다. 두 친구는 상 위의 모든 음식을 원하는 대로 나누어 먹었다. 마침내 3개의 달걀부침이 담긴 접시 차례가 왔다. 왕자의 친구는 먼저 달걀 1개를 먼저 먹고 자기는 배가 너무 부르니 2개를 메넬리크에게 먹으라고 권했다. 자초지종을 전해 들은 솔로몬 왕은 메넬리크를 불러 다음과 같이 말했다.

"메넬리크야, 그 소년은 너를 생각하는 참 좋은 동무이다. 그는 너의 충실한 신하가 될 것이다. 그러나 진정한 친구라고는 할 수 없다. 네가 진정한 친구라고 생각하는 다른 젊은이가 있느냐? 만약 그런 친구가 있다면 내일 아침 조찬에 데려오도록 해라."

다음 날 메넬리크는 어릴 적부터 친하게 지냈던 여왕의 최고 고문의 아들을 데려갔다. 그는 이 친구야말로 진짜 친구임에 틀림없으리라 믿어 의심치 않았다. 둘째 날도 전날과 같은 방식으로 둘이서 조찬 상 위에 놓인 음식을 나눠 먹은 후 마지막으로 3개의 달걀부침이 놓인 접시를 받게 되었다. 하나씩 나누어 먹은 후 메넬리크는 친구에게 남은 달걀을 먹으라고 권하였다. 그 친구는 처음에는 거절하는 듯하였으나 메넬리크가 계속 권하자 못 이기는 척 남은 달걀을 먹었다. 식사가 끝나자 시중의 보고를 받은 솔로몬 왕은 메넬리크를 불렀다.

"메넬리크야, 그 친구는 야망이 큰 젊은이로구나. 왕의 최고 고문의 아들이니 당연하겠지. 그러나 너의 진정한 친구는 아니다. 기회가 있으면 언제든지 너를 이용하거나 배신할 수 있는 녀석이다. 너는 항상 그를 경계하도록 해라! 네가 진정한 친구라고 생각하는 다른 친구가 있느냐? 만약 있다면 내일 아침 조찬에 그를 데려오너라."

메넬리크는 그 후 몇 차례 친하다고 생각하는 다른 소년들을 왕의 조찬에 데려갔으나 결과는 매번 똑같았다. 메넬리크에게 양보하는 친구도 있고, 못 이기는 척 혼자서 먹는 친구도 있었다. 메넬리크는 며칠째 고민하다 평소에 그렇게 가깝다고 생각하지 않았던 한 친구를 데려가기로 했다. 그 소년은 비록 귀족의 자제는 아니나 항상 자기를 비롯한 다른 소년들에게 공정하고 예의 바르게 행동하는 평민의 아들이었다. 그의 부친은 용맹한 군인으로 이미 여러 번의 전투에서 많은 무공을 세워 현재 위치까지 오른 전설적인 장군이었다.

그 친구를 데려간 메넬리크는 그전과 같은 방식으로 왕의 조찬 상위에 놓인 음식을 나눠 먹기 시작했다. 마지막으로 3개의 달걀부침이 담긴 접시를 받게 되었고 두 사람이 하나씩 먹고 난 후 메넬리크는 친구에게 남은 1개의 달걀을 먹으라고 권하였다. 둘은 서로 상대편이 먹어야 한다고 한참 언쟁을 하다가 마침내 둘이서 똑같이 나눠 먹기로 합의를 했다. 남은 달걀부침을 빵 한 조각 위에 올려놓고 부드러운 노른자위가 빵 속에 스며들도록 한 다음 똑같이 이등분으로 자른 후 한 쪽씩 나누어 먹었다.

이야기를 전해 들은 솔로몬 왕은 기뻐하며 메넬리크를 불러 다음과 같이 말했다.

"네가 오늘 아침을 같이한 그 젊은이야말로 너의 진정한 친구다. 그는 너를 이용하려 들지도, 너한테 이용당하지도 않을 친구이다. 그런 자는 네가 진정 신뢰할 수 있고 네 속의 가장 깊은 비밀까지도 나눌 수 있는 만나기 어려운 친구이다. 너는 그를 온유와 진정한 예의로 대하라. 네가 신중하게 그 친구와 우정을 나눌 수 있다면 그는 너에게 가장 소중한 친구가 될 것이다."

나는 그 이야기를 들으며 구약성서에서 뒤바뀐 두 아이 중 살아있는 아기가 서로 자기 아이라고 싸우는 두 어미를 판결한 지혜로운 솔로몬 왕의 이야기가 생각났다. 솔로몬 왕은 '산 아이와 죽은 아이를 이등분으로 절단해서 두 어미에게 나누어 주라'는 이분법을 사용하여 모성애

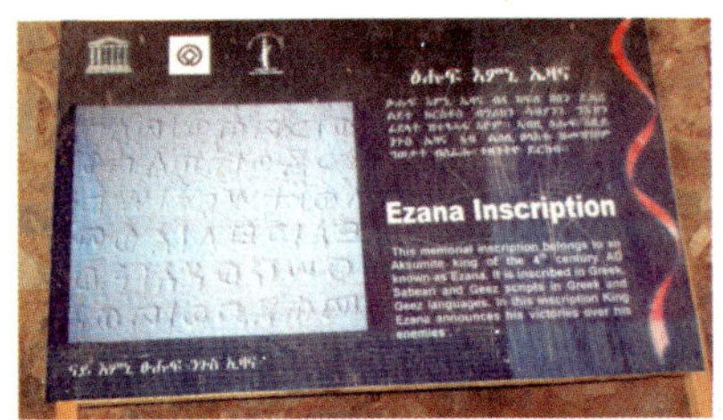

에자나 스톤은 고대 에티오피아 문자 기이즈, 아라비아 문자 사베안 그리고 그리스 문자로 적혀 있다

에자나 스톤

를 통해 진짜 어미를 구별하는 명판결을 내렸다. 솔로몬 왕은 황태자 교육에서도 참된 친구를 구별하는 방법으로 그답게 이등분 법을 쓴 셈이다.

악숨에서 본 인상 깊은 유적은 '에자나 스톤'이다. 에티오피아의 로제타 스톤인 셈인데 이 돌비에 에자나 왕의 업적이 고대 에티오피아 문자 '기이즈', 아라비아 문자 '사베안', 그리고 그리스 문자로 적혀 있다.

메넬리크의 후손이라는 악숨 제국의 초대 황제 에자나는 제일 먼저 기독교로 개종한 왕이다. 또한 에자나 왕은 그의 치세 동안 악숨 제국을 당시 세계 무역대국이 되도록 제국의 영토를 넓히고, 영향력을 인도까지 미치는 큰 업적을 남겼다.

시바 여왕의 궁터에서 멀지 않은 곳에 악숨 제국에서 두 번째 유명한 칼렙 왕의 무덤이 있는데 묘실 안에는 콥트 십자가가 새겨진 암벽이 아직도 선명하다. 칼렙 왕은 한때 수단과 아라비아 반도의 예멘까지 영토를 확장했던 악숨 제국 최전성기의 왕이었으나 치세 중에 선위

禪位하고 노년을 수도원에 보냈다고 한다.

칼렙 왕은 전성기일 때 아름답게 퇴장할 줄 아는 지혜를 몸소 실천한 현명한 군주였다. 그래서 그가 남긴 성공적인 후반생이 후세에 더욱 빛나는 것이 아닐까?

악숨의 티그레이에서는 오벨리스크라는 수천 년 전에 세워진 석비를 볼 수 있다. 악숨 제국이 기독교로 개종하기 이전부터 있었던 것들로 이 지역의 유명한 볼거리 가운데 하나이다. 이 돌기둥들은 원래 이교도들의 지하 무덤을 표시할 목적으로 세워졌던 것이라고 한다. 이중 가장 유명한 '악숨 스텔라'는 1,700년 전에 세워진 24m 높이의 거대한 석비로, 무솔리니 군대가 에티오피아를 침공한 1937년에 전리품으로 탈취해 로마로 가져갔던 것을 70년 만에 양국 간의 우호 관계 회복의 상징으로 에티오피아에 반환하였다고 한다.

이탈리아 정부가 반환한 오벨리스크

에자나 왕의 묘실 안에 있는 텅 빈 석관

옛 악숨 제국의 수많은 유물과 숨겨진 보물들은 최근에야 시작된 발굴 작업으로 빛을 보기 시작하나 아직은 가난한 나라의 불안한 정치 현실이 체계적이고 과학적인 발굴 작업을 어렵게 하는 것 같다.

유럽풍의 파실리다스 성을 가다

안내인 다윗의 말에 의하면, 곤다르에서 오는 여행객들이 궂은 날씨와 도로 공사에 육로가 막혀 악숨까지 오는데 몇 시간씩 지연된다고 했다. 나는 예비 후보지인 유명한 시미엔 산에 오르는 것을 포기하고 바로 항공편으로 곤다르로 가기로 했다.

악숨 공항에서 항공기를 기다리는 동안 뉴질랜드에서 온 의사 부부 마이클과 에바를 알게 되었다. 남편인 마이클은 묻는 말에만 대답하는 수줍음 많은 친구라 부인 에바가 대변인처럼 주로 말을 많이 했다. 재미있는 것은 그들이 찾아가려는 행선지가 내가 가는 곳과 같은데 이 사람들은 나와 반대로 역 시계방향으로 행선지를 도는 중이었다. 그들은 곤다르에서 악숨으로 와서 이제 랄리벨라로 가는 중이고 나는 랄리벨라를 거쳐 곤다르로 가는 중이다. 어쩌면 오모 밸리에서 이들을 다시 만나게 될지도 모르겠다.

에바 부인이 자신들의 경험담을 이야기하는데 믿기지 않지만 유럽에 승객이 다 차야 떠나거나 날씨가 궂으면 이륙하지 않는 항공사가 있다고 한다. 그래서 그 항공사를 메이비 에어라인Maybe Airline이라고 부른다는 것이다. 10시에 떠날 예정이던 항공기는 12시가 다 되어 악숨 공항을 이륙하였는데 잠깐 잠이 들었다 깨어나 보니 아직도 착륙하지 않고 1시간이 넘도록 공중을 선회하고 있다. 출발 당시 기내 방송에서는 분명히 곤다르까지는 30분 걸린다고 했는데, 그럼 우리가 탄 항공기는 어디로 가는 중이지? 불안한 마음에 창밖을 내려다보니 지상의 풍경이 눈에 익다. 이틀 전 찾아왔던 랄리벨라 고원이 눈 아래 펼쳐지고 저 멀리 공항이 보였다.

승무원에게 어떻게 된 일이냐고 물으니 현재 곤다르의 기상 여건이 좋지 않아 먼저 랄리벨라에 착륙하여 승객을 내려주고 그 후에 곤다르로 간다는 것이었다. 얼마 동안 공중에서 선회하던 항공기는 랄리벨라 착륙도 포기한 채 기수를 돌려 전혀 엉뚱한 방향으로 가고 있다. 악숨에서 곤다르와 랄리벨라를 거쳐서 아디스로 갈 예정이었는데 기상 악화로 3시간 동안 공중에서 맴돌다 두 공항 모두 착륙을 포기하고 바로 아디스로 가는 중이었다.

아디스 공항에서 한동안 기다린 후 다른 비행기 편으로 악숨을 떠난 지 4시간 반 만에 곤다르에 도착하였다. 아디스 공항에서 내려 다른 비행기로 갈아타는 에바와 마이클에게 "이것이 바로 당신이 말한 메이비 에어라인이군요?" 했더니, 그들 역시 웃으며 에티오피아 항공도 메이비 에어라인 불명예 전당의 후보 명단에 오르게 됐다고 한다.

우여곡절 끝에 곤다르에 와보니 오후 4시가 넘었다. 아까운 시간을 공중에서 다 날려버린 셈이다. 차라리 진창길이지만 육로로 올 걸 그랬나 하는 생각도 들었으나 그래도 오늘 안에 도착하였으니 그나마 다행이다.

내일부터는 나일의 근원지가 있는 바히르 다르Bahir Dar를 거쳐 아디스까지 갈 예정인데 메이비 에어라인 대신 버스를 타고 육로로 갈 생각이다. 에바와 마이클이 추천한 게스트하우스 '라지 디 샤투'에 숙소를 정하고 다윗에게 소개받은 가이드 아베와 같이 곤다르에 있는 파실리다스 성Fasilides Castle을 찾아갔다. 중세 유럽에나 있을 법한 바로크 양식의 성곽을 아프리

여기가 아프리카 맞아?

곤다르에 있는 파실 게비와 파실리다스 성

카에서 보다니 참으로 신기했다. 아마도 포르투갈의 가톨릭 정교政教 영향 때문일 것이다.

파실리다스 성과 곤다르 성을 둘러싼 유럽풍 요새의 수수께끼를 풀기 위해서는 아마도 간략하게 에티오피아 정교의 역사를 살펴볼 필요가 있을 것 같다. 나는 대학 시절에 컴퓨터 공학을 전공하였지만, 한때 신학을 한답시고 두 해 반 동안 학문적 외도를 한 적이 있었다. 그래서 인지 여행길에 들렀던 나라의 역사와 문화 외에 종교에 대해서도 흥미를 갖고 관찰을 해왔다.

에티오피아의 국교인 동방정교회는 로만 가톨릭과는 달리 4세기에 악숨 제국의 에자나 왕이 시리아인 가정교사였던 후루멘티스에 의해 기독교인으로 교화된 후 기독교를 국교로 지정하였다. 반면에 로만 가톨릭이 시작된 시기는 3세기 로마제국의 기독교 박해 이후로, 4세기에 콘스탄틴 대제가 기독교인으로 개종한 후 380년에야 동로마제국의 국교로 지정되었다. 로만 가톨릭보다 먼저 에티오피아에서 기독교가 국교가 되었다는 이야기이다. 그러나 가톨릭의 에티오피아 진출과 함께 에티오피아 정교와 로만 가톨릭은 교리적 차이로 오랫동안 분쟁하게 된다.

16세기 모슬렘의 아프리카 무력 침공으로 위협받던 에티오피아는 유럽에 구조를 요청하게 된다. 1541년 포르투갈 연합군이 에티오피아에서 모슬렘 군을 퇴치하고 아프리카 대륙의 유일한 기독교 국가로 독립을 유지한다. 그때부터 포르투갈의 예수회가 한 세기 동안 에티오피아의 정교회를 대신해 종교적 영향력을 행사하게 되는데 바로 그 시기부터 이색적인 유럽풍 성들의 건축이 시작되었다.

1632년 왕위에 오른 파실리다스는 곤다르를 에티오피아의 새 수도로 건립한다. 곤다르의 파실 게비는 높은 돌벽의 성채로 둘러싸인 요새인데 그 안에 여러 왕이 건축한 파실리다스 성, 이야수Iyasu 궁전, 다윗 대강당, 멘테왑Mentewab 성 등은 아프리카에서 유일하게 존재하는 유럽풍 건축물로 잘 보전되어 있다.

흥미로운 것은 성채 안에 왕실의 위엄과 정통성을 상징하는 사자를 길렀던 우리가 있는데, 하일레 셀라시에가 유대 지파의 사자로 불렸던 것처럼 사자는 에티오피아 황제의 상징이었다고 한다.

곤다르 외곽에 있는 데브레 비르한 셀라시에 교회당은 교회라기보다는 요새 같았다. 성벽은 열두 사도를 상징하는 12개의 석탑으로 둘

데브레 비르한 셀라시에 교회

파실 게비에 있는 사자 우리

려져 있고 교회당 천장에는 17세기 작품인 눈을 부릅뜬 천사들의 성화가 지금 막 그려놓은 것처럼 생생하다. 중세의 수단 모슬렘군이 에티오피아를 침공했을 때 곤다르의 교회당 대부분이 파괴되었지만 이곳만은 유일하게 남아 문화적 가치가 높다.

나일 강의 근원 타나 호수와 블루 나일 폭포

2010년 8월 13일 금요일, 오늘의 일정는 타나Tana 호수와 나일 강의 근원 블루 나일Blue Nile 폭포를 보기 위해 바히르 다르까지 가는 것이다. 곤다르에서 소형버스를 타면 바히르 다르까지는 약 3시간이 걸리는데 이곳 돈으로 150비르, 한국 돈으로 1만 원이 좀 안 되는 가격이지만 아디스에서는 택시 값으로 그만큼 내야 한다.

내가 다녀본 아프리카의 대부분 나라에서는 소위 미니, 콤비, 택시 부르스 등으로 불리는 이런 소형버스가 가장 중요한 대중교통 수단이다. 정원 12인승 차량에 20명 이상의 승객을 태우는 것은 보통이다. 60년대를 살았던 우리 세대는 출퇴근 때의 콩나물시루 합승버스와 마이

크로버스를 아직도 기억할 것이다

3시간 동안 비에 파헤쳐진 도로를 털털거리는 소형버스를 타고 바히르 다르까지 오는 동안, 콩나물시루 안에 탄 승객은 온통 흑인들뿐이다. 동양에서 온 외톨이 이방인은 좁은 공간에 갇혀 있어도 이들이 전혀 무섭지 않았다. 가난하지만 눈이 선한 사람들에게서 편안한 친근감을 느껴서일까? 바히르 다르에 도착하니 거의 정오가 다 되었다.

론리 플라넷 여행 안내서에서 본 타나 호수에서 가까운 섬머랜드 호텔을 찾아가 가격을 물어보니 500비르를 달라고 한다. 책자에는 300비르라고 쓰여 있는데 무슨 소리냐고 하니 그것은 2년 전 가격이라고 한다. 마침 우리 대화를 듣고 있던 하일레라는 현지 안내인이 옆에 싼 호텔이 있다고 알려주었다. 그가 알려준 에티오스타 호텔은 350비르에 아침 식사까지 포함된 별 2개짜리 호텔이다. 내가 배정받은 방은 5층으로 엘리베이터는 없지만 타나 호수의 전망이 기가 막히게 펼쳐져 있다. 게다가 방 안에 모기장도 있다. 벌써 어디에서 물렸는지 온몸에 빨간 별자리가 가득하다.

점심을 먹은 후 타나 호수 가운데 옛 에티오피아 황제의 유물과 보물이 안치된 수도원에 가기 위해 하일레의 동생과 조그만 카누 보트를 타고 외딴 섬으로 향했다. 타나 호수는 에티오피아에서 가장 큰 호수

타나 호수의 소년들이 파피루스를 타고 이동 중

타나 호수에서 고기 잡는 어부

데브레 마리암 수도원 입구에 있는 돌로 된 초인종. 이 수도원은 마침 수리 중이었다

로 총넓이가 2,156km^2 이다. 지금은 장마철이라 푸른 나일 강의 원류라는 이름이 전혀 어울리지 않을 정도로 온통 황토 빛이다. 이 호수의 가장자리에 있는 섬에서 나일 강이 시작된다고 한다.

호수에는 파피루스로 만든 갈대 배를 타고 고기를 잡는 어부들과 섬과 섬 사이를 오가는 작은 파피루스 배도 보인다. 타나 호수에는 무인도를 포함하여 총 37개의 섬이 있는데 그중 19개의 섬에 수도원과 예배소가 있다고 한다. 우리가 찾아간 데브레 마리암 외에도 케브란 가브리엘, 키데네 메레트 등 수도원들이 숨어 있는 외딴 섬에는 옛 에티오피아 정교의 성자들과 황제들의 무덤이 있고 수많은 고고학적 보물들이 보관된 사원들이 있다. 섬들에는 초기 기독교의 많은 전설이 묻혀 있는데 성모 마리아가 이집트에서 오는 길에 쉬어 갔다는 바위며, 이스라엘에서 옮겨온 언약궤가 맨 처음 보관되었다는 타나 키르쿠스 사원의 이야기도 있다.

데브레 마리암 수도원의 한 나이 든 수도승은 극동에서 찾아온 이방인이 신기했는지 하일레 동생에게 통역을 부탁해 14세기에 세워진 이 교회당의 유래에 대해 설명을 해주었다. 원통형의 교회 벽에는 에티오피아인들의 까맣고 둥근 얼굴의 성화들이 둘러 있고 문 입구에 놓인 탁자 위에는 암하라어로 쓰인 성서가 펼쳐져 있다.

데브레 마리암 마을의 에티오피아 아이들

에티오피아인의 모습을 한 성화가 인상적이다

이곳에는 800년이 넘은 옛 에티오피아어인 게이즈어로 양피지에 쓰인 성서가 보관되어 있는데, 놀라운 것은 1,000년 가까이 손때가 묻은 고고학적인 장서들이 예배 의식에 그대로 쓰이고 있다는 것이다. 미국의 박물관 직원이나 현대 고고학자들이 보면 기겁할 일이다.

저녁노을이 붉게 물든 아름다운 타나 호수에서 돌아와 밀린 옷가지를 빨아 창가에 걸어놓고 바로 옆에 있는 섬머랜드 호텔 식당에서 이곳의 인제라를 주문했다. 처음 먹어본 인제라는 스펀지 같은 두루마리 빵을 손으로 찢어 콩 소스나 삶은 채소 또는 고기를 보쌈처럼 싸먹는데 고기가 좀 질겼지만 먹을 만했다. 인제라는 에티오피아 고원에서만 자라는 테프라는 좁쌀 크기의 작은 곡물가루를 사용하여 만드는데 모양이 팬케이크처럼 둥글고 우리나라 술빵처럼 부드럽다. 계속 먹게 되면 중독될 것 같다.

다음 날 블루 나일 폭포에 혹시 같이 갈 사람이 있는지 하일레에게 물어보았더니 마침 섬머랜드에 묵고 있는 에티오피아 출신 솔로몬 씨 가족이 그곳에 간다며 소개해 주었다. 우리는 금요일 아침에 밴을 빌려 블루 나일까지 함께 가기로 했다. 블루 나일은 아프리카 대륙에서 빅토리아 폭포 다음으로 큰 폭포이다. 암하라어로 '연기 나는 물'이란 뜻인데 그곳까지 가는 비포장도로는 계속되는 비로 파이고 도로 일부가 씻겨 나가서 2시간 동안 털털거리며 조심스럽게 주행해야 했다.

블루 나일에서 40분 정도 떨어진 제법 큰 규모의 샛강을 지나는데 운전사 말이, 그곳 사람들은 그 강을 '안다사'라고 부르는데 물고기 한 마리라는 뜻이란다. 연유가 궁금하여 운전사에게 물었더니 그 친구 대답이 걸작이다.

아주 먼 옛날 그곳에 어부 한 사람이 살았었다. 그는 매일 강에 가서 그물을 던졌는데 어찌 된 영문인지 한 달이 넘도록 물고기가 한 마리도 잡히지 않았다. 그래도 포기하지 않고 어부는 계속하여 강으로 가서 그물을 던졌다. 그러던 어느 날 마침내 커다란 물고기 한 마리가 잡혔단다. 그런 연유로 이 지역 사람들은 이 강을 안다사라고 부른다는데 강 이름치고는 좀 싱겁지만 안다사는 이곳 사람들에게 중요한 식수원이다. 안다사 강에서 물을 긷기 위해 플라스틱 통을 머리와 등에 메고 멀리서부터 줄을 지어 오고 있는 동네 여인들의 모습을 볼 수 있다.

블루 나일 폭포에 가기 위해서는 지금까지 내가 보았던 중에 가장 가난하고 비참해 보이는 동네를 지나야 했다. 지난 수년의 출장과 최근에 시작한 배낭여행 중에 인도와 네팔 그리고 남미의 가난한 동네를

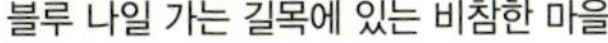
블루 나일 가는 길목에 있는 비참한 마을

400년 된 돌다리는 평화롭기만 하다

가보았다. 그러나 이토록 비참한 곳을 본 적은 없었다. 이들이 사는 움막은 사람이 사는 집이라기보다는 차라리 동물 축사에 더 가까웠다.

'세상에… 첨단문명의 황금기라는 21세기에 이토록 가난한 사람들이 지구상에 존재할 수 있을까? 어른 아이 할 것 없이 모두 헐벗고 병들어 보이는데, 테레사 수녀가 일했던 인도의 빈민가가 이보다 더 비참할 수 있을까?'

마을에서 한 30분 정도 언덕길을 올라가면 에티오피아에서 제일 먼저 세워졌다는 돌다리가 나온다. 1626년 수센요스 황제의 명에 의해 인도에서 온 석공이 건축했다는 이 아름다운 석교는 아치형인데 밑으로 흐르는 블루 나일의 흰 안개와 겹쳐 환상적인 한 폭의 풍경화를 연출한다.

장마철이라 황토 빛 폭포수가 뇌성처럼 무섭게 쏟아지는 블루 나일은 지금까지 내가 보아온 폭포 중 가장 멋들어진 장관이었다. 넓이가 400m가 넘는 이 나일 강의 원류는 3개의 큰 폭포 외에도 여러 개의 새끼 폭포가 있는데 우기 중의 폭포는 그야말로 압권이었다. 우레 같은 폭포 소리와 산등성이에 핀 아름다운 꽃나무들이 어우러져 만든 대자연의 파노라마 속에 혼이 빠져 시간 가는 줄을 몰랐다.

블루 나일 폭포에서 내려오는 길에는 가난한 동네의 천진난만한 아

블루 나일 폭포는 '연기 나는 물' 이란 뜻이다

솔로몬 가족을 위해 환영 코러스를 부르는 아이들

마을 아이들의 천진난만한 미소가 사랑스럽다

이들이 지나가는 우리를 보고 손뼉을 치며 환영 노래를 부른다. 나는 헐벗고 가난한 아이들을 볼 때마다 한국전쟁 직후 거리를 떠돌던 비참한 모습의 부모 잃은 고아들을 떠올리게 된다. 저 아이들 가운데 있는 한 작은아이와 어린 시절의 내 모습이 겹쳐진다. 이 아이들이 어른으로 자랄 때쯤에는 그들에게도 좀 더 나은 세상이 열리려나?

미국에서 온 솔로몬 씨는 동족에 대한 애처로운 연민을 느끼는지 아이들의 고사리 같은 손에 몇 푼씩 쥐어 준다. 그 역시 이들 가운데서 자신의 어렸을 적 모습을 보았을까?

아프리카 그랜드캐니언 블루 나일 협곡을 지나 아디스로

2010년 8월 14일 토요일, 바히르 다르에서 새벽 4시 차로 아디스로 가기 위해 자명종을 맞춰놓고 잠이 들었는데 버스 안내원에게서 새벽 2시 반까지 리셉션으로 나오라는 전화가 왔다. 하일레는 분명히 4시라고 했는데… 부리나케 내려가 보니 차 안에 벌써 7~8명이 앉아 있다. 편한 좌석은 다 채워져 두 번째 줄 창가 좌석에 쭈그리고 앉았는데 앞 좌석과 사이가 너무 좁아 발을 뻗을 수 없다. 배낭은 물론 지붕 위에 올려놓았다. 아디스까지 10시간을 이렇게 가야 하는데… 아, 이제 나는 죽었구나!

요금은 250비르, 차비는 무척 싸지만 10시간이 넘는 소형버스의 탑승은 에티오피아에서 경험한 잊지 못할 모험이 되었다. 바로 출발할 거라더니 승객이 아직 다 차지 않아서인지 몇 곳을 더 돌며 계속 손님을 태웠다.

새벽 3시 반 코 앞도 잘 보이지 않는 밤길을 소형버스는 헤드라이트 하나만 켜고 달린다. 다행스럽게도 여기서부터 아디스까지는 포장도로이다. 칠흑 같은 어둠 속에서 나귀에 짐을 지우고 새벽길을 가는 사람들이 하나둘 보인다. 1시간쯤 지나 바히르 다르로부터 60km 떨어진 곳에서 타기로 했다는 승객을 찾느라 차장과 운전기사는 분주한데 어디에서 기다리는지 영 보이지 않는다.

잠시 후 다른 곳에서 기다리고 있다고 전화 연락이 오자 운전사는 소형버스를 그쪽으로 급히 몰았다. 얼마 후 어둠 속에서 차를 기다리고 서 있는 세 사람이 보였는데 눈에 익은 광경이다. 고향을 찾아온 딸을 다시 도회지로 보내려고 부모가 새벽 배웅을 나온 것 같았다. 자식

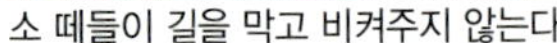
소 떼들이 길을 막고 비켜주지 않는다

하얀 천을 두르고 예배(?)하러 가는 촌민들의 행렬

을 생각하는 부모의 마음은 한국이나 에티오피아나 다르지 않다는 것을 절절하게 느꼈다.

차에 올라 바로 내 옆에 앉은 귀여운 아가씨는 겨우 열댓 살 정도 되어 보이는데, 향수 냄새가 어찌나 진한지 순식간에 머리가 지근거렸다. 어휴, 앞으로 9시간을 어떻게 견뎌야 하나? 향수 알레르기가 있는 나로서는 생각만 해도 끔찍한 일이다.

날이 서서히 밝아오자 하얀 천을 두르고 기도하러 가는 촌민들의 행렬이 보인다. 새까만 사람들 속에 끼어 앉아 가는 극동에서 온 나그네가 신기한 듯 힐끔힐끔 쳐다본다. 배낭을 메고 이곳을 찾는 백인 청년들은 가끔 보지만 동양에서 혼자 온 늙수그레한 이방인은 누군가? 하는 눈치이다.

비 그친 맑은 햇빛 사이로 가축 떼를 몰고 가는 목동들과 항아리를 등에 메고 물을 길러가는 아낙네들이 아침이 왔음을 알린다. 날이 밝자 도로에는 소 떼들이 점점 늘어나는데 길을 막고 비켜주지를 않는다. 자기들도 당연히 도로를 사용할 권리가 있다는 듯이….

그런데 쉬지 않고 4시간을 달리는 동안 궁금증이 생겼다. 이 사람들은 용변 문제를 언제 어떻게 해결하지? 에티오피아 말을 한마디도 못하니 물어볼 수도 없어서 눈치만 보고 있는데 바히르 다르를 출발한

지 4시간 만에 조그만 동네 가게 앞에 차가 섰다. 화장실이 어디 있나 두리번거리고 있는데 음료수를 파는 조그만 아이가 내 손을 끌고 몇 집 건너 뒤쪽으로 간다.

하, 고 녀석 참 기특하지! 눈치가 99단이다. 화장실이라 해야 땅에 파놓은 작은 구덩이가 전부다. 막 볼일을 보고 나오는데 집주인 아주머니가 떡하니 버티고 서서 손을 내민다. 화장실 사용료를 내라는 것이다. 돈을 차에 두고 왔으니 그 꼬마한테 주겠다고 손짓 발짓으로 얘기하니 고개를 끄덕인다.

기다리던 꼬마와 같이 차로 가서 오렌지 소다를 하나 사주고 나머지 2비르를 갖다 주라고 보냈다. 참, 세상인심 고약하다! 소변보는 데 2비르라니? 아프리카에서는 여행자에게 화장실 사용료를 꼭 받는다. 특히 나 같은 외국 여행자는 봉이다.

아디스로 향하는 길목에는 에티오피아의 고원과 계곡이 어우러져 만들어낸 대자연의 스펙터클이 펼쳐진다. 바로 에티오피아의 그랜드 캐니언인 블루 나일 협곡Blue Nile George이다. 장엄한 바위계곡과 절벽들, 또 그 사이로 흐르는 황토 빛 성난 물결들…. 시미엔 산을 못 봐 아쉬웠는데 이곳에서 에티오피아의 절경을 보게 될 줄이야.

이곳은 2009년 여름에 찾았던 미국의 애리조나와 유타 주의 그랜드 캐니언보다 훨씬 아름다웠다. 미국에 있는 그랜드 캐니언이 황량한 사막 가운데 숨겨진 장엄한 신비의 계곡이라면, 아프리카의 그랜드 캐니언은 녹색 협곡과 푸른 산맥 사이에 감추어진 샹그릴라이다. 어느 거장의 예술품을 조물주가 빚어낸 천연의 아름다움과 견줄 수 있을까? 굽이치는 블루 나일 계곡과 황금 절벽 사이를 지그재그로 오르며 아프

아프리카의 그랜드 캐니언이라 불리는 '블루 나일 협곡.' 이곳이 아프리카의 샹그릴라가 아닐까?

리카의 샹그릴라에 숨어 있는 천연의 미모에 매료당했다.

아디스아바바에서 우연히 한국 참전 용사의 아들을 만났다. 에티오피아에서 첫날 묵었던, 모기가 들끓는 싸구려 호텔의 악몽이 떠올라 하일레가 소개해 준 토론토 게스트하우스에 가는 길이었다. 생각해 보니 하일레에게 신세를 많이 졌다. 팁은 하나도 받지 않으면서 싼 호텔도 소개해 주고, 시간은 틀렸지만 소형버스도 잡아주고, 동생을 시켜 타나 호수에 데려가게 하고, 블루 나일 가는 길도 도와주고, 심지어는 카페에서 커피까지 사준 친절한 사람이다. 고맙다는 인사밖에 못 했는데 운전사와 동생에게 커미션은 좀 받았는지 궁금하다.

10시간을 지겹게 타고 온 소형버스에서 막 내리자 나이가 지긋한 영감님이 자기는 택시운전사라며 어디로 가느냐고 물었다. 동작 빠른 젊은 택시운전사도 있었으나 기왕이면 영감님을 도와주자는 생각에 그 분의 차를 탔다.

그런데 영감님은 내가 일러준 숙소의 주소를 찾지 못해 한참을 헤맸다. 결국은 내가 게스트하우스에 전화하여 가는 길을 알려주었다.

영감님이 내가 어느 나라 사람인지 궁금해 하기에 코리아에서 왔다고 하니 만면에 미소를 지으며 무척 반가워한다. 자기 아버지가 한국전쟁 참전 용사였다며 자랑스럽게 말한다. 어릴 때 아버지에게서 한국에 관한 이야기를 많이 들었다며 자기도 선진국이 된 한국을 무척 좋아한다고 했다. 세 살 때 아버지가 한국전에 참전했다고 하기에 그때 나는 다섯 살이었다고 하였더니 내가 자기보다 두 살 위라는 사실이 믿기지 않는다고 한다.

'뭐, 하긴 내가 좀 젊어 보이긴 하지….'

만약 내가 에티오피아에서 태어났더라면 이 영감님과 똑같은 모습이었을 것이다. 50비르에 가기로 했으나 아버지가 대한민국의 자유를 위해 먼 이국땅까지 가서 싸운 것을 생각하고 인심을 쓰기로 했다. 60비르를 주었더니 "탱큐 코리아 화이팅!"이라고 한다. 나도 "에티오피아 화이팅!"을 외친 후 악수를 하고 영감님과 헤어졌다.

에티오피아의 오지 원시부족 촌락 오모 밸리

나의 에티오피아 여행 목적지 1순위는 '오모 계곡 저지대에 사는 여러 원시부족' 들을 찾아가는 것이었다. 오모 밸리Lower Omo Valley로 가려면 먼저 에티오피아의 제일 남쪽 끝 아르바 민치Arba Minch로 가야 한다. 물론 아디스아바바에서 열댓 시간 동안 털털거리는 소형버스를 타고 갈 수도 있으나 돌아갈 때 육로를 이용하기로 하고 일주일에 두 번 운항하는 항공기의 편도를 탔다.

에티오피아는 시간과 경비만 충분하다면 몇 달간 지낼 수 있는 흥미로운 나라이다. 그러나 둘 다 충분하지 않은 나로서는 되도록 미지의 땅을 더 많이 밟아야 하므로 제한된 시간을 효과적으로 활용하기 위해 머리를 굴려야 했다.

2010년 8월 15일, 아르바 민치로 가기 위해 아침 5시 반에 아디스 공항에 도착하였다. 아르바 민치에서 지프나 사륜구동 차량을 빌려 그곳에서 몇 시간 떨어진 오모 밸리 저지대에 사는 여러 부족을 찾아볼 생각이었다.

찬란한 고대 문명과 기독교 문화권의 북부 에티오피아와는 달리 오모 강 계곡의 저지대에는 하말, 뭐르, 보디, 물시, 카로, 바샤다, 낭가톰, 다샤낙 족 등 여덟 종족 이상의 소수민족들이 흩어져 살고 있다. 케냐의 접경지역인 오모 강 델타 주변에 사는 이 부족들은 매년 오모 강의 범람으로 조성된 농지에서 사탕수수와 옥수수를 재배하는 반유목민 생활을 하는 원시종족들이다.

21세기 지구에서 가장 원시적인 문화와 관습을 간직하고 있는 곳이 바로 이곳이 아닐까? 생각해 본다. 어렸을 때부터 수만 년 전의 조상은 어떻게 살았을까 궁금할 때가 많았다. 타임머신을 타고 과거로 떠나는

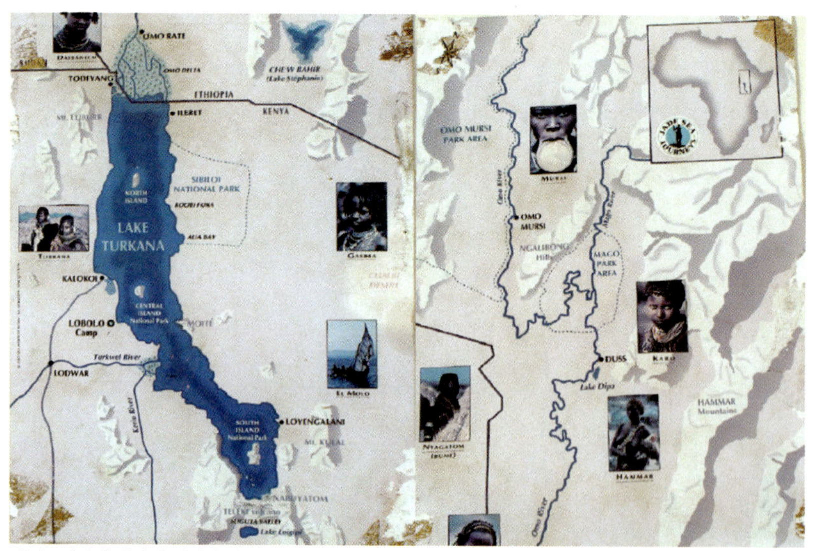

에티오피아와 케냐의 접경지역 투르카나 호수와 오모 강 델타 지역에 사는 원시부족들을 알리는 인쇄물

시간 여행을 할 수 있다면 이들의 문화와 종교 속에서 우리 조상의 삶을 엿볼 수 있을 것 같았다.

비록 과거로 돌아가는 시간 여행을 할 수는 없지만 내 두 발로 원시 부족이 사는 오지를 찾아가 동시간대에 살면서 너무나 동떨어진 환경과 문화 속에 살고 있는 그들을 만나 어린 시절부터 품어왔던 궁금증을 풀어볼 생각이었다.

오모 밸리 부족들의 종교는 애니미즘Animism이라고 부르는 정령신앙이다. 그것은 영계와 육체, 자연계의 구분이 없고 인간뿐 아니라 동물, 식물 심지어는 바위나 천둥과 산과 강을 포함한 모든 사물에도 영과 혼이 존재한다고 믿는 신앙 행위이다. 우리 민족의 옛 건국신화와 현존하는 무속신앙도 일종의 정령신앙이라 할 수 있다. 어찌 보면 현대인이 미신이라고 부르는 애니미즘은 인간의 조상이 지구 위에 첫발을 딛고 섰던 순간부터 현대의 종교에 이르기까지 인간의 정신세계를 흐르는 유대紐帶의 강물인지도 모른다. 나는 그것을 북극의 사미족에게서 몽골과 티베트인의 불교에서 그리고 에티오피아의 정교 가운데서 느낄 수 있었다.

아디스 공항에서 항공기를 기다리면서 경비를 분담하고 오모 밸리에 같이 갈 만한 파트너가 있을까 주위를 둘러보는데 마침 카메라 가방을 멘 40대 중반 남자가 눈에 들어왔다. 그에게 다가가 용기를 내 먼저 내 소개를 한 다음 "어디로 얼마 동안 여행할 계획이냐?"고 물었더니 그 친구의 행선지가 나와 비슷하였다. 그렇게 해서 운 좋게 오모 밸리로 사진을 찍으러 가는 군더를 만나게 됐다.

"나 역시 오모 밸리의 촌락들을 찾아가는데 둘이서 지프를 빌려 경비를 분담할 생각이 없느냐?"라고 했더니 자기도 같은 생각을 하고 있었다며 무조건 좋다고 한다. 그 후 우리는 에티오피아를 떠날 때까지 완전히 의기투합하여 좋은 파트너가 되었고, 에티오피아를 떠난 후에도 이메일을 주고받는 친구가 되었다.

군더의 아버지는 스웨덴 사람이고 어머니는 볼리비아 출신인데 지금 스페인에서 대리석과 화강암 채석 사업을 하고 있다고 한다. 이 친구 사진 찍는 솜씨가 수준급인데 사진 찍기를 워낙 좋아해서 여행을 자주 하는데 이번에 열흘간 휴가를 내서 오모 밸리에 왔다고 한다.

이것 참, 프로한테 한 수 배울 수 있는 황금 기회가 될 것 같구나! 잘만 하면 우리 아이들에게 아마추어 포토그래퍼의 멋진 솜씨를 보여줄 수도 있겠다는 욕심이 생긴다.

아르바 민치는 아디스아바바에서 500km 남쪽에 떨어져 있다. 암하라어로 '마흔 개의 샘물'이란 뜻인데 북쪽의 아바야 호수와 남쪽의 차모 호수를 이은 지협地峽 사이에 있다.

물을 뿜어대는 하마들의 천국

앨리게이터 마켓을 찾다

이 호수 안에 서식하고 있는 악어 떼와 물을 뿜어대는 하마 떼는 적어도 수백 아니 수천 마리는 되는 것 같다. 그래서 사람들은 이곳을 악어 시장Alligator

Market이라고 부른다. 나는 아직껏 이렇게 많은 악어 떼와 하마를 본 적이 없었다. 특히 악어 떼 주변에 악어새, 긴 부리 황새, 펠리컨 등이 보이는데 이곳이 케냐에 가까운 접경지역이다 보니 같은 기후군 안에 있는 동물들의 서식지인 것 같다.

전날 토론토 게스트하우스 매니저에게 소개받은 아르바 민치 현지 여행사 직원 투피와 만나 각자 개인 경비를 제외한 차량과 운전사를 포함해서 하루에 미화 140불을 주기로 협상을 마쳤다. 다음 날 새벽까지는 오후 일정이 없어 같은 항공기를 타고 온 영국인 모녀와 아바야 호수의 앨리게이터 마켓을 찾아가기로 했다. 악어 시장에 가려면 차로 30분 정도 간 후 작은 모터 카누를 타고 2시간 정도를 더 가야 한다.

카누가 호수 안으로 막 출발하려 하는데 함께 탄 영국 처녀가 갑자기 온몸에 경련을 일으키고 배 바닥에 쓰러져 숨을 가쁘게 쉰다. 세상에, 이런 황당한 일이 있나? 워낙 갑작스러운 일이라 나와 군더는 당황해 하는데 막상 그녀의 어머니는 놀라는 기색이 없다.

얼마 후 처녀가 정신이 들자 부인이 혹시 마실 물이 있느냐고 묻기에 가져온 생수 한 병을 딸에게 건네주었다. 아무래도 간질 때문에 생긴 발작 같은데 워낙 예민한 문제라 물어보지도 못하고 그냥 배를 출발시켰다.

악어가 득실거리는 호수 한가운데서 이 작은 카누가 뒤집히기라도 했더라면… 생각만 해도 아찔했다.

악어 시장에 다녀온 우리가 묵게 된 220비르한국 돈 1만 4천 원짜리 베켈레 몰라 호텔은 두 호수가 내려다보이는 전망 좋은 곳에 있었다. 그러나 화장실이 지저분하고 모기가 너무 극성을 떨어 모기장 없이는 잠을 잘 수가 없었다. 나는 이미 에티오피아 북쪽 모기에게 많은 피를 헌혈하였는데 앞으로 얼마나 더 많은 아프리카 모기떼에게 당해야 하는지 좀 걱정이다. 더구나 이곳은 말라리아 위험지구인데….

저녁을 먹으러 식당 뒤편 테라스로 나오니 배분Baboon이라는 개코원숭이들이 자기들 멋대로 돌아다니고 있다. 개코원숭이는 사람을 전혀 무서워하지 않고 오히려 사람을 보면 먹는 음식을 뺏어가기 때문에 식사는 식당 안에서 하라고 종업원이 주의를 준다. 보츠와나에서 몇 년 동안 레스토랑을 운영했던 군더는 그곳에서 한 덩치 큰 배분이 날카로운 발톱으로 어떤 백인 여자를 할퀴는 것을 보았다고 한다. 그런데 배분이 할퀸 상처가 심해 거의 치명적이었다고 한다. 여기서는 모기만 무서운 게 아니라 배분도 조심해야 할 경계의 대상이다.

배분

다음 날 새벽 투피가 우리와 동행할 안내인 겸 운전사 빈야를 데리고 왔다. 어제는 새 차를 빌려주겠다더니 사파리를 나간 차량이 아직 돌아오지 않았다며 고물 도요타 지프를 가져왔다. 우리는 다른 차가 돌아올 때까지 마냥 기다릴 수 없어 정비를 잘한다는 빈야와 함께 출발하기로 하였다. 이 친구는 영어도 잘하고 성실해 보였으며 흑인치고는 잘생겨서 가는 곳마다 여자들에게 인기가 대단했다.

아르바 민치에서 오늘의 목적지 투르미까지 가려면 먼저 콘소를 거쳐 중간지점인 웨이토를 통과해야 한다. 콘소에서 웨이토까지는 하루 두 차례 다니는 시골 버스가 있으나 웨이토 이후에는 자기 차량이 없

콘소의 물 긷는 여인들이 신기한 듯 우리를 구경한다

으면 완전히 발이 묶인다.

고물차에 아키코와 토미를 태우고 투르미로

지프가 웨이토에 잠시 정차하자 히치하이크하는 일본 아가씨 둘이 투르미 족 장터에 가려고 하는데 태워줄 수 있느냐고 물었다. 배낭 여행족 사이에서는 흔히 있는 일이라 흔쾌히 두 사람을 우리 차에 태웠다. 아키코와 토미는 각자 따로 여행하다가 아디스 공항에서 처음 만나 여기까지 동행하게 되었다고 한다. 나는 그들의 진취적인 용기에 감탄하는 한편 그들의 무모함이 약간 걱정되었다. 얼마 전 헬싱키에서 만난, 영어를 못하면서도 혼자 유럽을 여행하는 일본 여학생이 떠올랐다.

2010년 8월 16일 월요일, 새벽 5시에 아르바 민치를 출발해 8시간 동안 흙길을 달려 먼지를 뒤집어쓴 채 투르미에 도착하였다.

아키토와 토미를 투르미 마을에 내려주고 군더가 방을 예약한 부스카 로지로 갔다. 우리는 이곳을 베이스캠프로 삼고 인근의 원시부족 마을을 찾아볼 생각이다. 아르바 민치에서 콘소를 지나서부터는 주유소가 없는 오지라 며칠간 사용할 10갤런짜리 디젤유 4통을 차 위에 싣고 다녀야 한다.

부스카 로지에 미리 예약을 하지 않아 혹 빈방이 있느냐고 물었더니 방값으로 하룻밤에 미화 60달러를 달라고 한다. '여기가 뭐 리츠 칼턴 호텔인가? 뭐 이리 비싸?' 이렇게 되면 내가 원래 예상했던 일일 숙박비를 훨씬 초과한다. 싼 방은 없느냐고 물었더니 2인용 텐트가 있는데 하룻밤에 15달러를 내라고 한다. 전기도 없고 공동 샤워와 화장실을 사용해야 하지만 아프리카에서 하는 첫 번째 야영이라 무조건 오케이이다.

앞으로 야영지 캠프 생활을 많이 할 텐데 조금 일찍 시작하는 셈 치자! 군더는 이미 예약금을 냈기 때문에 오늘은 그냥 자기 방에서 자고 내일부터는 나처럼 텐트에서 자겠다고 한다.

하마르족의 성년의식 불 점핑

투르미에서 2시간 떨어진 곳에 아프리카의 에덴동산(?) 오모라테 원시 촌락이 있다. 그리고 오늘은 투르미에 장이 서는 날이다. 보통 마을에 장이 서면 근처에 사는 여러 부족이 이곳으로 와서 공예품도 팔고 생필품도 사 가는데 하마르족, 투르미족, 콘소족, 웨이터족 할 것 없이 모두 장 구경을 나온다. 그런데 오늘 하마르Harmer족이 불 점핑Bull Jumping을 하는 날이라니 운 좋게도 '가는 날이 장날'인 셈이다.

여섯 마리의 소 등을 타고 뛰어넘는 불 점핑은 하마르족 남자들의 성년 통과 의례이다. 이 축제는 며칠간 계속되는데 혼인 적령기 청년들이 거쳐야 하는 일종의 예비 혼인 의례이기도 하다. 예비 신랑은 가족 단위로 소 등을 타고 넘는 자격시험을 성공적으로 통과해야 마자Maza의 그룹에 속하게 되고 결혼할 수 있는 성인 남자로 인정받는다.

기원전 20세기의 그레데 미노아 사람들도 불 점핑 의식을 하였다는 기록이 있는데 이 또한 남자들의 담력과 용기를 시험하는 남자들의 스포츠였다. 하마르족 예비 신랑이 뛰어넘어야 하는 여섯 마리의 소는 거세된 수소이거나 암소들이다. 고대의 용맹한 미노아 사람들이 수소의 뿔을 잡고 뛰어넘었던 것보다는 위험 부담이 적지만 소의 몸통에 분뇨를 발랐기 때문에 미끄러워 절대 만만치 않은 모험이다.

더구나 장가를 가느냐 마느냐의 심각한 문제가 걸려 있는 만큼 불 점핑은 절대로 소홀히 할 수 없는 의식이다.

하마르 여인들은 불 점핑이 시작되기 전에 친척끼리 모여 앉아 진흙과 버터로 서로의 머리를 치장해 주고 붉은색으로 얼굴을 칠하며 축제를 준비한다. 또 여인들은 예비의식의 하나로 둥글게 돌며 둘레춤을 추는데 장신구를 흔들고 나팔을 불며 신들린 듯 뛰어오르

하마르족 처녀의 멋을 부린 머리 스타일

는 춤을 몇 시간씩 계속한다.

각 촌락에서 온 하마르 처녀들은 춤을 추는 중간마다 '휘핑 세리머니'라는 것을 하는데 이것은 자기 오빠나 사촌이 이 여인들의 등을 때리는 의식이다. 여인들의 등은 그전에 맞은 회초리 자국과 새로 찢어진 상처로 피범벅이 되어 있는데 여인들은 잔혹한 형벌처럼 보이는 이 의식을 전혀 고통스러워하지 않는 것 같다. 오히려 자신의 등에 평생 남게 될 흉터가 험하면 험할수록 더 자랑스러운 훈장이라고 여긴다.

하마르 여인들이 등에 회초리를 맞는 가학적인 의식에는 연유가 있다고 한다. 여인들은 성년의식을 거쳐 간 오빠나 사촌들이 채찍으로 남긴 고통의 흔적을 차용증서처럼 자신의 등에 간직해 두는데, 이것은 여인들이 어려운 곤경에 처하게 될 때 자신의 등에 흉터를 남긴 마자에게 도움을 청할 수 있고 남자들은 이들의 요구를 절대로 거절해서는 안 된다고 한다.

또한 이러한 채찍질이 주는 고통의 경험은 그녀들이 앞으로 살아갈 고달픈 삶의 풍파를 헤쳐 나가게 해주는 연단 과정이 되는 것이다. 나는 몇 개월 후 남아메리카의 아마존 정글에서도 이와 유사한 원주민 문화를 체험할 수 있었다. 이 휘핑 세리머니의 배경에는 수천 년간 '배우자 폭행 문화' 속에 살아온 다른 세계의 여인들과 같이 하마르 여인들도 보호자가 될 남성에게 아내로서의 절대적인 복종과 조건 없는 희생을 상징하는 의도가 숨겨져 있는 것 같다.

긴 시간의 예비의식이 모두 끝나고 우리는 하마르 부족을 따라서 소떼들이 모여 있는 불 점핑 장소로 이동하였다. 신랑 후보들이 불 점핑을 준비하는 동안 버터와 빨간 진흙으로 예쁘게 머리단장을 한 하마르 처녀들은 마지막으로 소 떼 주변을 돌며 춤을 추고 나팔을 불며 예비 신랑들의 건투를 기원한다. 벌거벗은 예비 신랑이 여섯 마리의 소 등을 뛰어넘어 네 번을 갔다 오는 동안 그의 형이나 사촌 마자들은 양편에서 소의 머리와 꼬리를 잘 붙잡아야 한다. 예비 신랑이 뛰어넘는 동안 소가 움직여 땅에 떨어지면 실격되므로 마자가 될 수 없고 실격된 총각은 하마르 여자들에게 회초리를 맞아야 한다고 하니 이건 보통 심각한 문제가 아니다.

또 예비 신랑들이 소 떼 위를 뛰어넘을 때는 앞머리를 절반쯤 밀어버리고 벌거벗은 채로 점프를 해야 하는데 그 연유를 물어보니, '어린아이의 시절을 뒤로하고 어른의 세계로 진입하는 것' 을 상징하는 것이라고 한다. 이 성년의식을 무사히 통과하면 '마자' 즉, 가축을 소유할 수 있는 어른이 되며 또 결혼할 자격이 주어진다.

불 점핑이 끝나면 각지에서 온 친척들은 예비 신랑 집에서 며칠 동

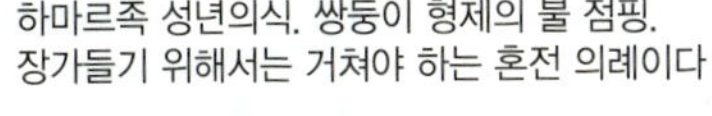
하마르족 성년의식. 쌍둥이 형제의 불 점핑.
장가들기 위해서는 거쳐야 하는 혼전 의례이다

안 잔치를 즐기는데 이때 하마르 처녀들은 자기가 점찍어 둔 예비 신랑에게 공개적으로 '사랑의 대시'를 할 수 있는 절호의 찬스라고 한다.

오늘은 두 가족이 불 점핑을 하는 날인데 그중 한 집은 쌍둥이 형제이다. 쌍둥이 형은 불 점핑을 네 번 모두 무사히 성공하였는데 동생은 안타깝게 한 번 넘어지고 말았다.

'이 친구, 실격되어 장가를 못 가는 건 아닐까? 게다가 하마르 처녀들한테서 회초리를 맞게 되는 건 아닐까?' 하는 걱정이 되었다. 예비 신랑이 불합격으로 판정 나면 1년을 기다려야 한다고 한다. 신부가 되고 싶은 처녀들에게도 실격은 심각한 문제라 실격되면 회초리를 맞을 만하였다.

오늘은 투르미에 장이 서는 날인데 하마르족의 불 점핑을 보느라 시간이 너무 늦어져 장 구경은 틀린 것 같다. 아쉬워하는 내게 내일 디메카에도 장이 서니 그쪽 장 구경을 하면 된다고 빈야가 귀띔해 주었다. 그래도 오늘은 1년에 겨우 몇 번 있을까 말까 한 하마르족의 불 점핑 세리머니를 볼 수 있게 되어 억세게 운이 좋은 날이었다.

아프리카의 에덴동산 오모라테

2010년 8월 17일 화요일 아침, 에티오피아의 낙원(?) 오모라테Omorate로 향했다. 오모 밸리의 마지막 마을이자 케냐 접경에 있는 오모라테 촌락으로 가는 길은 투르미에서 약 3시간 정도 걸리는 비포장도로이다. 우리는 이곳에서 에티오피아의 남부국가 소수민족연합SNNPR 사무실에 들러 여권 심사를 받고 마을의 입촌 허가를 받아야 했다. 일종의 소수민족 부족사회 보호구역에 들어가기 위해 비자를 받는 셈이다.

오모라테 마을의 여인들

통나무를 파서 만든 뒤뚱거리는 카누를 타고 장마로 물이 불은 오모 강의 황색 물결을 거슬러 건너가니 나체촌 오모라테 부족 마을이 나왔다. 오모 강을 건너자 마을 입구에 젖가슴을 다 드러낸 20명가량의 여인네들이 우리를 환영하기 위해 나왔다. 머리와 목에는 구슬로 만든 목걸이와 장신구로 정성껏 치장하고 사진을 촬영할 수 있게 둘러서서 멋진 자세를 취해 주었다. 여행객들이 가끔 찾아오는지 서로 사진 촬영에 끼겠다고 야단인데 어린아이들은 우리를 신기한 동물처럼 구경한다.

단체 사진 촬영이 끝나자 어린 소녀들이 개인 모델이 되겠다며 서로 자기 사진을 찍으라고 손을 끈다. 한국 돈으로 130원, 2비르를 주면 원하는 모델이 되어 주겠다는 아이들을 보니 가슴이 찡하다. 누런 강물

오모라테 마을 천국의 아이들

을 거리낌 없이 마시는 오모라테 아이들, 오모 강의 센 물결을 헤엄쳐 건너가는 소년들, 한 마리씩 새끼 양을 안고 아랫입술에는 새 깃털을 꽂은 예쁜 소녀들, 통나무 카누에 앉아 손을 흔들어 대는 순박한 오모라테 사람들…. 벌거벗고도 부끄러움을 모르는 순진한 마을 사람들을 보며 상상해 본다. '선악과를 따 먹기 전 에덴동산의 아담과 이브가 이러했을까?' 티 없이 웃는 아이들의 사랑스러운 미소와 천진난만한 표정을 평생 잊지 못할 것 같다.

자동차와 컴퓨터의 존재를 모르고, 텔레비전과 휴대전화가 없는 외계와 같은 세계에 사는 이들의 얼굴에는 웃음과 평화가 있다. 먼 옛날 우리 조상이 그러했듯이 인간은 아주 적은 소유만으로도 자족할 수 있다는 사실을 나는 이들의 꾸밈없는 삶에서 배우게 된다. 오모 밸리의 소수민족들은 수천 년간 이 땅에서 유목인으로 또 가난한 농민으로 평화롭게 살아왔다. 탐욕과 권력을 위해 쟁투를 벌이는 현대 문명의 오염 없이 오늘을 살고 있다. 자연의 선물인 홍수 범람이 가져다준 비옥한 델타 지역에 옥수수와 감자를 심어 생계를 이어왔고 양과 염소를 치며 소수부족의 고유문화를 지켜왔다.

그런데 이들의 사활이 걸린 생태계 파괴의 위험이 밀려오고 있다. 에티오피아 정부에서 추진하는 자이브 3Gibe III 프로젝트가 오모 강의 흐름을 막는 것이다.

높이 243m의 수력발전소를 짓기 위한 댐 공사는 현재까지 40%가량

진척되었고 2013년에 공사가 끝나면 그들의 젖줄인 오모 강수의 흐름이 끊기게 된다. 이 지역의 생태계 파괴 및 원주민 사회의 존속을 우려하는 환경단체의 목소리가 들리지만 이제 모든 것을 제자리로 되돌리기에는 너무 늦은 것 같다.

댐이 완성되면 그들은 삶의 터전을 잃게 되고 조상 대대로 내려온 오모 계곡을 떠나야 할 것이다. 순박한 소수부족에게 닥칠 현대 문명의 충격이 머지않아 사라질 종족이 될 운명과 문화 상실의 비극을 불러올 것 같은 불길한 예감에 휩싸였다. 그렇다면 실낙원失樂園의 운명을 맞게 될 이들은 어디로 가야 한단 말인가?

오모라테 마을을 뒤로하고 2시간 정도 떨어진 디메카 마을에 있는 부족 장터로 갔다. 이곳은 영락없는 한국의 옛날 시골 장터다. 이 장터에서 인근 25km 내외의 여러 부족이 토산물, 공예품, 곡식가루, 마늘이나 양파 같은 것을 가져와 판다. 하마르족 외에도 근처의 여러 부족

머리에는 물 항아리 팔에는 젖먹이

새끼 염소를 안고 있는 오모라테 소녀

디메카 장에서 사진 찍으라며 치근대는 영감님

하마르족 최고 미인에게 사정사정하여 사진 한 컷!

이 모여서 농산품 외에 칼이나 성냥 같은 생필품을 구매하는데 우리가 흔히 보는 현대인의 필수품인 전자제품이나 문명 상품들은 눈을 씻고 봐도 찾아볼 수 없다. 아, 이렇게 단순하고 소박하게 살 수 있구나! 그런데 풍족한 문명 세계에 사는 현대인들은 왜 그토록 소화불량과 우울증을 앓고 있는 불행한 사람이 많을까?

장 구경을 나온 한 하마르족 미인이 하도 예뻐서 사진을 찍고 싶다고 했다가 한마디로 거절당했다. 그래도 이런 절세미인을 그냥 놓칠 수야 없지! 나는 이곳 처녀들에게 인기가 좋은 빈야를 시켜 이 미인에게 사정사정한 후 그녀에게서 사진을 찍어도 좋다는 허락을 받았다. 무려 20비르한국 돈 1,300원의 거금을 준대도 내켜 하지 않던 미인이 '레이디 킬러'가 부탁하니 들어준 것이다. 하마르족 특유의 머리 스타일과 늘씬한 몸매는 가히 미스 유니버스 감이었다.

그런데 바로 옆에서 옆구리를 꾹꾹 찌르는 사람이 있어 돌아보니 자기 사진도 찍으라며 치근대는 영감님이 있었다. 지팡이를 짚고 서 있는 그의 얼굴에는 고된 세월의 흔적인 듯 깊은 골이 파여 있다. 아, 시간의 강물은 어느 시공을 막론하고 똑같이 흐르는데 이 영감님의 삶에 부딪혔던 물결은 좀 더 세찬 것이었을까?

장터에서 웃고 떠드는 여인네의 모습은 문명사회의 여성들과 별반 다르지 않다. 물질적 부와 영예가 아니라도 아주 작은 것 가운데 행복을 느끼는 삶의 지혜, 이들의 꾸밈없고 순박한 모습에서 계시를 받듯이 색다른 체험을 하고 있다.

디메카를 떠나 숙소가 있는 캠프로 돌아가는 길에 투르미에서 콘소까지 얻어타고 갈 차를 기다리고 있는 아키코와 토미를 보았다. 이들

장터에서 수다 떠는 여인네들의 표정이 즐겁다

은 이틀 동안이나 콘소로 가는 차를 만나지 못해서 아직껏 투르미에 발이 묶여 있다고 한다. 정말 대책 없는 무모한 처녀들이다. 만약 내일 아침까지 태워주는 차를 못 만나면 우리가 콘소까지 데려다 주어야 할 것 같다. 웅덩이가 많이 파인 자갈길을 열 몇 시간 다녀오느라 온종일 뒤집어쓴 먼지를 찬물로 씻고 나니 기분이 상쾌하다.

저녁을 먹기 위해 군더와 함께 부스카 라지의 야외 테이블에 앉아 시원한 저녁바람을 즐긴다. 머리 위 하늘을 올려다보니 아프리카의 달빛이 맑고 푸르다. 아, 몇 시간 후에는 똑같은 달이 한국의 밤하늘에도 떠 있겠지?

그런데 그곳에서는 어떤 빛깔로 보일까? 달은 길을 떠나는 나그네에게 각기 다른 빛깔을 비추는 마음의 거울과 같다. 외로운 나그네에게는 푸른빛, 사랑에 빠진 나그네에게는 황금빛 그리고 검은 대륙을 걷는 나에게는 하얀빛으로 보인다.

어젯밤에는 텐트 밖에서 기분 나쁜 하이에나 울음소리가 계속 들려 귀에 거슬렸는데 오늘 밤은 좀 조용하시려나?

고장 난 지프를 트럭에 싣고 웨이토에서 아르바 민치까지

2010년 8월 18일 아침, 아프리카의 첫 번째 야영지 부스카 라지에서 이틀 밤을 보낸 우리는 아르바 민치로 돌아가는 길에 콘소의 다른 부족 마을을 찾을 생각이었다. 캠프를 나와서 혹시 아직도 일본 처녀들이 차를 기다리고 있는지 보기 위해 투르미까지 갔다. 그런데 차를 얻어 타고 갔는지 둘 다 보이지 않는다. 여행자 숙소도 없는 투르미에서 어디서 이틀 밤을 보냈을까?

아침을 먹는 동안 지금까지 그럭저럭 잘 타고 온 차에 무슨 이상이 생겼는지 빈야가 지프의 후드를 열고 이것저것 손을 보고 있는데 표정이 그리 밝지 않다. 부스카 라지를 떠나 웨이토에 가까이 오자 차가 갑자기 기운 빠진 망아지처럼 움직이지 않는다. 빈야가 어두운 표정으로 엔진 고장으로 더는 갈 수 없다고 한다. 아르바 민치에 도착하려면 10시간가량을 더 가야 하는데 정비소도 없는 아프리카 오지에서 엔진 고장이라니? 이것이야말로 마른하늘에 날벼락이다.

아, 이곳에서 스릴 만점 모험을 제대로 하는구나! 언제 올지도 모르는 버스를 무작정 기다려야 하나? 나는 암담하고 황당한 기분인데 빈야는 여간 태평스럽지 않다. 어떻게든지 자기가 차편을 구해 볼 테니 너무 걱정하지 말라고 한다. 걱정을 말라니? 이건 에베레스트 베이스

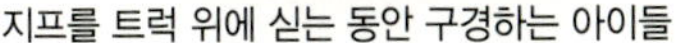
지프를 트럭 위에 싣는 동안 구경하는 아이들

양치기 소녀의 모델료는 150원이었다

캠프로 가던 버스가 해발 5,000m 티베트 고원에서 펑크 났던 때보다 더 심각한 상황 같은데….

아키코와 토미가 느꼈을 참담한 심정으로 한참을 기다리고 있는데, 마침 몇 사람을 태우고 지나가는 하얀 트럭이 보였다. 빈야는 트럭을 세운 후 운전사와 한참 협상을 하더니 고물 지프를 트럭 위에 싣고 가겠다고 한다. 편의상 지프라고 부르지만 사실 이 차는 20년도 더 된 고물 도요타 사륜구동이다.

지프를 트럭 위에 싣기 위해 트럭을 길 아래 움푹 파인 지점으로 옮기고 구경하던 몇 사람을 시켜 땅을 파기 시작했다. 그리고 도로 면과 트럭 상판이 같은 높이가 되도록 바짝 트럭을 후진시킨 다음 그 위에 지프를 태우는 곡예운전을 해야 했다. 빈야를 유심히 살펴보니 이건 뭐 처음 해본 솜씨 같지 않다.

군더와 나는 외국 사람이라고 트럭 운전사 옆자리에 앉으라고 했다. 빈야와 지금껏 트럭을 타고 왔던 사람들은 트럭 위에 실은 지프에 태우고 10시간의 모험을 시작했다.

우여곡절 끝에 웨이토를 떠난 우리는 오후 2시에 점심을 먹기 위해 콘소에서 잠시 정차하였다. 나는 콘소에서 또 한 번의 실수를 하고 말았다. 아르바 민치에는 밤늦게나 도착한다는 얘기를 듣고 아무 생각

없이 점심으로 인제라를 잔뜩 먹은 것이 탈이 났다. 비포장도로 위를 계속 뛰어대는 트럭 위에서 먹은 음식을 쏟아내지 않으려고 필사의 노력을 해야 했다. 돌아가는 길에 콘소의 원주민 촌락에 들르기로 한 계획도 포기한 채 요동치는 트럭을 타고 10시간 동안 울퉁불퉁한 길을 달렸다. 마침내 아르바 민치에 도착하여 지난 며칠간 오모 밸리 모험으로 가까워진 미남 총각 빈야와 아쉬운 작별을 해야 했다. 저녁을 같이 먹자고 했더니 당장 고장 난 차부터 고쳐야 한다며 사양한다.

늦은 밤이 되어서야 전에 묵었던 베켈레 몰라로 돌아와 또 한 번 모기와의 전쟁을 치르게 되었다. 내일 새벽에는 아디스를 향해 북쪽으로 500km의 행군을 시작한다.

래스터패리언 운동의 메카 샤샤만과 하일레 셀라시에

군더와 나는 아디스로 가는 길에 중간 기착지인 샤샤만Shashamane까지 가볼 생각이었다. 아디스에서 남쪽으로 270km 떨어진 샤샤만은 아프리카 출신의 자메이카 흑인 종교단체인 래스터패리언Rastafarian 교인들의 메카와 같은 곳이다.

이곳은 카리브 지역의 흑인 노예 후손들을 아프리카로 돌아오게 하는 귀향 운동의 궁극적 목적지이기도 한 곳이다. 하일레 셀라시에 황제가 자메이카를 비롯한 카리브 지역 흑인들이 아프리카로 이주하여 정착할 수 있도록 자신의 영지에서 500에이커의 땅을 기증한 곳이 바로 샤샤만이다.

1920년대 자메이카의 빈민가에서 태동한 래스터패리언 종교운동은 현재 전 세계적으로 100만 명의 추종자가 있다고 한다. 에티오피아 황제 하일레 셀라시에를 재림한 구세주라고 믿는 정치적으로 반백인反白人 종교운동인데, 하일레 셀라시에가 황제에 즉위하기 전 이름이 바로 래스터패리 마코넨Ras Tafari Makonnen이었고 그 이름을 따라 그들을 래스터패리언으로 부르게 되었다.

2010년 8월 19일 목요일 새벽 5시, 버스터미널로 가는 도중에 군더와 나는 아디스로 돌아가는 빈 차를 만나게 되어 체코에서 온 젊은 남녀와 합승을 하게 되었다. 이들은 아프리카 야생동물 보호 프로젝트를 위해 2년간 파견 근무를 하는 NGO 연구원들이다. 그런데 오늘 샤샤만까지 꼭 가야 한다는 에티오피아 아주머니까지 합류하게 되어 5인승 지프에 6명이 끼어 앉아 7시간의 곡예운행을 하였다. 다행히 나는 나이대접을 받아 조수석에 앉았으나 뒷좌석에는 4명이 끼어 앉아 장맛비로 파헤쳐진 비포장도로 위에서 몇 시간째 에티오피아식 마사지를 받아야 했다. 혼자 편한 자리에 앉아가니 가시 방석이었다.

북쪽으로 올라갈수록 빗물 먹은 여름 들판은 초록으로 덮여 있고, 차가 지나는 길가에는 숯을 자루에 담아 살 사람을 기다리는 시골 사람들, 또 근처 농가에서 가져온 망고와 바나나를 파는 아이들이 잠시 발길을 멈추는 사람들과 흥정한다. 샤샤만에서 가까운 곳에 셀라시에 황제의 옛 여름별장 지역인 완도제네가 있다. 우리는 아름다운 꽃들이

샤샤만 근처의 농가

아주머니와 운전사가 숯장사와 흥정을 한다

무성한 정원과 온천 폭포가 있는 그의 옛 별장에서 오랜만에 편안한 하룻밤을 보냈다. 온천 폭포수에서 샤워도 하고 저녁으로 닭볶음을 먹은 후에 산책 나온 원숭이를 보면서 정원을 거닐었을 솔로몬 왕조의 마지막 황제 하일레 셀라시에를 생각하였다.

한때 우리나라도 방문하였으며 6 · 25 전쟁 당시 미육군 7사단 소속으로 에티오피아 군대를 한국에 파병까지 한 셀라시에 황제를 래스터패리언들은 재림한 메시아로 추앙했으나, 그는 자신의 신성을 끝까지 부인한 에티오피아 정교회 신자였다.

1930년 황제 대관식 이후 계속된 이탈리아의 침공에 항거하여 큰 전쟁을 두 번이나 치렀고 아프리카 대륙에서 유일하게 유럽의 식민지가 아닌 독립국의 군주로 건재할 수 있었다. 셀라시에는 1936년 메이츄 전투에서 이탈리아에 패한 후 5년간의 망명 중 유엔의 전신인 국제연맹국가 동맹, League of Nations을 통해 에티오피아의 독립을 위한 외교적인 투쟁을 계속하였다. 그는 에티오피아의 근대화 정책, 교육의 개방에 힘썼고 서민을 위한 세제 개혁을 여러 차례 시도하였으나 당시 기득권 세력인 봉건 귀족사회의 저항으로 실패를 거듭하기도 하였다. 그는 1974년 마르크시스트 쿠데타로 폐위될 때까지 44년간 집권했던 근대 왕조 중 가장 장수한 군주였다.

하일레 셀라시에 황제의 여름별장 정원

완도제네의 정원에 사는 원숭이

그는 한국전쟁에 참전을 선언하며 다음과 같은 인상 깊은 연설을 한 바 있다. 에티오피아의 독립을 위해 우방국에게 진 마음의 빚을 한국에 갚겠다는 신념을 입증한 것이었다.

"20년 전 에티오피아가 외세의 침략을 받았을 때 국제 연맹UN의 전신에서 내가 당시 주장했던 집단 안보 체제의 필요성이 이제 한국전쟁에서 현실이 되고 있다. 나는 유엔의 창립 원칙을 준수하는 일환으로 유엔 연합군의 일원인 에티오피아 군을 한국전쟁에 참전시키기로 하였다. 외세 침략의 만행에 저항하는 한국 국민을 볼 때 나는 양심의 명령에 따라 선택한 이 결정이 정당하다는 확신하고 있다. 우리의 연합으로 영광스러운 승리가 쟁취될 때까지 나에게 신념을 지니고 투쟁할 힘과 용기를 주신 하느님께 감사할 따름이다."

지금은 사라진 '유다 지파의 사자'라 불렸던 하일레 셀라시에, 한국인의 자유를 지키기 위해 한국전쟁에 참전한 우리의 은인이기도 하다.

요오드 아비시니아에서 에티오피아의 마지막 밤을

2010년 8월 20일 금요일, 내일 오전 10시 비행기로 케냐의 나이로비로 출발하기 위해서는 오늘 밤 무슨 일이 있어도 아디스까지 가야 한다. 완도제네에서 샤샤만 시내로 나오니 버스를 잡아주려는 자원 봉사자(?)들이 벌떼처럼 따라붙는다. 이 친구들은 우리 같은 여행객들에게 행선지를 물어보고 그쪽으로 가는 소형버스와 연결해 주는 브로커들이다. 물론 500원에서 1,000원 상당의 커미션을 주어야 한다. 그런데 자칫하면 커미셔너들에게 바가지를 쓴다고 들어 잠시 주저하고 있는데 아디스로 가는, 영어를 할 줄 아는 젊은 여인 마타 하리를 만나게 되었다. 우리는 마타 하리의 도움으로 바가지를 쓰지 않고 아디스까지 무사히 올 수 있었다.

아프리카의 대중교통은 손님이 다 찰 때까지 한두 시간 돌면서 손님을 모으는 것이 관행이다. 마침내 초과 인원까지 태운 소형버스가 곡예비행을 하듯 트럭과 버스를 요리조리 계속 추월하면서 달려오는 동안 우리는 마타 하리에 대하여 좀 더 알게 되었다. 마타 하리Marta Hari 하면 오늘날 뇌쇄적인 미모를 갖춘 여자 스파이 대명사로 여겨지는데, 네덜란드 출신의 마타 하리 본명은 마가레타 거트루이다 젤러이다. 인도네시아에서 배웠던 이국적인 춤과 뛰어난 미모로 파리의 유명한 극장과 사교계를 휩쓸며 세계 1차 대전 때 프랑스와 독일을 오가며 정보를 판 이중간첩 혐의로 체포되어 뚜렷한 증거도 없이 총살을 당했던 전설적인 여인이다.

그러나 우리의 마타 하리는 자메이카 출신 래스터패리언과 결혼한 에티오피아 여인이다. 그녀는 아디스에서 서점을 하면서 매주 레게 음악가인 남편이 있는 샤샤만에 간다고 한다. 그녀는 래스터패리언은 아니지만 몇 년 전에 우연히 자메이카에서 온 남편을 만나게 되어 그와 사랑에 빠졌다고 한다. 레게 음악 하면 자메이카 출신의 유명한 밥 말리Bob Marley를 떠올리게 된다. 오래전에 타계한 밥 말리는 래스터패리언 레게 음악의 선구자로 동아프리카에서는 소형버스에 그의 사진을 부치고 다닐 만큼 유명한 음악인이다.

나는 에티오피아에 있는 동안 남쪽의 원시문화 이외에도 이 나라의 전통문화를 접할 기회를 찾고 있었는데 마침 마타 하리에게서 요오드 아비시니아에 가면 이 나라의 전통 음식을 먹으면서 에티오피아 전통 음악과 춤을 관람할 수 있다는 얘기를 들었다. 군더와 나는 숙소에 짐을 부려놓자마자 택시를 타고 공연 장소로 달려갔다. 그리고 이곳에서 보낸 에티오피아의 마지막 밤은 이 나라 문명의 다른 면에 눈을 뜨게 한 환상적인 체험이 되었다. 그래서 내가 걷는 나그넷길은 영혼을 풍요하게 해주는 축복받는 순례행로가 아닌가 싶다.

에티오피아는 3,000년 이상의 오랜 역사를 가진 고대 문명국이다. 이 나라의 고유 음악과 민속춤은 커피 세리머니와 같이 유서 깊은 옛 제국의 화려했던 전통문화를 잘 대변하는 것 같다. 또한 에티오피아는 80여 종족이 모여 사는 다종족 모자이크 문화에 지역마다 특색이 있다. 아마라, 티그레이, 오로미아, 소말리 사람들을 포함한 일곱 종족의

요오드 아비시니아에서 본 아비시니아 제국의 전통 무용

전통춤이 특히 유명하다고 한다. 아쉽게도 그들의 춤 솜씨를 다 볼 수는 없었으나 이날 우리가 본 에티오피아 남자들의 율동적이고 빠른 춤사위는 경이롭기까지 하다. 부드럽고 아름다운 무희들의 춤도 다른 나라에서 보았던 전통 예술과 달리 쾌활하면서도 유연하다.

나는 지난 몇 달간 지구촌을 돌면서 각 민족의 춤을 볼 수 있었다. 티베트의 무용극, 상트 페테르부르크의 발레, 스코틀랜드의 왈츠, 마사이족의 춤, 아르헨티나의 탱고, 라파 누이 원주민의 댄스 등등…. 인간은 내면에 잠재한 감흥과 활력을 춤이라는 출구를 통해 분출하는데 인종과 문화에 따라 표현 방법이 다를 뿐 모든 인간의 공통적인 본능이 아닐까?

이곳에서 보낸 3시간은 선입관을 가지고 보았던 에티오피아의 현실, 즉 빈곤과 무지, 그리고 무질서와 혼란 너머에 존재하였던 찬란했던 아비시니아 문명의 명백한 증거를 보여주었다. 수천 년의 긴 역사와 솔로몬 왕의 신비를 간직한 '이스라엘의 잃어버린 지파'의 땅을 순례하는 동안, 오모 계곡의 원시부족 아이들에게서 3개월 전 몽골 벌판의 나그넷길에서 우연히 만난 몽골 어머니에게서처럼 피부 색깔을 초월한 형제애를 느낄 수 있었다.

나는 검은 대륙 순례의 첫 정거장 에티오피아 나들이를 마치고 내일 2010년 8월 21일 두 번째 목표인 아프리카의 지붕 킬리만자로를 향해 나이로비로 떠난다. 우후루 정상으로 가는 길목에 있는 야생동물의 천국 마사이 마라를 그냥 지나칠 수 없을 것 같다.

테아나스털런, 에티오피아여 안녕!

아웃 오브 아프리카

동물의 왕국 케냐

야생동물들의 천국 케냐

아프리카 하면 제일 먼저 떠오르는 영상이 사바나 초원 위를 누비는 수십만 마리의 누 떼와 얼룩말들, 그리고 광활한 평원 위의 당당한 코끼리와 코뿔소 모습이다. 아름다운 황혼이 저무는 평원에서 평화롭게 아카시아 나무에서 잎을 따는 기린 떼, 그리고 또 저녁거리 사냥을 나선 늠름한 동물의 왕 사자를 상상하게 되는데 바로 나의 다음 목적지 케냐가 그 모든 것들을 포함하고 있다.

케냐는 에티오피아와 같이 인류의 요람으로 간주하는 동부 아프리카의 인도양 변 적도직하 기후대를 가진 나라이다. 그리고 그 가운데 42개 종족이 다양한 문화와 전통을 유지하며 살고 있다. 인도양의 하얀 파도가 부서지는 긴 동부의 해안선 안쪽으로 끝없이 펼쳐지는 덤불의 벌판, 북쪽의 광활한 사막 외에도 수림이 우거진 마운틴 케냐와 수많은 넓은 호수가 어우러지는 내륙의 풍광이 말 그대로 야생동물의 천국이다.

오버랜드로 마사이 마라를 가다

2010년 8월 21일 토요일 아침, 두 주간을 보냈던 신비의 나라 에티오피아에 아쉬움을 남긴 채 다음 행선지인 탄자니아와 케냐로 가기 위해 나이로비행 항공기에 올랐다. 아프리카 여행의 두 번째 드림 리스트는 해발 5,895m의 킬리만자로 정상 우후루에 도전하는 것이다. 에티오피아에서 킬리만자로의 마차메 입구가 있는 탄자니아의 모시Moshi로 가기 위해서는 케냐를 지나가야 한다.

킬리만자로 등정과 야생동물 사파리를 연이어 할 경우, 체력 소모를 고려한 합리적인 여행 순서는 먼저 킬리만자로를 다녀온 후에 세렝게티로 가는 것이 정답이다. 그러나 나는 아프리카 북쪽에서 동남쪽으로 내려가는 지리적 순서에 따라 세렝게티에 가는 대신 마사이 마라를 선택했다.

참새가 방앗간을 그냥 지나칠 수 있을지 모르겠지만 킬리만자로의 길목에 있는 환상의 동물 왕국 마사이 마라Masai Mara를 그냥 지나칠 수는 없었다.

지금까지는 혼자서 오지를 찾아가는 솔로 여행 방식 위주였으나 개인적으로 들어갈 수 없는 지역에 한해서는 그룹 탐방팀에 가입하곤 하였다. 바로 케냐의 마사이 마라 오버랜드Overland 사파리와 킬리만자로 등정이 그런 경우이다.

오버랜드란 세계 각처에서 온 스무 명 안팎의 배낭족을 대형 트럭을 개조한 버스에 태우고 며칠간 혹은 몇 달간씩 아프리카 대륙을 누비는, 주로 젊은이를 위한 저 경비 여행 프로그램이다. 필요한 야영 장비와 취사 장비를 모두 트럭에 싣고 떠도는 집시처럼 한 장소에서 다른 장소로 이동하며 야영을 하는 낭만적인 여행 프로그램이다.

나는 아프리카 일주 여행을 계획하는 동안 이 낭만적인 오버랜드 모험을 꼭 한번 해볼 생각이었다. 킬리만자로에 가기 전에 참여할 수 있는 사파리 프로그램을 인터넷으로 검색하던 중 운 좋게 '인트레피드'에서 편성한 8일짜리 마사이 마라 사파리 오버랜드에 빈자리가 있는 것을 발견하고 바로 그 프로그램에 등록하였다.

오버랜드에 참여하는 팀 멤버는 탐방기간 동안 자신이 묵을 야영 텐트를 직접 설치하고 조별로 팀을 짜서 전체 팀원의 취사를 돕고 설거지까지 모두 해야 하는 셀프서비스 운영 시스템이다. 각자 다른 배경과 문화 속에 살던 오버랜드 동료가 며칠간의 단체생활을 통하여 서로 좀 더 알게 되고 친구와 가족처럼 지낼 수 있는 색다른 체험 프로그램이다.

사파리 팀의 유일한 동양인(가운데)

첫날의 야영지 나쿠루 호수변

2010년 8월 21일 토요일 12시에 나이로비에 도착하여 오버랜드 팀이 예약한 숙소를 가기 위해 도심의 정글 나이로비 시내에 들어갔다. 숙소로 가기 전 킬리만자로 패키지를 케냐에서 사면 훨씬 경제적이라고 들어서 한 택시운전사의 소개로 나이로비 여행사에서 킬리만자로 마차메 루트 패키지를 미화 1,100불에 샀다. 현지 계약으로 400불이나 절약할 수 있게 되어 무척 기분이 좋았다. 그러나 2주 후 싼 것이 비지

떡이라는 우리 속담처럼 킬리만자로를 오를 때는 무조건 경비를 아끼려 해서는 안 된다는 교훈을 비싼 수업료를 치르고 배우게 된다.

숙소에 도착한 날 저녁 전체 팀이 참석한 오리엔테이션에서 8일간의 오버랜드 여정에 대한 일정 설명과 팀원의 자기소개가 있었다. 우리 팀에는 영국인 네 사람, 킬리만자로를 이미 다녀온 뉴질랜드 처녀, 런던 대학에 막 입학한 나이가 제일 어린 2명의 영국인 여학생, 그리고 나머지는 대부분 호주 사람이다. 전체 팀 중에서 내가 유일한 동양인이며 가장 연장자였다.

앞으로 오버랜드 동안 함께 지낼 텐트 메이트를 배정받았는데, 호주에서 혼자 온 50대 초반의 크리스 투와 같은 천막을 사용하게 되었다. 우리 팀 20명 가운데 크리스라는 이름을 가진 남자가 4명이나 있다. 우리는 4명의 크리스를 나이 순서에 따라 크리스 원부터 막내이며 마사이족 가이드 크리스 포까지 이름 뒤에 번호를 붙여 부르기로 했는데 호주에서 농장을 하는 크리스 투가 내 룸메이트였다.

오리엔테이션 중 '키티머니'라는 공동경비를 달러로 내야 하는데, 1인당 미화 385불씩 거둔다. 이 경비는 8일간의 여정에 필요한 팀의 식품재료와 기타 경비로 쓰인다. 그런데 아프리카 대부분의 나라에서는 달러 지폐를 2003년 이후에 발행한 신권으로만 받는다. 키티머니를 내기 위해 비상금으로 가져간 100불짜리 지폐를 살펴보니 아뿔싸, 그중 3분의 1이 2000년 이전에 발행된 지폐들이다. 앞으로 한 달간은 이 비상금을 쓸 수 없게 되어 남아프리카에 도착할 때까지는 진짜 구두쇠 노릇을 해야 했다.

나쿠루 호수에서 첫 밤을 보내고 나이바샤 호수로 가다

2010년 8월 23일 월요일, 점심때 도착한 나쿠루 호수 근처의 야영지에서 크리스 투와 나는 첫 번째 식사 당번으로 요리장을 도와 전체 팀의 샌드위치를 준비하였다.

식사 후 설거지 팀은 따로 있는데 식기를 말리는 일은 모든 사람이 함께 플랩핑Flapping을 한다. 플랩핑이란 새가 날갯짓을 하는 것처럼 접시를 양손에 들고 두 팔로 펄럭이며 그릇을 말리는 작업이다. 물에 젖은 접시와 요리기구가 빨리 마르도록 에어 드라이하는 셈이다.

20명이나 되는 동료들이 양손에 그릇을 들고 함께 플랩핑하는 모습을 상상해 보라! 웃기는 이 장면을 우리는 하루 세 번씩 연출해야 한다.

저 멀리 보이는 호수 가장자리에서도 수천 마리의 플라밍고들이 춤을 추고 플랩핑하는 모습이 마치 분홍색 비단 폭을 펼쳐놓은 듯 호수변을 핑크빛으로 물들이고 있다.

우리는 점심을 먹은 후 나쿠루 호수변 초원지대로 첫 번째 '게임 드라이브'를 나갔다. 이 야생동물 보호구역에는 코뿔소, 얼룩말, 버펄로, 임팔라, 가젤 등이 셀 수 없을 정도로 많다. 이 넓은 벌판은 천적이 없는 땅인지 대부분 초식동물이 평화롭게 풀을 뜯고 있다. 아니면 저녁거리를 찾는 사냥꾼들에게는 아직은 이른 시간인가?

버펄로 무리는 풀을 뜯는다

코뿔소 라이노 한 쌍이 유유히 지나간다

나쿠루 호수 플라밍고의 비단 띠 위에 석양이 저물고 외로운 아카시아 위에 어둠이 덮여온다

'아, 이곳이 꿈속에서 그토록 그리워했던 아프리카로구나! 마침내 나는 이곳에 두 발로 서서 살아 숨 쉬는 동물의 세계를 보고 있다.'

광활한 아프리카 초원에서 맞은 첫날의 감회가 뜨겁게 가슴을 적셔 온다. 어느덧 나쿠루 호수에는 저녁 어스름이 찾아오고 초원 위에 서 있는 한 그루의 아카시아 위에 저물어 가는 아프리카 석양이 걸렸다.

이제 우리도 저녁을 먹고 잠자리에 들기 위해 야영장으로 돌아가야 할 시간이 되었다.

그런데 이 많은 동물은 오늘 밤을 지내기 위해 모두 다 어디로 가려나? 케냐의 밤하늘에는 별이 총총한데 기온이 떨어져도 텐트 주변에는 모기떼가 마냥 극성을 부린다. 환영 인사치고는 아주 요란스러운 셈이다. 이 녀석들도 에티오피아의 모기떼처럼 극동에서 온 코리언의 피를 더 좋아하려나?

2010년 8월 24일 화요일, 바나나와 쿠키로 간단히 아침을 먹은 후 우리는 근처에 있는 자활 마을을 방문했다. 케냐에는 엠 부, 칼 레진, 캄바, 키쿠유, 키시, 메루, 마사이족 등 수십 종족이 지역별로 흩어져 살고 있는데 아직도 부족 간 영역 문제로 서로 싸우고 있다. 그리고 부족 분쟁의 최대 피해자는 경계지역에 사는 고아들과 남편 없는 여인들이다.

오늘 우리가 찾아간 자활 마을은 다섯 부족 영역 중간지점에 있다.

케냐 정부가 마련해 준 마을에는 남자들은 전혀 보이지 않고 주로 아낙네들과 어린아이들만 모여 사는데 그들은 양털로 실을 뽑아 물레질하고 뜨개질해서 만든 토시나 모자, 얼룩말 인형 등을 판다. 또한 물고기 양식장도 마을 공동사업으로 운영한다고 하는데 남자 없는 마을이라 그런지 아무래도 좀 부실해 보인다.

이 마을 출신으로 공무원이 된 한 아가씨는 한국에서 찾아온 내가 신기한지 코리아에는 전부 몇 종족이나 사느냐고 묻는다. 한국사람들은 단일민족인데 6·25 전쟁 이후 남과 북으로 나누어져 살고 있다고 했더니, 고개를 갸웃거리며 "왜 한 종족이 서로 싸우면서 갈라져 살고 있느냐?"고 묻는다.

나는 그녀의 질문에 바보가 된 것처럼 아무런 말도 할 수 없었다. 그래, 왜 우리 민족은 서로 피를 흘리는 전쟁을 하고 반세기 이상 분단된 채 사는 것일까? 이곳 사람들은 서로 종족들이 달라서 싸운다지만 우리는 한 언어를 사용하는 같은 핏줄의 단일민족이 아닌가? 나는 아프리카 아가씨가 도저히 이해할 수 없는 이상한 아이러니 속에 살고 있다는 것이 부끄러웠다. 그녀에게 한민족을 갈라놓은 이데올로기의 차이를 어떻게 설명할 수 있을까? 왜 우리 민족은 지구 상에 유일한 분단

분쟁 지역의 피해자인 소외된 아이들과 자활촌에서 뜨개질하는 여인들

국으로 60년의 세월을 흘려보내야 하는가?

마사이 마라 평원을 지나 2시간 반가량 이동한 후에 우리는 이틀 밤을 보낼 크레이피쉬 캠프에 천막을 쳤다. 이곳은 더운물이 나오는 샤워 시설이 있어 그동안 밀린 세탁도 할 수 있는, 오버랜드 배낭족에게 있어 오아시스와 같은 곳이다. 오늘 저녁은 일행 중 부부 몇 사람이 야영장 안에 있는 방갈로에 묵기 때문에 크리스 투와 나는 천막을 따로 사용하기로 했다. 여기는 모기도 별로 없는 것이 호텔로 치면 완전히 리츠 칼튼 같은 파이브 스타 캠프인 셈이다.

저녁을 먹기 전이라 아직 시간이 있어 몇 사람은 나이바샤 호수 쪽으로 산책을 나갔다. 이 호수에는 하마, 피시 이글물수리, 그리고 펠리컨과 같은 이 지방의 토종 물새들이 서식하고 있다.

우리 몇 사람은 작은 카누를 타고 하마 떼를 지나서 호수 안쪽으로 더 들어가 물수리가 물속에 있는 물고기를 멋지게 사냥하는 것을 보았다. 이 녀석들은 나뭇가지 위에 앉아 있다가 크리스 포가 물수리 울음을 흉내 내며 미끼를 공중에 던지자 두세 마리가 날아와 날쌔게 물고

크레이피쉬, 아프리카에도 이런 야영장이 있었나?

기를 낚아채 간다.

마사이 마라 광야에서 두 번째 밤을 보내며 며칠 전 오모 밸리의 밤하늘에 떠 있던 달을 또다시 올려다보았다. 밤하늘에 떠 있는 외로운 달이야말로 다른 공간에서 숨 쉬는 사람들의 생각을 연결해 주는 다리가 아닐까? 달은 다리다, 말이 되는 것도 같다.

네 번째 배낭을 메고 고향을 떠난 지 벌써 3주가 되어간다. 후반생의 나그넷길을 시작한 지 벌써 6개월이 지났다. 나는 아프리카 평원의 어두운 밤에 서 있는 자신에게 묻고 있다.

'너는 무엇을 보려고 광야 길을 왔더냐? 차가운 티베트 사막에서, 몽골의 초원에서, 끝없는 시베리아의 벌판에서, 또 스코틀랜드의 고원에서 너는 무엇을 보았더냐?'

나는 지구촌의 여러 동네를 거닐며 그 마을 사람들의 모습에서 내 삶의 작은 조각들을 보아왔다. 그곳에서 가난, 외로움, 신음과 고통도 보았고, 그들의 춤과 노래 속에서 생명과 환희도 발견했다. 나는 이제 이 광활한 자연 속에서 탐욕이 없는 동물의 세계를 보고 싶다. 그들이 인간에게 전하는 '자연의 한 부분으로 살라'라는 깨우침을 얻고 싶다.

다음 날 오전 우리는 기린과 얼룩말이 무리지어 사는 크레이터 게임 파크로 이동했다. 이 공원 지역은 유일하게 사파리 차량을 타지 않고 걸어서 야생동물을 관찰할 수 있는 동물 보호구역이다. 이곳은 주로 기린과 얼룩말 떼가 많은 비교적 안전한 야생공원인데 마침 우리 앞을 지나는 기린의 가족 중 태어난 지 며칠 안 된 새끼도 보였다. 이 야생공원 안에는 사자나 표범은 없으나 자칼이 있어서 때로는 어린 기린을 공격한다고 한다.

마침 우리가 서 있는 곳에서 10여m 떨어진 울타리 저쪽에 자칼 한 마리가 저보다 덩치가 훨씬 커 보이는 짐승을 끌고 가는 것이 보였다. 혹시 갓 태어난 기린일까 아니면 얼룩말 새끼는 아닐까? 우리 일행 중 나이 어린 아가씨들은 걱정이 태산이다.

크레이터 파크는 원래 화산 폭발로 조성된 분지로 분화구가 만든 호

기린과 얼룩말이 무리지어 있는 크레이터 호수 보호구역. 12일 된 새끼 기린이 보인다

수는 플라밍고와 이름 모를 아프리카의 물새들이 찾아오는 새들의 천국이다. 호반을 둘러싼 열대 우림에는 흰꼬리 원숭이들이 신나게 그네타기를 하고 꽃과 수림으로 둘러싸인 담수호 저편에는 신혼부부를 위해 세워진 그림 같은 허니문 방갈로가 몇 채 보인다.

살벌하고 황량한 아프리카 벌판 가운데 이렇게 신비로운 평화의 낙

아름다운 크레이터 호수 전경

그림 같은 허니문 방갈로

원이 숨어 있다니! 우리는 케냐의 유명한 커피 맛도 보고 몇 시간 동안 탐방 길에 지친 다리도 잠시 쉴 겸 해서 고적한 허니문 방갈로 리조트에 들어갔다.

그윽한 호수 위에 펼쳐지는 플라밍고의 춤을 보며 신혼여행을 즐기기에는 정말 안성맞춤인 곳이다. 일행 중 함께한 3명의 아가씨에게 이곳을 허니문 리스트 후보에 올려놓는 것이 어떻겠냐고 물었더니, 모두 좋은 생각이라고 합창한다.

마사이족 촌락에서 보낸 이틀 밤

오모 강가에서 누런색 강물을 떠 마시는 에티오피아 아이들처럼 케냐의 작은 시골 마을에서도 길 가던 어린아이들이 웅덩이의 물을 그대로 마신다. 좀 전에 길을 가던 한 중년 남자가 쭈그리고 앉아 길옆에 흐르는 흙탕물을 플라스틱병에 담더니 그대로 마신다. 생수병을 달고 다니는 문명사회에서는 도저히 상상할 수 없는 광경이다. 흙탕물을 여과 없이 마시는 원주민의 면역력이 도시에서 곱게 자란 사람보다는 우수할 것 같다는 생각이 든다. 이들에게는 사치스러운 위생 문제보다 해갈해야 할 목마름이 더 급한 것이 아닐까? 케냐도 에티오피아처럼 안전하게 마실 수 있는 식수 부족이 심각한 문제라고 한다.

우리는 나이바샤에서 이틀 밤을 보낸 후 마사이족 출신 가이드 크리스 포의 고향인 마사이 마을로 가기 위해 로이타 힐로 향했다. 이곳에 사는 크리스 포의 형 조세파는 마사이 마을의 유지이고 고등학교까지 다녀서 영어를 제법 하는 유머가 많은 친구이다. 조세파가 오늘 우리의 호스트가 되어 자기 마을에 초대한 것이다.

로이타 힐에 도착하자마자 우리는 장 구경을 하러 인근의 여러 부족이 모이는 마사이 장터로 갔다. 그런데 재미있는 것은 구경나온 우리가 오히려 마사이 족의 구경거리가 돼버린 것이다. 장터라고 하나 일반 물품은 거의 보이지 않고 주로 소를 파는데 마사이족에게는 소가 모든 재산의 평가기준이 된다고 한다. 마사이 사회에서는 그 사람의 재력과 권위가 보유한 부동산이나 주식의 수량이 아닌 소유한 소의 머릿수에 따라서 좌우된다고 한다.

우리 사파리 팀 중에 호주에서 온 닐은 2,000마리의 젖소를 보유한 낙농업가이다. 조세파가 장에 나온 마사이 사람들에게 닐을 소개하며 젖소를 2,000마리나 소유하고 있다고 소개하자 모두 깜짝 놀라며 그럼 부인은 몇 명이나 되느냐고 묻는다. 닐이 부인은 이곳에 자기와 같이 서 있는 한 사람뿐이라고 대답하자 도저히 믿지 못하겠다는 눈치이다.

나는 궁금한 것을 참지 못하는 성격이라 조세파에게 "소를 2,000마리 소유하면 부인을 몇 명이나 거느릴 수 있느냐?"고 통역을 부탁했다.

조세파의 셋째 부인은 임신 중이다

좀 전에 부인이 몇이냐고 묻던 친구가 "그 정도 재력가라면 최소한 5명 이상의 마사이 부인들을 데리고 살 수 있다"고 말한다. 우리는 그 순간부터 마사이족 땅에 있는 동안 닐을 우리 팀의 명예 추장으로 추대했다. 나이로 보면 내가 제일 연장자인데 송아지 한 마리 없는 내가 2,000마리의 젖소를 소유한 닐하고는 게임이 안 돼 추장 직을 당연히 닐에게 양보(?)했다.

조세파 마을의 제일 어른인 100살이 넘은 추장과 만났을 때도 닐이 우리 오버랜드 부족의 추장으로 소개된 것은 물론이다. 마사이 추장은 귀가 좀 어두울 뿐 아직도 정정한데 솔직히 자신의 나이가 정확하게 몇 살인지 기억하지 못 한다. 다만 그의 후손들이 1차 대전 중에 이 지역에서 발생했던 영국군과 독일군과의 전투상황을 기억하는 그의 어릴 적 이야기를 토대로 그가 100살이 넘었다는 사실을 유추할 뿐이라고 한다.

그날 나는 마사이 장터에서 또 한 가지 흥미로운 광경을 목격하였는데 장에 나온 한 마사이 여인이 누군가와 휴대 전화로 열심히 통화하

우리의 명예 추장 닐이 마사이족이라면
이 정도의 부인과 아이들을 거느렸을 것이다

고 있었다. 조세파에게 TV도 전기도 없는 마사이 벽촌에서 어떻게 휴대 전화기를 쓸 수 있느냐고 물었더니 휴대 전화기를 살 때는 여벌의 배터리를 같이 사는데 배터리가 다 되면 전기가 들어오는 단지나 장에 가는 이웃 편에 보내 충전시켜 온다고 한다.

'아, 시대의 흐름은 누구도 막을 수 없는가? 이제는 마사이족에게도 휴대 전화기는 생활필수품이 돼버렸나 보다. 그런데 저 마사이 여인은 누구와 저렇게 재미있는 수다를 나누고 있는 것일까?'

조세파가 우리를 안내하여 고향 마을 엔캉으로 들어가자 마사이 전통 옷과 장신구로 예쁘게 치장한 여인들이 노래를 부르고 전통춤을 추며 우리를 맞이하였다. 마사이 여인 중에는 이목구비가 뚜렷한 미인들이 많다. 마사이 여인들의 춤사위가 한창 무르익자 우리 오버랜드 팀 여자들도 그들 사이에 끼어 허리와 무릎을 굽혀 펴는 마사이 춤을 신나게 춘다.

마사이 여인들의 환영 춤이 끝나자 조세파는 우리 팀을 10명씩 2조로 나누어 어두컴컴한 그의 셋째 부인 움막 안에 들어오게 한 후 마사이의 전형적인 생활문화에 대해 설명하기 시작했다.

조세파는 부인이 3명인데 집을 짓는 일은 전부 그들의 몫이다. 마사이족의 여인들은 어렸을 때부터 집 짓는 법을 그들 어머니에게서 배운단다. 주로 막대기와 짚으로 엮은 후 진흙과 소똥을 섞어서 벽을 바른다. 새집을 완성하는데 대략 여섯 달가량 걸리는데 그곳에서 보통 10년에서 15년 동안 산다고 한다.

마사이족의 전통은 여러 명의 부인이 형제처럼 서로 사이좋게 지내야 하며 남편은 공평하게 각 부인의 움막을 찾아야 한다고 한다. 아이

조세파의 셋째 부인이 새로 짓고 있는 집

마사이 전사는 아이들이 많을수록 존경받는다

는 다섯 살 때까지 엄마와 같이 사는데 일단 다섯 살이 넘으면 마을에 있는 아이들의 공동숙소에 보내져서 남자애는 남자끼리 여자애는 여자끼리 같이 생활한다.

마사이족의 종교관 그리고 그들의 전통문화

우리는 크리스 포의 고향 엔캉에서 그곳 여인들의 아름다운 춤과 노래에 흠뻑 매료되고 그들의 토담집 속 삶을 본 후 야영지로 돌아와 저녁을 먹었다. 저녁 후에 조세파는 통나무로 모닥불을 지펴놓고 밤늦도록 마사이족의 유래와 전통에 관한 얘기를 들려주었다. 이들의 전설과 세계관 그리고 종교가 몹시 궁금하던 나는 밤늦도록 조세파에게 질문을 하였다.

그들의 종교관 역시 특이하다. 마사이 부족은 엔카이Enkai라는 큰 신을 주신으로 섬기는데 사람이 죽으면 혼이 엔카이 신에게로 올라가 하나로 합쳐진다고 믿고 있다. 현재는 정부에서 금지하는 장례법인데 얼마 전까지만 해도 부모나 친족의 어른들은 자신이 죽으면 시신을 수풀에 갖다 놓아두게 하는 마사이 전통장례를 선호하였다고 한다. 들짐승들로 하여금 죽은 자의 시신을 깨끗이 치우게 하는 자연 회귀 신앙 때문이다.

이 장례법은 마치 티베트의 조장鳥葬이나 수장水葬과 비슷한 마사이의 자연 귀의 철학에서 비롯된 것 같다. 인간은 자연에서 왔고 다시 자연으로 돌아간다. 아프리카의 먹이사슬 일환으로 인간이 동물을 사냥하듯 인간의 죽은 육신을 들짐승에게 돌려줌으로써 자연의 균형을 유지할 수 있다는 것이 마사이족의 신앙이다.

밤은 점점 깊어 가고 탁탁 소리를 내며 불꽃을 튕기는 모닥불 속의 빨건 통나무는 우리를 마사이의 심령 세계 안으로 빨아들이듯 최면을 걸어온다.

나는 조용하고 평화로운 마사이 마을에서 그들의 신앙세계와 셀 수 없는 전설을 들으며 꿈을 꾸듯 아프리카의 밤을 보냈다.

우리가 야영하는 캠프에는 2명의 전사가 밤새 경계를 서는데 하이에나나 사자 같은 야수로부터 우리를 보호하기 위해서이다. 하긴 어젯밤 우리가 잠든 텐트 주변에 기분 나쁜 하이에나의 울음소리가 밤새 그치지 않았으니 걱정이 될 만도 하다. 캠프에서 좀 떨어진 곳에 야외 간이 화장실이 하나 있다. 남자들은 귀찮아 주로 잡목 사이에서 적당

하늘의 청소부는 죽은 자의 시체를 기다린다

마사이 전사들의 점프.
사자 갈기로 만든 모자를 쓰고 있다

히 일을 본다. 그러나 여자들은 밤중에 화장실을 갈 때면 둘씩 가거나 마사이 전사들이 꼭 따라가야 한다.

우리도 마사이 꼬마 전사다

마사이 전통에 의하면 남자 아이들은 열두 살이나 열세 살이 되면 전사 준비과정으로 그들 또래끼리 어울린다. 그리고 열여덟 살이 되면 전사가 되는 중요한 통과의례를 치러야 한다. 마사이족 청년들은 같은 또래의 동무들과 10명씩 사자 사냥을 나간다. 사자 중에서도 갈기 털이 긴 수놈만을 찾아 죽여야 한다고 한다. 일단 전사가 되면 그들은 마을과 부족의 안위를 지켜야 하며 들판에서 양이나 가축을 치거나 마을 주변의 경계를 서는 일도 한다.

다음 날 아침 '크랄'이라 부르는 가시 울타리를 둥그렇게 친 마을 공터에서 마사이 전사들의 춤과 높이뛰기 시합이 있었다. 크랄은 밤에 가축을 모아두는 공동 축사인데 마사이는 이곳에서 여인들의 춤과 전사들의 높이뛰기 의식을 행한다.

전사의 춤을 추던 쌍둥이 중 한 명이 사자 갈기로 만든 모자를 쓰고 나와 높이뛰기 시합을 하였는데 동무들과 사자 사냥을 나갔을 때 제일 먼저 창을 던져 사자를 잡았다 한다. 그의 용맹스러운 공로로 그가 사냥했던 수사자의 갈기를 받게 되었는데 그가 쓰고 있는 갈기 모자가 그때 얻은 영웅의 트로피인 셈이다.

제일 높이 뛰는 청년은 자기가 원하는 처녀를 정인으로 택할 수 있다고 한다. 마사이 전사들의 점핑 경연에 우리 팀 남자도 높이뛰기에 초대를 받았다. 조세파는 만약 우리 중에 점핑 챔피언이 나오면 이 마을의 처녀를 아내로 맞아야 한다고 우스갯소리를 한다. 그러자 우리 일행 중 기혼인 남자들도 신이 나서 누가 더 높이 뛰나 내기를 시작한다. 부인이 한 명인 우리의 명예 추장 닐도 예외는 아니다. 그런데 마사이 미녀들은 다 어디에 가 있지? 소 부자 닐이 점핑 챔피언이 되기를 숨어서 기다리고 있나?

마사이 여인네들도 수천 리 먼 나라에서 온 우리 팀 여자들을 초대하여 한데 섞여서 신나게 춤사위를 즐긴다. 모두 하나가 되어 웃고 떠들며 즐겁게 춤을 춘다. 나는 이곳에서 언어와 국적, 피부 색깔을 초월하여 하나로 융화된 아름다운 모습을 볼 수 있어 기뻤다. 마사이족의

마사이 전사들과 점핑 콘테스트. 백인 여인들도 마사이 미녀들과 함께 춤을 추었다

오랜 전통과 그들의 문화관습은 한국에서 온 나그네에게는 마냥 생소하고 흥미로웠다.

100세의 마사이 추장은 마을 최고 권위자이다

이곳의 마사이족 남자들은 귀를 도려내서 귓바퀴와 귓불만 남긴 모습을 하고 있다. 마사이족 고유의 풍속으로 열일곱 살이 되는 남자 아이가 거쳐야 하는 성년의식이라고 한다. 그러나 최근에는 학교에 다니려는 마사이 아이들은 선택적으로 이 의례를 거치지 않아도 된다고 한다. 얼마 전부터 케냐의 초등학교에서 귀를 도려낸 아이들을 학생으로 받아주지 않기 때문이다.

소년들뿐만 아니라 마사이족 소녀들도 통과의례로 여성의 성기를 자르는 할례의식 전통이 있다. 최근에는 신체적 절단보다 심리적 할례의식을 행하기도 하는데 아직도 마사이 남성들은 할례를 받지 않은 여성들을 거부하거나 신부의 값을 제대로 쳐주지 않는다고 한다.

마사이족에게는 케냐와 탄자니아 두 나라 사이에 국경이 없고 마사이 땅이 있을 뿐이다. 마사이족의 특이한 혼인 전통 가운데 하나는 과거 에스키모인들 풍속처럼 남편은 자기를 찾아온 손님을 위해 부인 중 한 명과 잠자리를 제공해 준다. 여러 명의 부인 가운데 한 사람의 동의를 얻어 손님을 대접하고 손님과 잠자리를 한 결과로 부인에게 아이가 생기면 그 아이는 남편의 아이가 된다. 이러한 풍습은 유아의 사망률이 높은 시절에 종족 번식을 우선시 했던 마사이족의 전통이었다.

현재 마사이 마라에 흩어져 사는 약 100만 명의 마사이족은 그들이 지켜온 수천 년의 전통과 마사이 고유의 자유로운 유목인 문화를 잃게 될 위기에 처해 있다. 조세파에 의하면 마사이족이 직면한 가장 큰 문화적 위협은 서구 기독교 영향이라고 한다. 남녀평등의 기독교 사상이 마사이족의 가족 관계 그리고 이 땅에 살아온 그들의 전통문화와 상충하기 때문이다. 이 땅의 다음 세대들은 해일같이 밀려드는 거대한 현대 문명의 파도 속에서 그들의 고유문화와 조상이 물려준 삶의 방식을 얼마 동안 더 지켜갈 수 있게 될까?

마사이 마라에서 본 '아웃 오브 아프리카'

동화 속의 나라 마사이족의 엔캉 마을을 뒤로하고 다음 목적지인 마운틴 록 캠프로 갔다. 그곳을 가려면 전형적인 아프리카 하이웨이를 통과해야 하는데 이 길은 대부분 구멍 난 비포장도로이거나 한때는 아스팔트 길이었으나 몇십 년째 보수가 안 돼 너덜너덜하고 울퉁불퉁한 험한 길이다. 오버랜드 트럭이 이 도로 위를 지날 때마다 마사이 전사들의 점프처럼 우리 몸이 저절로 위로 튀어 오른다.

마사이 마라의 가장 큰 야생동물 보호구역에서 오버랜드 사파리를 가는 동안 새까만 개미떼처럼 움직이는, 아니 초원 위에 흐르는 거대한 회색 용암처럼 끝없이 밀려가는 누 떼를 볼 수 있었다. 수십만 마리가 넘는 누 떼의 이동을 보며 '개미떼 같다'는 표현보다 '누 떼 같다'라는 묘사가 더 적절하다는 생각을 해본다. 지금은 우기가 지나서 운이 좋으면 내일 마라 강을 건너는 누 떼를 보게 될 거라고 한다. 다큐멘터리에서나 보았던 악어 떼의 공격을 볼 수 있을까 하여 은근히 기대된다.

이곳에는 코뿔소, 하마, 기린이 공생하는데 창밖으로 비서 새와 사슴 계의 워터벅들이 새끼에게 젖을 먹이는 모습도 볼 수 있다. 조금 더 들어가자 오버랜드 차량 앞으로 길을 건너는 코끼리 가족과 포효하는 사자들도 보았는데 어떤 녀석은 손을 내밀면 만질 수 있는 거리까지 접근해 온다. 심지어 겁 없는 젊은 사자들 중 우리 차량이 가는 길 한가운데 떡하니 버티고 서

동물의 왕 사자

100만 마리가 넘는 누 떼의 이동

있는 녀석도 있다. 아니 오히려 우리가 겁 없이 그들의 신성한 영역을 침범한 셈인가? 말 그대로 먹고 먹히는 야생동물 세계에 초대받지 않은 인간들이 이방인으로 와 있다는 것을 실감했다.

우리는 몇 시간 동안 드넓은 벌판을 달리며 헤아릴 수 없을 만큼 다양한 동물들의 삶의 터전을 보았다. 이곳 마사이 마라는 탄자니아의 접경지역으로 유명한 세렝게티 공원과 모라 강으로 연결되어 있다. 우리는 수십 마리의 악어가 낮잠을 즐기는 모라 강으로 가서 누 떼의 도강을 한동안 기다렸다. 그러나 강물에 떠내려오는 누 몇 마리만 보일 뿐 아쉽게도 강을 건널 때 악어 떼가 누 새끼를 공격하는 광경은 볼 수 없었다. 아, 벌써 우기가 지났나?

오버랜드로 케냐의 황야에서 8일간 시간을 함께 나누었던 친구들과 탄자니아 접경지역에서 마지막 기념촬영을 하였다. 내일이면 짧은 만남의 시간과 작별해야 한다. 우리 일행 중 몇 명은 '아웃 오브 아프리카'의 유명한 카렌 블릭센의 저택을 보기 위해 그레이트 리프트 밸리의 은공 힐즈Ngong Hills에 가기로 하였다.

아프리카의 황혼이 어스름 진 저녁이 되자 소나기가 올 것처럼 하늘이 어두워지기 시작한다. 캠프에 도착하자마자 억수 같은 장대비가 쏟아지기 시작한다. 우기가 지난 줄 알았는데 아직 아닌가? 흠, 악어들의 누 떼 공격을 볼 수 없어 아쉽구나!

'아웃 오브 아프리카Out of Africa'는 카렌 블릭센Karen Blixen의 자서전을 영화화한 작품으로, 메릴 스트립과 로버트 레드포드가 주연하여 1986년 아카데미 작품상과 감독상을 수상했다. 작품의 시대적 배경은 1914년부터 1931년 사이로 케냐의 마사이족 덤불 평원에 살던 유럽 정착민

탄자니아 접경지역에서 마지막 단체사진

사이에 일어난 로맨스와 비극적 종말을 그리고 있다.

아웃 오브 아프리카는 몸바사에서 나이로비, 그리고 마운틴 케냐와 킬리만자로를 배경으로 펼쳐진 사랑하는 두 연인의 이야기이다. 유럽인의 전통적인 사치와 명성보다는 아프리카 평원을 자유롭게 유랑하는 마사이족의 순박한 삶을 선호했던 데니스는 부유한 남작부인 카렌의 삶에 구속되기를 거부한다.

이 작품은 두 연인이 아프리카의 광활한 평원에서 공유했던 시간과 가치관의 차이, 그리고 갈등이 가져온 이루어질 수 없는 사랑의 종말을 그린 한 편의 아름다운 서정시이다.

카렌은 전 재산인 커피농장과 공장이 화재로 전소하자 고향인 덴마크로 돌아가기로 한다. 며칠 후 카렌을 자신의 비행기로 몸바사까지 태워주기로 약속했던 데니스는 비행기 사고로 죽게 되고, 카렌은 커피농장 키쿠유어 일군들을 뒤에 남긴 채 기차를 타고 쓸쓸히 몸바사로 향한다. 그리고 마침내 아프리카를 떠난다.

우리가 지난 며칠간 오버랜드로 누볐던 그레이트 리프트 밸리의 은

공힐즈에는 카렌 블릭센의 빈 저택이 외로이 남아 있는데, 마사이족의 얘기로는 은공 힐즈의 언덕 위에 있는 데니스 핀치 해튼의 무덤에는 해 뜰 때와 해 질 녘에 사자들이 찾아온다는 것이다.

몇 번인가 즐겨 들었던 영화 '아웃 오브 아프리카'의 주제곡의 노랫말이 우리가 지나온 며칠간의 배경 위에 그려진 아프리카의 이별가 같아 더 감회가 깊은가 보다.

아침이 올 때까지 내 곁에 있어 주오

네온 불빛 위에 새벽이 열리고 곧 밤은 지나고 날은 밝아오는데
그대 남겨둔 체온의 따스한 이불깃만 내 공허함을 어루만지네.
여기 누워 여광의 추억에 잠긴 채 난 모든 걸 알면서도
눈물을 그칠 수 없네요.
비록 어리석은 죄의 벌이라 해도 결코 포기할 수 없는 날,
당신은 알지 않나요?
내 곁에 머물기 원하면서 새벽이 오기 전 당신은 떠났군요.
난 결코 말할 수 없었어요.
"아침이 올 때까지 내 곁에 있어 주세요."
…

그러나 당신이 눈을 감는 순간 나는 깨달았죠.
당신께 증명해 보일 아무것 남아 있지 않았다는 것.
나의 사랑, 아침이 올 때까지 내 곁에 있어 주오.

아침이 올 때까지 내 곁에 있어 주오.

2010년 8월 29일 일요일, 나는 아프리카를 떠나며 아니 정확하게 말하면 케냐를 떠나며 평생 처음으로 한 음악방송 프로그램에 다음과 같은 사연을 보냈다.

안녕하세요?

어느 외로운 나그네가 아프리카에서 처음으로 보내는 편지입니다. 지난 3월 말 예순다섯 살에 36년의 직장에서 은퇴한 저는 후반생을 시작하는 늦깎이 배낭족이 되어 여섯 달째 지구촌 각 동네를 거닐고 있는 '가난하지만, 행복한 순례자' 입니다. 저는 현재 동북 아프리카를 시발점으로 올해 말까지는 아프리카 일주를 마칠 생각입니다. 다만, 그때까지 별 탈 없이 제 체력이 견뎌주기를 바라고 있습니다.

8월 8일 아프리카에 도착한 후에 두 주 동안 에티오피아 각지를 돌아보았습니다. 특히 남부의 오모 밸리 오지에 사는 원시부족들을 만나서 그들의 신비스러운 전통문화를 체험하였습니다. 원시 마을에 사는 그들은 가난하지만 그래도 행복해 보였습니다. 지난 며칠간은 오버랜드 트럭을 타고 케냐의 서남쪽 로이타 힐에 있는 마사이 부족 마을에서 야영하는 동안 하이에나 울음소리도 들었습니다.

모닥불을 지펴놓고 그들이 들려준 부족의 노래와 전설들, 그리고 전사들과 함께 보낸 아프리카의 밤은 예순다섯 살의 나그네가 여행길에 얻은 잊지 못할 추억이 될 것입니다.

또한 마사이 마라 대평원 안에서 수십만 마리의 누 떼 이동과 셀 수 없이 많은 얼룩말, 아카시아 나무에서 잎을 따는 평화로운 기린 떼들도 보입니다. 그리고 저녁거리 사냥을 하려는 사자들은 거의 손으로 만질 수 있는 가까운 거리에서 왕자처럼 유유히 거닙니다. 이 아프리카의 아름다운 황혼을 보고 있노라니 문득 이곳이야말로 '아웃 오브 아프리카'의 실제 배경이라는 것이 생각났습니다.

혼자 하는 먼 나라 여행 중에 외로움이 느껴질 때 자주 듣는 음악은 커다란 위로가 됩니다. 평소 아내가 즐겨 들었고, 나 역시 퇴근 시간에 자주 듣던 귀사의 음악 방송이 많이 생각납니다. 며칠 후면 쉰다섯 번째 생일을 나 없이 혼자서 맞게 될 사랑하는 아내를 위하여 Out of Africa의 주제곡 'Stay With Me Till The Morning'을 들려주실 수 있는지요?

내일은 8월 30일, 어릴 적 꿈이었던 탄자니아의 킬리만자로 등정을 위해 이 동물의 왕국을 떠나갑니다. 킬리만자로 정상의 눈길을 밟고 무사히 하산할 수 있도록 마음의 응원 바랍니다.

행복한 길을 걷는 가난한 아프리카 순례자

킬리만자로의 정상을 향해
탄자니아를 가다

'언젠가는 정상까지 오르겠다'

내일이면 케냐를 떠나서 킬리만자로를 향해 탄자니아로 간다. 학창 시절 읽었던 헤밍웨이의 작품 가운데 인상에 깊었던 책은 『킬리만자로의 눈』과 『노인과 바다』였다. 꼭 그 책 때문은 아니었지만 킬리만자로는 내가 오랫동안 꿈꿔왔던 '언젠가는 정상까지 오르겠다'라는 꿈의 버킷리스트 가운데 하나였다. 사실은 2009년 가을에 군에서 막 제대한 큰아들과 킬리만자로 정상에 도전할 생각이었으나 내가 발목을 삐는 바람에 계획을 수정하여 2010년 1월 페루의 마추픽추를 먼저 다녀왔다. 이제 그때 못 이룬 꿈에 다시 도전하려고 하는 것이다.

안데스 고지의 잉카 오솔길에서 넘었던 4,200m의 '죽은 여인의 고갯길', 그리고 티베트에서 올랐던 5,200m의 에베레스트 베이스캠프를 다녀온 후 도전하는 5,895m의 킬리만자로는 만만찮은 도전이 될 것이다. 그리고 이 여정은 나의 후반생 나그네 행로를 가름하는 시금석이 될 것이다. 그래서 이 킬리만자로를 생각할 때에 예순다섯 해의 나이테를 두른 나의 몸 안에서 30대의 심장이 뛰고 있는 것을 느끼고 10대의 아름다운 꿈으로 마음이 설렌다.

2010년 8월 30일 월요일, 나이로비를 떠나 탄자니아 국경지역 출입국 사무소에서 비자를 기다리는 동안 노르웨이에서 왔다는 50대 부인과 얼마 전 다녀온 핀란드에 관해 얘기를 나누고 있었다. 그런데 바로 뒤에서 귀에 익은 젊은이들의 말소리가 들렸다. 에티오피아에 2년 계획으로 자원봉사를 나왔다는 한국인 커플이 케냐를 거쳐 탄자니아로 가는 길이란다. 혹시 킬리만자로에 가나? 아쉽게도 아니란다. 그래도 아프리카의 허허벌판에서 배낭을 멘 한국 젊은이를 만나니 너무나 반가웠다.

케냐의 남부와 탄자니아의 북부는 주로 마사이족의 땅이다. 반유목민인 마사이족은 국경에 상관없이 자신들의 땅을 넘나들며 친척이나 친구들을 찾아가고 또 그들이 수시로 찾아온다고 한다. 마사이족은 그 먼 거리를 보통 지팡이 하나만 들고 며칠간씩 걸어서 다닌다.

우리가 잠시 쉬고 있는 휴게소 겸 기념품 가게에 3명의 마사이 여인들이 이마에서 등까지 끈으로 맨 숯이 담긴 무거운 자루를 지고 들어왔다. 아프리카의 여인들은 남자들보다 더 중노동을 하는 것 같다. 짐을 지거나 물을 긷는 것이 모두 그들의 몫이다.

탄자니아 국경을 넘어 아루사를 향해 가는 길은 황사가 무척 심하

케냐와 탄자니아에서 물 긷는 마사이 여인들

모시에서 마차메까지 16인승 미니에 26명이 탔다

다. 멀리서 자욱한 먼지 사이로 의젓이 떠오르는 산이 보인다. 킬리만자로인가? 그런데 정상에 눈이 보이지 않는 것이 아무래도 이상하다. 아루사에 들어오는 길에 메루 산 대학이라는 간판이 보인다. 그러면 그렇지! 메루 산은 겨우 4,600m이니 킬리만자로와는 적어도 1,000m 정도 차이가 난다.

아루사 버스 정류장에 도착하여 한참을 기다리니 봉고차가 와서 숙소인 스카이웨이 모텔로 갔다. 아루사에 도착하면 킬리만자로 등정을 같이할 일행들을 만나게 된다고 들었는데 아직 아무도 없고 나 혼자뿐

마차메 루트에서 본 킬리만자로

이다. 이곳 여행사 매니저에게 어찌 된 일이냐고 물으니 내일 아침 킬리만자로 마차메 입구에서 합류할 것이라고 한다. 나이로비 여행사 직원에게 듣기로는 영국에 사는 40대 한국인 박 선생이 일행 중에 있다고 해서 나는 오랜만에 우리말을 하면서 함께 등반할 한국인 동료를 잔뜩 기대하고 있었다.

아프리카의 최고봉을 원주민들은 고대 스와힐리어로 작은 언덕이란 뜻의 킬리마Kilima와 흰빛이란 뜻인 은자로Njaro 즉 백색의 작은 언덕이라고 불렀다는데 5,895m의 킬리만자로를 작은 언덕이라고 하다니, 아

마도 이곳 원주민의 우스갯소리에서 유래되었음이 분명하다.

킬리만자로의 우후루와 키보 정상에 오르는 길은 공식적으로 6개의 루트가 있다. 롱가이 루트는 그중 가장 쉬운 코스라 하여 일반적으로 많은 사람이 선호하는데 가는 길 중간마다 오두막 숙소가 있고 그곳에서 청량음료도 살 수 있어 별명으로 코카콜라 루트라고 부른다. 마랑구 루트 역시 비교적 쉬운 경로이다. 그러나 소위 위스키 루트라는 마차메 루트는 경사가 제일 심한 험로이나 산행 중 경치가 가장 좋고 좀 더 도전적인 코스라고 하여 며칠 고민한 끝에 마차메 루트로 오르기로 했다. 60대 노장의 몸으로 정상에 올라갈 바에야 사나이답게 한번 멋지게 도전해 보자는 겁 없는 오기였다.

첫째 날(2010년 8월 31일)

마차메 입구에서 마차메 헛까지

아침 9시에 숙소를 나와 아루사에서 만난 가이드 프랭크와 함께 모시 쪽으로 가는 버스를 타고 1시간 정도 온 후 마차메 입구 쪽에서 16인승 합승차로 갈아탔다. 그런데 우리가 탄 소형 승합차에는 앉을 자리가 없어 세 사람은 고개를 숙이고 서서 가고 가다가 사람이 더 타자 조수를 포함한 3명의 승객은 아예 문밖에 매달려서 갔다. 나는 이 광경이 하도 신기하여 도대체 몇 명이 탔을까 하고 세어보니 총 26명이었다. 기네스북에 오를 수 있는 기록이다.

며칠 전 에티오피아에서 탔던 소형버스 탑승 경험은 이것에 비하면 약과였다. 큰 회사의 비싼 프로그램에 등록했다면 서비스는 이것보다 나았겠지? 하지만 이 같은 저 경비 배낭여행이 아니면 정원 초과 10명과 같은 모험을 언제 다시 해볼 수 있겠는가?

가이드 프랭크는 포터로 일할 때부터 지금까지 킬리만자로를 337번 올랐다고 한다. 고산 등정의 베테랑인 프랭크는 나 같은 초보자에게는 정말 이상적인 안내자이다.

마차메 입구의 지계표와 등정 시의 유의 사항 간판

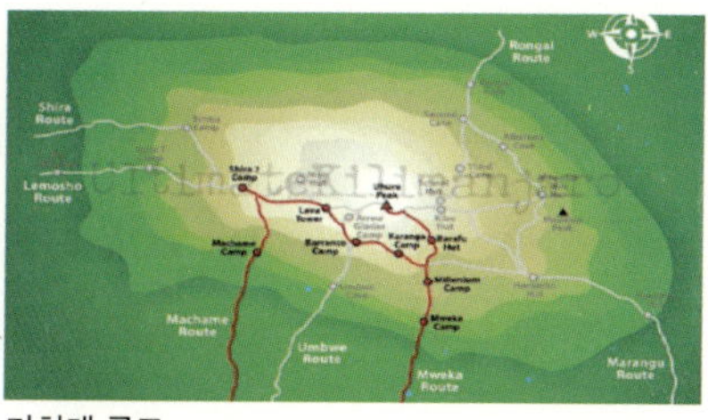

마차메 루트

마차메 입구에서 등반신고를 하고 방명록에 등록한 후 출발을 기다리고 있는데 바로 옆에 프랑스에서 온 아가씨 2명이 지도를 보며 안내인과 마차메 등반길을 상의하고 있었다. 나는 킬리만자로는 초행길인데 당신들은 어디서 왔으며 고산 등정을 많이 해보았느냐고 물었더니, 이 아가씨들은 초등학교 교사인데 지금 여름 방학 중이라 이 등반에 참가했다고 한다. 지난 몇 년간 알프스에 여러 번 다녀왔다고 하는데 들어보니 준 프로급 산악인인 것 같아 기가 팍 죽었다.

프랭크가 우리와 같이 가기로 한 일행이 은행 입금에 문제가 생겨서인지 등반이 늦어질 테니 보조 가이드 하르손과 먼저 출발하라고 한다. 프랭크는 '뽈레 뽈레Pole Pole' 올라가라고 한다. 뽈레는 스와힐리어로 천천히라는 뜻인데 얼핏 들으면 우리말의 '빨리빨리'로 들려 좀 헷갈렸다.

거의 6,000m 높이의 킬리만자로 우후루 정상은 나를 은근히 긴장시킨다. 그러나 프랭크의 말대로 뽈레 뽈레 내 페이스에 맞추어 간다면 못할 것도 없을 것 같다. 하르손과 둘이서 정오에 입구를 떠나 반시간 쯤 올라가자 주변이 아름다운 열대우림 레인 포레스트가 시작된다. 2시간 정도 귓가를 간지럽히는 새소리를 즐기며 수림 속을 가볍게 걸었다. 무거운 짐은 하르손이 지고 내 등에는 데이 팩 하나만 있으니 몸과 마음이 가벼울 수밖에.

올라가는 길에는 먼저 산행을 시작한 사람들이 점심을 먹기 위해 쉬고 있었다. 오늘 산행의 첫 야영지 마차메 헛의 중간지점을 지나서 오후 2시에 점심을 먹기 위해 잠시 쉬었다. 프랭크가 준비한 점심 봉지 안에서 바나나 하나, 빵 1개, 오렌지 하나를 꺼내 점심을 못 챙겨온 하르손에게 주었더니 고마워한다.

첫날의 우림을 지나는 산행 길은 바위틈에 핀 킬리만자로의 예쁜 꽃들이 길손을 반긴다

1시간 반 정도 산행을 계속하는데 이제 반시간만 지나면 야영할 첫 캠프가 나온다고 해서 농담이겠지 했는데 진짜로 고도 3,100m의 마차메 캠프가 보인다. 안내서에는 18km의 거리가 5시간에서 7시간 걸릴 것이라고 했는데 우리는 4시간 만에 올라온 셈이다.

너무 빨리 올라왔는지 첫 야영지에서 1시간을 기다려도 천막을 지고 오는 포터들은 보이지 않는다. 고도 3,000m가 넘은 지역이라 기온이 점점 떨어지는데 짐은 아직 보이지 않아 그대로 있다가는 감기에 걸릴 것 같아 계속해서 움직였다. 마초메 헛 캠프는 지나왔던 우림 지역보다 많이 건조해서 걸을 때마다 푸석푸석 먼지가 인다.

첫 야영지로 올라오는 길에 미국에서 온 앤서니와 보라미라는 젊은 백인 커플을 만나서 얘기를 나누게 되었는데 앤서니는 뉴욕에서 왔고 그의 여자 친구 보라미는 한국에서 태어났다고 한다. 부모님이 자기 이름을 한국식으로 보람이라고 지어주었단다. 내가 한국에서 왔다고 하니 무척 반가워한다.

서른두 살인 보조 가이드 하르손이 내 나이를 묻기에 지금 예순다섯 살이라고 했더니 바로 뒤에 따라오던 앤서니가 믿지 못하겠다며 자기들보다 체력이 좋은 것 같다고 말한다.

"글쎄요? 오늘이 첫날이라 그렇지 며칠 더 지내보면…!"

한국을 잘 아는 용감한 젊은이들과는 며칠간의 산행 길에 자주 마주칠 것 같다는 예감이 들었다.

마차메 헛에서 포터를 기다리는 동안, 방금 도착한 이탈리아에서 온 젊은 부부에게 이곳에 오기 전 어디를 다녀왔느냐고 물었다. 희한하게도 그들 역시 에티오피아, 케냐 그리고 러시아까지 지금까지 내가 거쳐 왔던 같은 곳을 전부 다녀왔다고 한다. 이런, 똑같은 행로병자(?)를 여기 만나게 되다니 참으로 신기했다.

여행을 계속하며 경험하게 된 것은 내가 거닐었던 나그넷길에서 똑같은 목적지로 가는 여행자나 경유지가 같은 길동무를 가끔 만나는 것이다. 지금 내가 하는 인생 후반전의 도전을 그들이 3~40년 더 일찍 시작하고 있다는 사실이 참 부러웠다.

일단 등반객이 캠프에 도착하면 천막을 치기 전에 레인저 사무실 입산자의 방명록에 이름과 나이 그리고 국적을 등록하게 되어 있다. 캠프 사무실로 가서 레인저에게 인사를 하고 누가 어디에서 왔나 궁금한 생각에 방명록에 적힌 등산객의 나이와 국적을 살펴보는데 대부분이 2~30대 후반의 서구인이고 동양인은 현재까지 나 혼자이다. 박 선생이라도 왔더라면 둘이 됐을 텐데….

그런데 방명록에 나보다 나이가 많은 사람이 있었다. 76세의 스위스 사람으로 하인릭이었다. 만약 이것이 사실이라면 그 사람은 나의 영웅이다. 이분이야말로 내가 앞으로 10년은 더 산에 오를 수 있다는 살아 있는 증인이 아닌가? 킬리만자로를 내려가기 전 꼭 한번 이 영웅을 만나 보리라. 대부분의 가이드를 아는 프랭크에게 그 사람이 누구인지 알아봐 달라고 부탁하면 만날 수 있을 것 같았다.

마침내 우리 천막을 지고 도착한 포터가 우리와 합류하기로 했던 다

구름의 바다 위에 겹겹이 보이는 산맥들

른 4명은 못 온다는 실망스러운 전갈을 가져왔다. 이번 킬리만자로 산행은 가이드 프랭크와 조수 하르손 그리고 포터 한 사람과 나 홀로 가는 외로운 등정이 될 것 같다.

잠시 후 하르손이 텐트를 보여주는데 이건 완전히 모기장 위에 얇은 천 한 장을 덮어 놓은 개인용 여름 천막이었다. 더구나 천막 입구의 지퍼가 고장이 나서 제대로 닫히지도 않는다. 체온을 나눌 룸메이트도 없으니 오늘 저녁부터 동태가 되지 않으려면 가져온 모든 옷을 껴입고 자야 할 판이다. 그런데 문제는 앞으로 고도 4,600m 이상 되는 바라푸 캠프에서 어떻게 살아남을 수 있을지가 더 걱정이다. 처음에는 가격을 400불이나 깎았다고 좋아했는데 결국 싼 게 비지떡인가? 차라리 매트리스와 침낭이라도 더 빌려 올 걸…. 영 후회막급이다.

5시가 되니 하르손이 뜨거운 물과 차, 커피, 설탕 등을 가지고 왔다. 따뜻한 홍차를 마시고 나니 얼었던 몸과 마음이 다소 풀려 살 것 같다. 1시간 후인 7시에 저녁을 먹을 거라고 해서 어디서 식사를 하느냐 했더니 내 천막으로 가져오겠다고 한다. 이건 완전히 룸서비스라 편하기는 한데 동료와 식사하며 얘기할 수 없는 것이 유감이다.

등정 첫날은 나에게 마차메 코스의 별명처럼 고독한 위스키 루트의 매운맛을 보게 하였다. 옆 천막에서는 단체팀이 즐겁게 떠드는 소리가 가까이서 들린다. 지난주까지 케냐 오버랜드 사파리에서 20명이 함께 떠들며 지냈던 때가 몹시 그리워진다. 설거지도 같이하고 플랩핑을 하며 웃던 일, 모닥불을 피워놓고 얘기의 꽃을 피우던 그때가….

나와 같이 오르려 했던 동료들은 지금 어디에 있고 나 혼자 킬리만자로의 외로운 첫 밤을 맞이하는가? 그래도 잠들기 전에 마쳐야 할 숙

지퍼가 고장 난 1인용 천막으로 마차메 헛에서의 첫 밤

룸서비스로 닭다리가 들어왔다

제가 남아 있다. 여행 기간 동안 그날그날 하루의 행적을 노트북 컴퓨터에 저널로 남기는 것이다.

출발 전에 충전해 온 노트북 배터리의 용량이 10시간짜리라 등정을 마칠 때까지는 충분하다.

그다음 조그만 포켓 영어 바이블을 열고 시편을 읽으며 명상에 잠긴다. 그런 후 아이팟을 귀에 꽂고 좋아하는 음악을 들으며 오늘 하루의 축복받은 행로를 감사드린다. 비록 차가운 땅의 기운이 몸을 으스스 떨게 하지만 이 작은 휴대용 음악 감상실을 여행길에 지닐 수 있게 해 준 스티브 잡스에게 늘 고마움을 느낀다. 9개월 동안 메고 다닌 배낭 속에는 카메라 외에 이 세 가지 보물을 항상 지니고 다녔다.

둘째 날(2010년 9월 1일)

마차메 헛에서 쉬라 캠프까지

밤새도록 추위에 떨었다. 비둔해도 방한 잠바를 껴입고 침낭 안에 들어갔어야 했는데 역시 경험 부족이다. 침낭 위에 그냥 덮고 잔 방한복이 벗겨지는 바람에 추워서 새벽에 잠이 깼다. 덜덜 떨며 겨우 아침을 먹고 8시에 두 번째 야영지인 쉬라 캠프를 향해 출발하였다. 주변의 풍광이 점점 바뀐다. 열대우림 대신에 잡목과 난쟁이 고산식물이 대부분이다. 첫날보다 훨씬 급경사라 쉬라 야영장이 보이는 지점부터 힘이 부치기 시작한다. 겨우 둘째 날인데 벌써 지치다니 나이 탓인가?

대부분 포터는 앞서 가게 하고 나는 속도를 줄여 쉬엄쉬엄 올라가는데 전날 마차메 게이트에서 만났던 프랑스 여선생 둘이 내 뒤에 올라와 우리 세 사람은 쉬라 야영장으로 함께 들어왔다. 이 준 프로 아가씨들은 포터 하나만 데리고 키보 정상까지 올라가는 중이다. 나는 지난 1월에 마추픽추 탐방 길에서 일행 중 젊은 아가씨 5명을 여자라고 만만하게 보았다가 혼이 난 적이 있었다. 그때 나는 그들보다 항상 뒤에 처져 꼴찌로 야영장에 도착하곤 했었다. 나는 킬리만자로를 오르는 모든 여성에게 – 어린 보라미에게까지 – 최고의 존경심을 갖고 있다.

'아, 역시 젊음이란 좋은 것이로구나!'

2시에 점심으로 나온 닭요리와 수프를 주는 대로 먹고 걸었는데 소화가 되지 않아 속이 좀 불편하다. 고도 3,800m인 쉬라 캠프인데 아직 두통을 대동한 고산병 증세는 없으나 오늘 밤 추위에 떨 생각과 비가 오면 어떡하나 등등 걱정이 되었다. 프랭크에게 밤중에 찢어진 천막 사이로 비가 새면 어떻게 할까 물었더니 만약 비가 오면 다른 포터들이 자는 곳으로 오라고 한다. 포터들과 같이 자면 여러 사람의 체온으로 따뜻하겠지만 그 친구들 체취가 너무 지독해서 영 고민스럽다. 프랭크를 비롯해 하르손 또 포터까지 목욕을 제대로 못 해서인지 그들 특유의 체취가 심하게 난다.

얼마 후에 프랭크는 생각이 바뀌었는지 자기들이 쓰던 천막으로 바꿔주었다. 바꿔준 천막은 좀 더 크고 비가 샐 염려는 없으나 얇기는 매일반이다. 혼자 쓰는 것이 편하기는 하나 체온을 나눌 룸메이트가 없

우림 지역은 사라지고 돌투성이 사막길이 계속된다

쉬라 캠프에서 바꿔준 2인용 텐트 앞에서 폼을 잡다

으니 오늘 저녁은 가져온 옷을 다 껴입고 침낭 안에 들어가야 할 것 같다. 기온은 더 떨어지고 감기 기운까지 있어 아무래도 조짐이 영 좋지 않다. 이런 때에는 대한민국 60대 사나이의 명예를 걸고 무조건 정신력으로 버텨야 한다!

셋째 날(2010년 9월 2일)

쉬라 캠프에서 바랑코 캠프까지

쉬라 캠프에서 4,630m 고지를 넘은 후 다시 3,860m 지점으로 내려가는 바랑코 캠프는 바랑코 절벽 아래 있다. 환경 순화와 고지 적응을 위해 더 낮은 지역에서 야영하는 것이다. 이제부터는 풀이나 나무가 없고 바위와 선인장만 서 있는 사막길이다. 미끄러운 자갈길 옆 바위 속에는 이름 모를 들꽃이 보이고 바랑코 야영지가 내려다보이는 지점부터는 작은 폭포수도 보인다. 겨우 시냇물 규모인데 물이 참 깨끗해 보인다. 그런데 안타깝게도 나는 그 물을 마실 수 없다.

지난 1월 마추픽추의 산행은 4,000m 위에서도 열대우림 속을 지났는데, 이곳은 자갈과 바위투성이의 황량한 사막의 연속이다. 우리는 드디어 '돌이킬 수 없는 지점'을 통과하였다. 물론 정상까지 가는 것을 포기하고 바로 움브웨 루트로 내려갈 수도 있지만, 이곳부터는 왔던 길 마체메 입구로 되돌아갈 수 없다.

오전 8시 조금 넘어 출발하여 라바 타워를 지나 2시경에 바랑코 캠프에 도착했다. 막상 도착하여 보니 등반객은 보이지 않고 포터들만 미리 와서 천막을 치고 있다. 아직 마차메 루트 전 과정의 절반도 못 왔는데, 내가 너무 서둘러 왔나? 이러다 너무 일찍 지쳐버리면 끝장이다. 킬리만자로를 오르는 것은 단거리 경주가 아니라 마라톤과 같다. 속전속결로 승부를 볼 수 없는 지구력 전쟁이다. 힘을 아껴야 한다.

'뽈레 뽈레' 천천히 천천히 내일은 좀 더 천천히 가자….

두 번째 밤의 추위에서 용케 살아남았던 것은 판초를 침낭 위에 덮었던 덕분인 것 같다. 왜 진작 그 생각을 못했을까? 그러나 차가운 땅바닥에서 올라오는 냉기가 침낭에 그대로 스며드는 문제가 아직 남아 있다. 바로 얇은 스펀지 매트리스 때문이다. 비용을 아끼려고 이 친구들이 열악한 장비를 가져온 것이다.

일어나자마자 아스피린과 비상용 감기약을 먹었는데 산행 중에 계속 뱃속이 좋지 않다. 끓여서 주는 이곳의 물 때문만이 아닌 것 같다. 킬리만자로에 오르기 전에 한 가지 심각한 실수를 했다. 아루사를 떠나기 전 킬리만자로 산행 중에 마실 생수를 충분히 가져오지 못한 것이다. 안내서에는 포터들이 산행 중 끓인 물을 준다고 적혀 있어서 배낭의 무게를 줄인다고 생수를 한 병만 가지고 트레킹을 시작한 것이다. 그러나 생수가 다 떨어진 이틀 후부터 끓인 물을 마시면 이상하게 비위가 좋지 않아 도저히 물을 마실 수 없었다. 이것이 킬리만자로의 고산병 증후군이라는 것을 뒤늦게 알았다.

넷째 날(2010년 9월 3일)

바랑코 헛에서 카랑가 캠프를 향해서

어제보다 경사가 더 심한 깊은 계곡을 내려간 후 다시 고지로 오르는 구릉을 통과했다. 바랑코 절벽을 오르는 것은 두 손으로 양쪽의 바위를 붙들고 바위틈을 지나는 장애물 경주와 같다. 그러나 놀라운 것은 우리의 짐을 등에 지고 앞가슴에 매고 또 머리에 인 포터들은 이 급경사를 손도 대지 않고 오른다는 것이다. 이 가파른 협곡에서 포터들이 짐을 운반하는 것을 보는 것은 마치 서커스에서 곡예사가 줄을 타는 것처럼 아슬아슬하게 보인다.

나는 이 깊은 골짜기와 능선을 넘어가며 하르손에게 대동강 물을 팔아먹었던 한국의 봉이 김선달 이야기를 들려주었다. 그리고 이곳에다

구릉을 건너서 네 번째 밤을 보낼 카랑카 캠프로. 이 계곡에 출렁다리가 있었다면 얼마나 좋을까?

험난한 구릉을 바로 건너는 다리를 놓고 지나는 등산객당 5불씩 통행료를 받으면 어떨까? 물어보았다. 하르손은 좋은 아이디어라며 웃는다. 그러나 내 계산으로는 하루 100명도 채 지나가지 않는 이 협곡에 다리를 놓게 되면 50년이 지나도 본전을 뽑을 것 같지 않다는 생각이 들었다.

마지막 능선을 넘어서자 하얀 눈을 머리에 두른 키보 정상의 기막힌 경치가 기다리고 있다. 카랑가 캠프는 해발 4,040m 위에 있다. 그러나 이곳에 도달하기 위해서는 4,630m의 절벽을 넘어가야 한다. 그리고 우리는 네 번째 밤을 이곳에서 보낸 다음 마지막 야영지인 바라푸 캠프로 이동하게 된다.

나는 바랑코 절벽을 오르며 캘리포니아 출신의 두 30대 청년과 동행하게 되었다. 캔과 브라이언은 둘 다 LA 근처 롱비치 출신인데 서로 사돈 간이다. 킬리만자로를 찾는 산악인은 주로 유럽과 호주에서 많이 오고 미국인은 드문 편이다. 우리 세 사람은 같은 캘리포니아 주 출신이라고 남은 산행 기간 동안 자연스럽게 친해졌다.

내가 카랑가 캠프에 막 도착하자 이 두 친구는 전형적인 미국 젊은이답게 용감하게 웃통을 벗어젖히고 코카콜라를 마시고 있다. 올라오느라고 땀을 많이 흘린 모양인데 겉옷까지 벗고 몸 자랑을 하는 것은

네 번째 밤을 보낸 카랑가 캠프 사이트

최대의 고비 해발 4,630m 바라푸 절벽을 오르다

좀 심한 것 같다. 코카콜라를 어디서 났느냐고 물었더니 국립공원 레인저들이 트레커를 등록하기 위해 야영장에 올 때 콜라와 다른 소프트 드링크를 가져온다고 한다. 이곳에서는 코카콜라 캔 하나당 미화 5달러를 받는단다. 미국의 슈퍼마켓에서 캔 하나에 25센트 하는 것에 비하면 무려 20배의 폭리를 취하는 셈이다.

그동안 계속 물을 마시지 못하고 또 고산병으로 멀미가 심하던 참이라 거금 5불을 주고 캔 하나를 샀다. 우리는 코카콜라를 마시며 모처럼 캘리포니아의 프로 풋볼팀 LA 램스와 포티나이너스 얘기를 했다. 스포츠를 좋아하는 두 젊은이가 내 큰아이 또래 같아서 몇 살이냐고 물었더니 각각 서른둘과 서른셋이란다. 내 아들은 서른셋이고 작년에 이곳에 같이 오려고 했으나 발목을 삐는 사고로 못 왔고 대신 마추픽추에 같이 다녀왔다고 했더니 내 나이를 묻는다. 만 예순다섯이라고 했더니 믿기 어렵다며 앤서니와 같은 말을 한다.

어둠이 덮여 오는 산상에 누워 지난 나흘간의 행로를 돌아보며 정신 나간 사람처럼 횡설수설하고 있다.

'도대체 나는 왜 이곳에 와 있지? 킬리만자로가 이렇게 죽을 고생하면서 오를 만한 가치가 있는 곳인가? 아, 이제 나는 꿈과 현실 사이에 건널 수 없는 괴리의 덫에 치여 있지 않은가? 아직 터널은 멀고 끝은 보이지 않는구나!'

이 느낌을 사람들은 절망이라고 부른다. 그러나 나는 외친다.

"내가 직면한 이 난관 때문에 꿈을 포기해서는 안 된다. 여명이 오기 전에 밤은 더욱 어두운 법이다. 내가 느끼는 칠흑 같은 밤도 밝아오는 새벽을 막지 못하리라. 아, 새벽이여 어서 오라! 그리고 나에게서 절망의 어둠을 걷어다오!"

킬리만자로의 마지막 날들

죽을 둥 살 둥 하고 올라온 고도 4,673m의 바라푸 캠프는 마차메 야영장 중 가장 높고 험한 불모지 위에 있다. 어둠 속에 펼쳐진 능선은 마치 외계에 와 있는 듯한 느낌이다. 날이 더 어두워지자 우박이 변하여 눈보라로 바뀐다. 나는 레인저 사무실에서 등록하며 혹시나 하고 물어보니 이 마지막 캠프에서도 5달러짜리 코카콜라를 팔고 있다. 하나는 오늘 저녁 식수용으로 또 하나는 내일 새벽 정상에 도달하게 되면 샴페인 대신 터트릴 축하용으로 캔 2개를 사 배낭에 넣었다.

바람막이가 둘린 훈훈한 레인저 사무실에 잠시 앉아서 '아, 오늘 하

바라푸 헛에서 우후루 정상까지

룻밤만 이곳에서 지낼 수만 있다면 얼마나 좋을까?' 부러운 눈으로 둘러보는데 마침 이들의 침대 위에 여벌의 매트리스가 보였다. 지옥에서 부처님 만난 듯한 반가운 마음에 혹시 매트리스를 빌릴 수 있느냐고 물었더니 하룻밤에 탄자니아 돈으로 1만 실링한국 돈 7,200원 내면 빌려주겠다고 한다.

"아, 드디어 행운의 여신은 나에게 미소를 짓는가? 눈보라 치는 영하의 밤, 오늘 밤은 이 매트리스 덕분에 살았구나!"

바라푸 캠프의 눈보라 속에서 4시간 동안 폭신한 매트리스 위에서 눈을 붙인 후 밤 11시에 일어나 키보 정상을 향한 마지막 진군을 시작하였다. 바라푸에서 고도 1,200m를 더 올라가는 왕복 8km의 등정은 지금까지 내가 해온 산행 중 가장 힘든 도전 아니 고전苦戰이 될 것이다. 우후루 · 키보 정상으로 출발하기 전 하라손이 뜨거운 물과 토스트를 가지고 와서 이미 깨어 있는 나를 부른다. 자기는 키보에 올라가지 않을 거라며 나의 무운을 빈다고 한다.

'에이, 참 의리 없는 녀석, 여기서 자기만 빠져? 하긴 이 친구까지 정상에 올라갈 필요는 없지….'

밤사이에 우박 섞인 진눈깨비가 내려 오르는 길이 미끄럽다. 5,000m 산상의 거센 바람과 흩날리는 눈발이 '바라클라바'를 쓴 얼굴을 사정없이 때린다. 온 천지가 깜깜한데 좁은 바위 사이에 난 오르막길을 머리에 헤드램프를 켠 채 미끄러지지 않도록 양손으로 더듬으며 조심조심 올라간다. 프랭크는 천천히 또 천천히 가야 한다고 계속 주문 외듯이 '뽈레 뽈레'를 읊조리며 앞서 간다.

자정을 두어 시간 지난 후에 눈발이 그치자 검은 하늘에는 하나 둘

별들이 나타나고 수줍은 푸른 그믐달이 얼굴을 내민다. 지그재그로 계속되는 자갈밭은 이미 지쳐 있는 내 발을 자꾸 미끄러지게 한다. 잠시 걸터앉아 눈을 들어 올려보니 앞서 가는 몇 사람의 헤드램프의 불빛이 깜박거리는데 저 밑에서 우리 뒤를 따라 올라오는 불빛은 흐르는 연등 행렬처럼 꽤 길기도 하다.

그동안 아무것도 먹지 않았는데 구토증이 심해져 한참 욕지기를 하다가는 정신을 번쩍 차리고 '이놈아, 정신 차려!' 하고 나를 깨운다. 한 걸음 떼기 어려우면 반 발자국만 내 딛고, 엉덩이를 붙일 만한 바위가 나오면 걸터앉기를 수백 번 하는데 숨이 막혀 꼭 죽을 것만 같다. 아마도 이 순간은 내 생애 중 육체적으로 또 정신적으로 가장 힘들었던 외로운 투쟁의 순간으로 기억될 것이다.

내 속에서 서로 싸우는 갈등의 두 목소리가 다시 들린다.

'무엇이 너를 이곳까지 오게 한 것인가? 혹 이것은 집념으로 위장된 너의 오만이 아닌가? 이것은 분명히 미친 짓이 틀림없다. 지금이라도 포기하는 게 어때?'

어젯밤 자책하던 회의와 후회의 메아리가 나를 다시 혼란스럽게 한다. 그러나 내 안에 또 하나의 다른 목소리가 들린다.

'너의 승부 근성은 어디 있느냐? 너는 할 수 있다. 사내대장부가 한 번 품었던 꿈을 이루려는 순간에 포기란 없다! 모충이 고치를 뚫고 비상하는 나비처럼 너의 아름다운 도약을 보여주어라!'

이때 문뜩 이 시련의 순간이야말로 내가 선택한 '포화의 세례'라는 생각이 스쳤다. 핵 잠수함이 실전에 배치되기 전에 거쳐 가야 하는 마지막 테스트, 셰이크다운 팀이 실전 상황에서 수행하는 최종 시험을 포화의 세례라고 부른댔지… 나는 이 절박한 순간에 지켜질지도 모르는 서원을 염치없이 또 하였다.

"오, 신이시여, 저를 어여삐 보시고 딱 한 번만 더 도와주소서! 그러면 남은 삶을 정말 잘살아 보겠나이다."

나는 이렇게 항상 궁지에 처하면 신을 찾는다.

드디어 해발 5,752m의 스텔라 포인트가 보인다. 킬리만자로의 분화구 가장자리에 마침내 희망의 서광이 비친다. 한 6시간쯤 올라갔을까? 먼저 떠났던 켄과 브라이언은 벌써 정상에 갔다 내려오는 것이 보인다. 캘리포니아 두 청년은 나를 알아보고 축하의 포옹을 해준다.

"축하합니다! 드디어 해냈군요!"

'아, 축하는 무슨 놈의 축하? 아직 100m를 더 올라가야 하는데….'

드디어 우후루 정상에 서다

우후루 정상에서 얼어버린 코카콜라로 축배의 잔!

새벽 5시가 되자 우리 뒤편에서 먼동이 트기 시작한다. 마지막 100m 거리가 천 리 길처럼 멀기만 하다. 그리고 얼마 후 5,895m의 최정상 우후루 푯말과 정상에 오른 사람들의 흥분과 기쁨에 넘친 몸짓들이 바로 눈앞에 나타난다. 마침 떠오르는 태양 빛을 반사하는 빙하의 벽이 찬란하게 빛난다. 우후루 정상에서 보았던 황금빛 일출은 나의 생애 중에 가장 감동적이고 황홀한 광경이었다.

'오, 하느님 감사합니다! 내가 드디어 해냈습니다.'

이 미약한 인간은 신비로운 대자연 앞에 겸손하게 고개를 숙인다.

헤밍웨이의 『노인과 바다』를 생각하며

나는 우후루 정상에 올라서 헤밍웨이가 들려준 한 어부가 이룬 인간 승리를 생각했다. 노회한 어부의 처절한 싸움은 지난 닷새 반 동안 투쟁했던 나 자신과의 전투에서 맛본 승리를 공감하게 한다.

거대한 물고기 청새치와 밤새도록 싸우는 쿠바의 나이 많은 어부 산티아고는 – 에티오피아 안다사 강의 어부처럼 – 84일이 지나도록 한 마리의 고기도 잡지 못한다. 빈 배로 돌아오는 불운이 계속되자 어린 조수 마놀린의 부모마저 마놀린을 잘 나가는 어부한테 보낸다.

그러나 저녁마다 자기를 찾아오는 어린 마놀린에게 더 멀리 만灣 깊숙이 나가면 그의 불운도 마침내 끝날 것 같다는 예감을 말한다. 여든

다섯 번째 되는 날 노령의 어부는 작은 돛배를 혼자 저어 쿠바 만 깊숙이 들어가고 마침내 거대한 청새치 한 마리가 그의 미끼를 문다.

이틀 낮과 이틀 밤의 피 말리는 사투와 상처의 고통 가운데도 산티아고는 포기할 줄 모르는 위대한 적수에게 존경심을 갖게 된다. 심지어 이 청새치를 자신의 형제라고 부르며 청새치의 위대한 위엄 때문에 이 물고기를 먹을 수 있는 자격을 갖춘 자가 아무도 없을 것 같다고 생각한다.

시련 3일째, 싸움에 지친 거대한 청새치는 낚싯줄로 작은 배를 감게 되고 산티아고는 온 힘을 다해 이 청새치를 배 옆에 묶어 작살로 찔러 마침내 훌륭한 맞수와의 기나긴 싸움을 끝낸다.

그러나 그의 싸움은 이제 겨우 시작일 뿐, 청새치가 흘린 피로 수많은 상어 떼가 몰려온다. 첫 번째 마코 상어는 작살로 죽이지만 그 과정에서 그는 작살을 놓치고 만다. 칼을 노에 매어 임시로 만든 작살로 달려드는 상어를 다섯 마리나 죽이고 계속되는 상어 떼를 막아보지만 역부족이다.

산티아고가 해 떨어진 항구에 도달했을 즈음에는 상어 떼가 청새치를 거의 다 먹어치워 겨우 꼬리와 머리, 앙상한 등뼈만 남아 있을 뿐이었다. 산티아고는 어깨에 돛대를 메고 자신의 오막살이에 들어가 깊은 잠에 떨어진다. 다음 날 마을의 어부들은 그의 배에 매달린 뼈만 남은 청새치를 재어보고 5.5m의 길이에 놀라지만 어린 조수 마놀린은 안전하게 돌아와 잠든 산티아고를 보고 반가움의 눈물을 흘린다.

잠에서 깨어난 산티아고는 마놀린에게 다음 고기잡이에 데려가겠다고 약속하고는 다시 잠이 든다. 그리고 자신의 젊은 시절의 꿈속에서 아프리카 해변을 거니는 사자들을 보게 된다.

나는 지난 6일간의 체험을 통해 킬리만자로의 등정을 꿈꾸게 했던 헤밍웨이의 단편소설 『킬리만자로의 눈』보다는 그의 마지막 작품인 『노인과 바다』의 산티아고에 더 동질감을 느꼈다.

산티아고는 84일간의 징크스를 깨기 위해 과감히 그전에 가보지 못했던 만 깊숙이 들어가는 모험을 한다.

비록 청새치의 앙상한 뼈만 매단 채 빈손으로 돌아오는 상처뿐인 영광이었지만 노인은 지난 3일 밤 3일 낮의 긴 전투의 승리자였고 어린 조수의 영웅이 된 것이다. 그리고 그들은 불운을 딛고 일어서서 다시 함께 바다로 나가는 꿈을 꾸게 되는 것이다.

나는 마추메 루트 시련의 등정 닷새 만에 마침내 우후루 정상에 설 수 있었다. 그것이 비록 나의 몸과 마음을 극도로 지치게 한 상처뿐인 영광이었지만, 나도 산티아고처럼 다시 후반생의 바다로 항해를 계속할 수 있겠다는 작은 승리를 맛보게 하였다.

므웨카 출구까지 18시간을 걷다

우후루 정상에서는 추위 때문에 오래 머물 수 없다. 정상에 도달했다는 감격도 잠시, 이제 가장 중요한 것은 안전하게 내려가는 것이다. 얼어버린 코카콜라로 축배를 들고 몇 분간의 흥분 속에 사진촬영을 마친 후 우리는 스텔라 포인트까지 내려가기 시작하였다. 나는 정상을 향해 올라오는 트레커들을 보며 기쁜 마음으로 그들의 성공적인 등정을 축하해 주었다.

켄과 브라이언이 나에게 해주었듯이 프랑스에서 온 두 처녀에게, 뉴

눈을 부시게 하는 눈 덮인 하산길

욕에서 온 앤서니와 보라미에게 우후루 정상 등정의 성공을 진심으로 축하해 주었다.

내리막길은 무릎과 발목에는 감당키 어려운 형벌

그러나 4km의 내리막길은 에너지를 거의 다 소모해 버린 예순다섯의 내 육체, 특히 무릎과 발목에는 감당키 어려운 형벌이었다. 정상에서의 10여 분을 위해 많은 사람들이 7일간의 고난을 기꺼이 감수하는 이유는 무엇일까?

눈부신 붉은 태양이 눈 덮인 하산길을 힘들게 한다. 5시간 후 어젯밤 등정을 시작한 캠프 바라푸에 도착하여 하르손의 축하 포옹을 받고 그냥 천막 안에 쓰러졌다. 정신없이 2시간을 자고 일어나 보니 마지막 야영장 므웨카Mweka로 옮겨야 한단다. 몇 시간 후 도착할 다음 등반팀들을 위해 소위 방을 빼줘야 한다나….

프랭크가 하산하기 전 나에게 결정하라고 한다. 이대로 6일간의 등정을 마감하고 오늘 밤 바로 모시까지 갈 것인지, 아니면 일정대로 므웨카 캠프에서 하룻밤을 보내고 그다음 날 내려갈 것인지. 바로 모시로 간다면 어젯밤 11시부터 킬리만자로 출구까지 걸어야 할 총거리는 35km가 될 것이다. 바라푸 캠프에서 잠시 잠이 든 것을 빼고는 18시간을 계속 걷게 되는 셈이다. 내 몸은 이미 녹초가 되었지만, 설마 내리막길 몇 시간을 더 못 가랴? 바로 모시로 가기로 했다. 하루 먼저 내려가서 그동안 못했던 뜨거운 샤워도 하고 싶었고, 무엇보다 엿새 동안 단절되었던 세상 소식이 너무 궁금해서였다.

하루 일찍 하산하게 되어 우리는 국립공원의 규정에 따라 레인저 차량을 입구까지 대기시켜 달라고 므웨카 레인저에서 부탁해야 했다. 그러나 차량이 늦어져 기다리기도 지루하여 우리는 국립공원 출구까지 5시간 이상의 진창길을 더 걸어 내려와야 했다. 그래도 고산병이 거짓말처럼 말끔히 사라진 므웨카 캠프부터는 등정 첫날 보았던 열대우림의 아름다운 나무와 수많은 꽃 그리고 새들의 노래가 우리의 발길을

내리막길에 본 열대우림과 킬리만자로 특유의 꽃들이 발길을 한결 가볍게 해준다

한층 가볍게 해주었다.

내리막길을 걸으며 프랭크가 흥미로운 이야기를 해주었다. 그동안 우리가 들렀던 다섯 곳의 캠프 사무실에 등록된 방명록에 첫날 내가 보았던 76세 된 스위스 영웅을 찾을 수 없었다는 것이다. 흠, 그렇다면 지난 8월 31일에 시작해 엿새간의 킬리만자로 마차메 루트를 성공적으로 등정한 가장 나이 많은 남자는 예순여섯 살의 이 한국인이란 말인가?

나는 출구에서 킬리만자로 우후루 정상 등정 확인증을 받고 1시간을 더 기다린 후 레인저 트럭을 얻어 타고 모시 시내에 있는 배낭족 호텔에 도착했다. 비록 상처뿐인 영광이었으나 빈 배로 돌아온 산티아고처럼 피로에 지친 내 몸 안에 뜨거운 감동이 흔들리고 있었다. 성공적으로 포화의 세례를 통과한 핵 잠수함이 느끼는 또 하나의 셰이크다운처럼….

돌이켜 보면 내가 혹독한 엿새 동안의 시험을 견딜 수 있었던 것은 나를 단련시킨 한국의 매서운 겨울 산 덕분이었다. 나는 고산등정 예비 훈련 차 2009년 겨울부터 영하 20도의 강추위 속에서 눈 속의 지리산 천왕봉과 설악산 대청봉을 여러 번 다녀왔었다. 그리고 얻은 결론은 내 나이의 노장들도 고지 적응만 할 수 있다면 그리고 충분한 방한 장비만 갖춘다면 아프리카의 지붕 킬리만자로 정상에 얼마든지 도전할 수 있다는 것이었다. 나는 주말에 북한산을 오르는 내 또래의 등산객을 볼 때마다 그런 생각을 하게 된다. 그들도 삶의 후반전에 명예롭게 도전할 수 있다고….

숙소에 도착하자마자 엿새 만에 하는 뜨거운 샤워를 마치고 쿠바의

돌 틈에 핀 킬리만자로의 꽃 한 송이를 보낸다

어부 산티아고처럼 그냥 쓰러졌다. 일주일 만에 열어 본 이메일 중에는 '아웃 오브 아프리카'의 주제곡을 신청했던 음악 방송국에서 9월 9일 아내의 생일에 맞추어 신청곡을 내보내겠다는 답신이 와 있었다. 그런데 하필 내일 아침 나는 아프리카 대륙을 떠나 고생대의 섬나라 마다가스카르로 향한다.

나는 혼자서 생일을 보내는 사랑하는 내 아내에게 '아침이 될 때까지 내 곁에 있어 주오. 그리고 나는 항상 그대 옆에 있다오'라는 메시지와 함께 바위 사이에 핀 킬리만자로의 꽃 한 송이를 보냈다.

해적의 섬, 전설의 나라

마다가스카르

킬리만자로 등정을 마친 다음 날인 2010년 9월 7일, 케냐를 떠나 마다가스카르로 갔다. 마다가스카르는 아프리카 대륙의 동쪽 인도양 상에 있는 우리에게는 좀 생소한 멀고도 신비로운 섬이다. 한반도의 약 3배 크기인 이 섬나라는 여러 가지 면에서 오랫동안 나의 호기심을 끌던 섬나라였다. 거기에는 세 가지 이유가 있는데 지형적, 생물학적 그리고 인종적 특이성이다.

첫 번째는 지형적 특이성이다. 과학자들은 트라이아스 후기인 5억~2억 년 전 지구는 원래 판게아라는 하나의 슈퍼대륙이었다고 믿고 있다. 이 판게아가 북쪽 로라시아와 남쪽 곤드와나의 두 슈퍼대륙으로 분리되었는데 북쪽의 로라시아는 다시 로렌시아북아메리카와 유라시아유럽과 아시아 대륙으로 나뉘고, 남쪽 슈퍼대륙 곤드와나는 동 곤드와나아프리카, 남아메리카와 서 곤드와나남극대륙, 마다가스카르, 오스트레일리아 외에도 인도와 아라비아 반도를 포함로 나뉘었다고 한다.

그리고 1억 3천5백만 년 전에 남극과 인도를 포함한 마다가스카르가 서 곤드와나 슈퍼대륙에서 분리되었고, 그 후 인도와 아라비아 반도는 유라시아로 이동하게 되었다. 마지막으로 8천8백만 년 전에 마다가스카르는 인도와 아시아 대륙에서 분리되어 현재 아프리카 대륙 옆으로 이동하여 지형적으로 외톨이가 되었다는 것이다.

두 번째는 생물의 특이성이다. 마다가스카르에는 원숭이는 없지만, 원숭이의 선조 격인 리머lemurs가 살고 있다는데 여간 흥미롭지 않다. 여우원숭이라고 불리는 리머는 원숭이 이전의 영장류로 마다가스카르에서만 볼 수 있는 유일한 동물이다. 수천만 년 전 지형의 변화에 따라 대륙에서 고립된 이 섬의 식물군과 동물군은 지구 상의 다른 대륙과는 전혀 다른 진화 과정을 통해 구성된 다양한 생물들의 중심지가 되었다. 동식물 종의 80% 이상이 지구의 다른 어느 곳에서도 찾아볼 수 없는 마다가스카르 고유의 토착 생물이라는 것이다.

마지막으로 인종적 특이성 역시 아주 흥미롭다. 마다가스카르 사람은 아프리카 대륙에 속해 있으면서도 인종적으로는 아프리카 흑인과는 전혀 다른, 오히려 오스트로네시아인에 더 가깝다는 것이다. 오스트로네시아인은 대만 원주민을 포함한 필리핀, 멜라네시아, 폴리네시아 그리고 멀리 이스터 섬과 마다가스카르까지 분포된 인종을 말한다. 대부분 고고학자는 오스트로네시안이 기원전 300년경 인도네시아 군도에 있는 보르네오에서 카누를 타고 마다가스카르에 이주한 것으로 믿고 있다. 그리고 지금부터 약 1,000년 전부터 동아프리카 반투족, 아랍계 중동인과 인도인 그리고 중국인과 유럽인들이 이주하여 오늘날 말라가시 인종의 복합문화를 구성한 것으로 보고 있다.

말라가시 인종 그룹은 열여섯 종족으로 나뉘어 있는데 주요 종족으로 말레이계의 메리나족, 베치미사라카족, 베칠레오족, 투미헤티족 등으로 주요 지역에 분포되어 살고 있다. 그중 메리나족이 26%로 가장 많으나 노시보라하 같은 일부 지역에는 오스트로네시아인과 아프리카 흑인과의 혼혈인 후손을 볼 수 있다.

마다가스카르는 아프리카가 아니다

막상 마다가스카르에 찾아오는 사람들은 이곳이 아프리카가 아니라는 사실에 놀라게 된다. 지난 한 달을 에티오피아, 케냐 그리고 탄자니아 등 아프리카 내륙의 흑인들 속에서 보냈던 나 역시 안타나나리보 공항에 도착하자마자 혹시 내가 탄 항공기가 동남아로 잘못 오지 않았나? 하는 착각이 들게 하였다. 흑인들은 하나도 보이지 않고 인도네시아나 말레이시아의 어느 지방에 잘못 착륙한 기분이 들 정도로 주민들의 모습이 말레이와 인도네시아 사람 같았기 때문이다.

타나로 가는 길목의 농촌 풍경

타나 공항에 도착하기 직전 하늘에서 본 마다가스카르는 누런 흙으로 덮여 있는 벌거벗은 산야로 어디선가 많이 본 풍경 같았다. 어디서 보았을까? 기억을 떠올려 보니 6·25 전쟁 직후의 한국 산야가 꼭 이와 비슷했던 것 같다. 또한 공항에서 시내로 들어오는 길에서 본 풍경도 가난했던 옛 한국의 모습과 어쩌면 그렇게 닮았는지. 길 양편으로 못자리를 손보는 농부들과 헐벗고 가난한 농촌 풍경은 시계를 거꾸로 돌려놓아 60년 전의 한국의 모습을 재현해 놓은 듯했다.

'아, 과거로 떠나는 시간 여행이 따로 없구나….'

킬리만자로 등정을 마치고 탄자니아에 있는 동안 마다가스카르에서 '집에서 모이는 교회'의 선교사로 일하고 있는 잭 올리버에게 2010년 9월 7일 타나 공항에 도착한다고 이메일을 보냈었다. 일흔 살이 넘은 전형적인 영국 신사인 잭 올리버는 스코틀랜드 여행 중에 만났던 피터 잭슨의 절친한 친구 분으로, 마침 내가 묵고 있는 호스텔에서 걸어서 5분 거리에 있는 곳에 두 원주민 동역자와 함께 생활하고 있었다. 일흔 살이 넘은 분이 독신으로 손수 자취하며 이곳 원주민들 사이에서 전도자로 사는 것이다.

말라가시의 전통 음식을 먹어보고 싶은 생각에 잭과 그의 두 동료를 저녁 식사에 초대하였다. 이곳의 전통 음식은 쌀밥 외에 우리의 반찬과 같은 요리가 나오는데 땅콩과 돼지고기를 볶아 만든 고기덮밥이나 감자 잎과 마른 새우를 끓여 만든 스튜 등으로 이곳 사람이 흔히 먹는 라요카laoka라는 요리이다. 아프리카 내륙의 음식 문화와는 전혀 다른 것이 말레이 계통에 더 가깝다. 저녁을 먹은 후 이 나라에서 보내게 될 2주 동안 먹는 일로 고생할 것 같지 않다는 확신이 생겼다.

잭은 마다가스카르에서 30년 이상 선교사로 일하고 있는데 말라가시어와 프랑스어에도 능통한 분으로, 먼 나라 한국에서 찾아온 나를 친동생처럼 챙겨주며 여행 시에 필요한 정보도 알려주고 유용한 조언도 해주었다. 또 내가 이곳을 여행하는 동안 거쳐 가는 지역에 있는 친구도 만날 수 있도록 주선해 주고 그들의 연락처도 알려주었다.

마다가스카르는 동부의 타마타베, 서부의 모론다바, 서남부의 이파티 해안도시 외에도 내륙지방에 감추어 있는 수많은 이국적인 풍경과 신비로운 동식물들이 숨어 있는 매혹적인 섬나라이다. 한 달 이상을 돌아보아도 시간이 충분하지 않을 만큼 가볼 만한 곳이 많은 이 나라에 나는 겨우 열흘의 시간을 할애하였다.

나는 먼저 이 섬에만 사는 유인원 리머의 서식지 안다시베 국립공원에서 이틀 밤을 보내고, 동북부의 항구도시 토마시나로 간 후 그곳에서 발동선으로 4시간 떨어진 전설의 섬 '일 생트 마리'로 갈 생각이었다. 그리고 다시 본섬으로 돌아와 시간이 허락하면 요하네스버그로 떠나기 전 중부의 안치라베에 들린 후 서부의 모론다바에 가서 유명한 바오밥 나무를 볼 수 있기를 희망하였다.

한국의 시골 장터 같은 타나 길거리의 가판 상인들

택시 브루스에 사람이 오는 데로 짐을 싣는다

마다가스카르는 1896년 프랑스의 식민지가 되기 전까지는 103년간 메리나 왕국이었다. 현재의 마다가스카르 공화국으로 국명이 바뀌기 전까지는 말라가시 공화국Malagasy Republic이었다. 마다가스카르는 영어가 전혀 통하지 않는 나라로 공용어는 말라가시어와 프랑스어인데 이는 마다가스카르가 70년 동안 프랑스의 식민지였기 때문이다. 만약 일본이 36년이 아닌 70년간 한국을 지배하였더라면 오늘날 한국에서도 일본어가 한국어와 같이 공용어가 됐을까?

고생대의 동물을 찾아 안다시베 국립공원을 가다

아프리카를 여행하는 동안 터득한 경험에 의하면 그 지역의 서민 문화를 가장 빨리 배우는 방법은 여행지에서 그 지방의 대중교통을 이용하는 것이었다.

마다가스카르에서 가장 흔하고 편리한 교통수단은 택시 브루스라고 부르는 마이크로버스이다. 택시 브루스는 우리의 봉고차와 비슷한 12인승 합승택시로 수도인 타나에서 마다가스카르의 주요 도시를 어디든 갈 수 있는 주민의 중요한 저 경비 교통수단이다. 마다가스카르에서는 기차여행을 할 수 없다.

잭은 나를 데리고 안다시베Andasibe로 가는 택시 브루스 정류장으로 갔다. 그곳에서 안다시베까지는 약 3시간이 걸리는데 택시 브루스는 공식 출발시각은 정해져 있지만 정시에 떠나는 법이 없단다. 마다가스카르도 빈 좌석이 채워질 때까지 손님을 기다렸다가 좌석이 다 차야 떠나는 것이 관례이다. 에티오피아나 케냐 그리고 탄자니아와 차이점이 있다면 예약한 승객에게는 고유 지정석이 있다는 것이 좀 다를까?

택시 브루스 안은 좌석이 비좁아서 승객의 짐은 모두 차 지붕 위로 올려야 한다. 곡식 자루, 푸성귀 보따리는 물론 심지어 발이 묶인 몇 마리의 닭과 함께 내 큰 배낭도 방수 천으로 덮였다. 열대지방에 수시로 쏟아지는 스콜 때문이다. 나는 작은 배낭만 무릎 위에 놓은 채 3시간 동안 중앙선을 무시하며 아슬아슬한 절벽 길을 달리는 택시 브루스 기사에게 나의 운명을 맡겨야 했다. 아, 내가 과연 이 곡예비행에서 무사히 살아남을 수 있을까? 걱정되지만 후회하기에는 너무 늦었다.

약 2시간 정도 기가 막힌 풍광 속에 높은 산과 깊은 계곡 사이를 질주해 온 차는 작은 시골 마을에 잠시 정차하였다. 정거하는 동안 승객들은 화장실에 다녀오거나 늦은 아침을 먹는다. 화장실이 어디 있는지 몰라 두리번거리는데 마침 한 아주머니가 구석진 수풀 사이에 쭈그리고 앉아 볼일을 보고 나온다. 나도 눈치껏 소변을 보고 차가 떠나기 전에 늦은 아침을 먹을까 하고 키오스크가판대에 진열된 길거리 음식을 살펴보았다.

마다가스카르를 여행하는 동안 나는 택시 브루스가 정차하는 곳마다 여러 곳의 키오스크를 지나며 이곳 사람들이 즐기는 거리의 전통

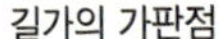

길가의 가판점

키오스크의 먹거리들

먹거리를 시식할 기회가 여러 번 있었다. 에티오피아나 케냐의 시골보다는 한국인의 식성에 더 맞는 먹거리들이 즐비하다. 보통 가판대 제일 위 칸은 '모포'라고 부르는 케이크와 튀김 빵 종류가 있다. 대표적인 아침으로 '모포 가시말라가시 떡'는 찧은 찹쌀가루를 달게 반죽하여 기름칠이 된 둥그런 무쇠 떡판에 부어서 숯불로 구워 만든 것이다. 이곳 사람은 모포 가시를 주로 커피와 같이 아침으로 먹는다. 마침 출출하던 차라 모포 가시를 커피와 먹어보았는데 찹쌀 도넛과 같은 맛으로 배가 고팠던 탓인지 술술 넘어가는 것이 꿀맛이었다.

가판 간식 가운데는 과일 튀김 종류가 여러 가지 있는데 파인애플과 바나나 튀김이 가장 많이 눈에 띈다. 다른 선반에는 바게트 샌드위치와 여러 가지 샌드위치 재료들이 있어서 고객이 원하는 대로 샌드위치를 만들어 먹을 수 있다. 그리고 달콤한 후식으로는 '코바 아콘드로'라는 것이 있는데 땅콩과 으깬 바나나와 꿀, 옥수수가루와 섞은 밀가루 반죽을 바나나 잎에 싸서 찐 것이다.

음…, 냠냠 입에서 절로 침이 돌지 않는가?

첫 목적지인 안다시베 국립공원은 마다가스카르의 토착 동물인 리머의 보호구역인 페리네 열대우림 지역이다. 늦은 아침을 먹은 후 1시간 동안 고갯길을 넘어 운행한 택시 브루스는 안다시베 국립공원 입구에 나를 내려놓고 짐을 내려주지도 않고 바로 떠나려 했다. 나는 운전사를 붙들고 손짓 발짓으로 내 배낭을 찾아야 한다고 했더니 어디다 두었느냐고 한다.

이 친구야, 어디다 두긴 어디다 둬? 차 지붕 위에 있지! 지붕에는 꼬꼬댁 우는 닭 몇 마리와 옥수수, 감자부대 등 별 잡동사니 짐들이 가득

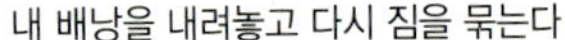

내 배낭을 내려놓고 다시 짐을 묶는다

수림 속에 페오니 알라 방갈로들이 보인다

쌓여 있고 두꺼운 방수 천으로 덮여 있어 배낭이 어디에 있는지 찾을 수 없다. 운전사는 근처에 있는 한 10대 아이를 부르더니 차 위에 올라가서 내 짐을 찾아보라고 한다. 줄로 꽁꽁 묶어놓은 천막 천을 벗기고 내 배낭을 찾는데 15분은 더 걸린 것 같다.

갈 길이 바쁜 승객을 기다리게 해서 미안하기는 했으나 내 전 재산이 든 배낭을 포기할 수는 없는 일이라 얼굴에 철판을 깔고 기다렸다. 어렵사리 찾은 배낭을 메고 운전사한테 고맙다고 웃으며 악수를 청하니 그 친구도 웃는 얼굴로 잘 가라고 한다. 그동안 이국 여행 중에 습득한 비결은 웃으면서 고맙다고 하면 아무리 화가 난 친구라도 더는 어쩔 수 없이 무장해제가 된다는 것이다.

잭 올리버가 추천하고 예약해 준 페오니 알라는 안다시베 국립공원 입구 쪽에 있는 작은 방갈로 여관이다. 택시 브루스에서 내려 500m 정도를 걸어가니 작은 강가의 수림 속에 페오니 알라 방갈로가 보였다. 페오니 알라는 '숲의 음성'이라는 뜻인데 이곳에서 새벽마다 마다가스카르의 명물인 100여 종의 리머 중 인드리가 자기 가족을 부르는 음성을 들을 수 있다. 그림 같은 수림 옆에는 여러 채의 삼각형 방갈로가

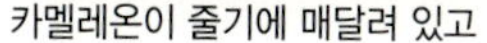

카멜레온이 줄기에 매달려 있고

방갈로 문짝에 붙어 있는 게코 도마뱀

줄줄이 서 있고 그 사이로 아지랑이가 피어오르는 작은 강이 흐른다.

인드리Indri는 리머여우원숭이 중 꼬리가 없는 가장 큰 녀석인데 유일하게 60살까지 살고 인간처럼 평생을 일부일처로 사는 유인원이다. 인드리가 가족을 부르는 소리는 마치 고래의 노랫소리 같기도 하고 또 어린아이가 우는 소리처럼 들린다. 누군가 인드리는 인간과 판다의 혼혈종 같다고 표현한 것을 읽은 기억이 난다. 만약 다윈이 갈라파고스에 가기 전에 마다가스카르에 왔더라면 인드리의 존재를 어떻게 설명하였을까?

페오니 알라 방갈로 입구 쪽으로 걸어가자 인상이 마치 인드리처럼 생긴 모리스라는 현지 가이드가 배낭을 메고 오는 나를 보고 어디서 왔느냐고 친절하게 말을 건넨다. 이곳에서도 국립공원 내를 탐방하기 위해서는 현지인 가이드와 동행해야 한다. 흠… 이곳에서 영어를 하는 가이드를 만나다니 오늘은 운이 좋구나! 그런데 나중에 알고 보니 모리스는 『마다가스카르 가이드』라는 안내 책자 저자가 언급한 2명의 유식한 가이드 가운데 하나였다.

저녁때 모리스와 같이 나이트 워크야행성 동물 관찰를 하기로 하고 일단 페오니 알라에 들어가 체크인을 하였다. 방갈로에서 막 짐을 풀고 있는데 그 앞에서 작업하던 말라가시 일군들이 나에게 손짓을 하며 잠시 와보라고 한다. 무슨 일인가 싶어 가까이 가보니 커다란 카멜레온이 나뭇가지에 매달려 있는 데 마치 커다란 잎사귀 같았다. 내 방갈로 문에는 게코라는 초록 도마뱀이 그림처럼 붙어 있다. 아, 벌써 수많은 토착 생물이 내 눈에도 뜨이기 시작하는구나! 이곳에서 보낼 이틀 낮과 밤이 무척 기대된다.

짐을 내려놓고 모리스와 같이 4km 떨어진 국립공원 관리사무소까지 걸었다. 내일 아침 일찍 시작할 밀림 탐방을 위해 등록을 하고 입장권을 사기 위해서이다. 가는 길목에 꽤 품위 있어 보이는 호텔이 보이는데 비수기라 그런지 숙박객들은 보이지 않는다. 관리사무소에서 한 15리 정도 더 걸어 들어가면 200가구 미만의 안다시베 마을이 나온다. 옛날 프랑스 식민지 시절에는 이곳까지 기차가 들어왔다는데 현재는 부서지고 텅 빈 역사와 녹슨 빈 철교만 남아 있어 지나간 시절 역사의 증인처럼 외로워 보인다.

안다시베 마을의 우체국에서 그림엽서를 부치고 숙소로 돌아오는데

안다시베 공원 탐방로 안내 간판

녹슨 철교에는 기차가 끊긴 지 오래다

혼자 걸어가는 내가 신기한지 자전거를 타고 지나는 마을 사람들이 힐끔힐끔 쳐다보았다. '봉주르' 하고 인사를 하니 웃으면서 '살류트' 하고 인사를 받는다. 시골 사람은 어디를 가나 친절하고 순박하다.

모리스와 나는 어두워지자 이 공원 밖에 사는 야행성 동물들을 보기 위해 안다시베 마을 쪽 대로 변을 따라 걷기 시작했다. 깜깜한 밤 수림을 따라가며 간간이 휴대용 서치라이트를 비추며 걷다 보니 카멜레온과 트리 프로그라는 작은 청개구리, 또 밤에만 나타나는 난쟁이 리머가 보였다. 가끔 앞쪽에서 플래시 라이트가 번쩍거리는데 그들 역시 나처럼 야행성 동물을 보려고 나온 여행자들이다.

모리스는 바람에 흔들리는 나뭇가지와 풀벌레 소리, 또 리머의 울음소리만 듣고도 어떤 종류인지 바로 알아내는 전문가이다. 내일 아침 일찍 리머를 찾아 열대우림을 들어가기로 하고 모리스와 헤어진 후 늦은 저녁을 먹기 위해 방갈로를 향해 5리 길을 걸었다. 남반구의 깜깜한 밤하늘은 별도 총총하고 유난히 맑아 보인다. 공해가 없어서 그런가?

방갈로의 침상에 누워 계곡을 흐르는 물소리와 수림 속 풀벌레의 합창을 듣는다. 그동안 타나에서 보낸 이틀간의 시간, 그리고 곡예비행을 하듯 택시 브루스를 타고 꾸불꾸불한 포장도로를 몇 시간째 달려오며 보았던 마다가스카르의 가난한 농촌 풍경들을 보면서 어려웠던 1950~60년대 중반의 꾸불꾸불한 한국의 모습을 떠올렸다.

'너희를 떠낸 반석과 너희를 파낸 우묵한 구덩이를 생각하여 보라.'

구약성서 이사야서의 한 구절이다. 자신이 처했던 과거의 비천했던 처지와 형편을 가끔은 상기할 필요가 있다는 것을 가르쳐 주는 구절이 아닐까? 지금 IT 문명의 홍수 속에 사는 현대인은 불과 반세기 전의 참

담했던 우리의 어린 시절을 얼마나 기억하고 있을까?

반세기 전의 한국으로 가는 시간 여행 속에서 나는 '인간은 망각의 동물'이라는 사실을 새삼 깨달았다. '왜 인간은 어려웠던 시절은 쉽게 잊어버리고 현재 누리는 혜택에만 매달리는 걸까? 작은 불편을 감내하지 못하고 쉽게 불평하며 자만의 늪에 빠지는 걸까?' 지구촌의 가난한 마을을 지나는 나그네의 체험은 삶의 거울이 되어 자신이 얼마나 행복한 존재인가를 새삼 일깨워준다. 그래서 열린 마음의 여행은 교과서 없는 학교인가 보다.

인드리와 리머, 유인원 선조의 세계를 가다

마다가스카르의 토착 동물 중 가장 흥미로운 녀석은 인드리Indri이다. 원숭이가 세상에 나오기 이전에 존재하였다는 유인원 리머의 일종으로 흑백색의 무늬를 입고 있는 것이 마치 판다처럼 보인다. 인드리는 리머 가운데 가장 큰 녀석들인데 모리스의 말에 의하면 말라가시의 선조가 된 한 아이가 벌꿀을 따기 위해 나무에 올라갔다가 떨어지는 것을 인드리가 받아서 구해 주었다라는 재미있는 설화가 있다고 한다.

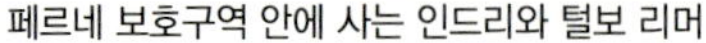
페르네 보호구역 안에 사는 인드리와 털보 리머

그 때문에 말라가시 사람들은 인드리를 절대로 해치지 않는다고 한다. 자연의 소리만 들리는 방갈로에서 보낸 첫 밤은 꿈같은 추억이 될 것 같다. 새벽이 되자 고래의 노래 같은 인드리의 가족을 부르는 소리가 잠을 깨운다. 마치 고생대의 세계를 찾아온 나그네를 깨우는 것 같다.

모리스와 나는 아침 7시부터 4시간 동안 안다시베 국립공원 리머 Lemurs 보호 정글 속을 걸으며 밀림의 거주자인 털보, 난쟁이, 갈색 리머 그리고 이 지역에서만 서식하는 인드리 네 종류를 관찰할 수 있었다. 이 녀석들은 사람을 무서워하지 않는데 깊은 수림 속을 어찌나 빨리 움직이는지 모습을 제대로 촬영하기가 쉽지 않았다. 이곳에는 모두 열 한 종류의 리머들이 서식하고 있다. 하늘을 가릴 정도로 우거진 밀림 속을 걸으며 신기한 동물들을 만질 수 있는 거리에서 보는 것이 마치 3천만 년 전 동물의 세계를 찾아온 방문객 같은 기분이 들었다.

화석에서나 볼 수 있는 원숭이의 선조도 아니고, 과학 공상영화에서 보는 상상의 동물도 아닌 분명히 21세기 현실 속에서 살아있는 유인원의 선조를 보고 있다는 사실이 나를 몹시 흥분하게 하였다. 갈라파고스에서 보았던 쥐라기(?)의 생물들과는 또 다른 느낌을 받은 것이 아마도 이들이 조류나 파충류가 아닌 영장류이기 때문인 것 같다.

조물주는 만물의 영장이라는 사람에게 무엇을 가르치려고 신비로운 섬 마다가스카르를 대륙에서 고립시킨 후 그의 작품 몇 가지를 이 섬에 남겨두신 것일까? 리머의 특징 가운데 하나는 고유의 서식지를 떠나서는 생존할 수 없다는 것이다. 그러나 이 섬에 들어온 지 겨우 2,000년 미만인 인간들이 이 땅의 주인인 양 그들의 생태계를 파괴하고 수천만 년 동안 이 지역에서 살아온 원주인의 서식지는 심각한 위협을 받고 있다. 그중 하나가 벌목과 화전이라는 마다가스카르의 농사 방식이다. 몇 그루의 바나나 나무를 심기 위해 까맣게 태워버린 산비탈을 볼 때마다 나 같은 비전문가의 눈에도 이 땅에 사는 희귀 토종 생물들의 생존이 위협받고 있음을 알 수 있다.

가난한 농민을 위해서 무작위 난개발을 허용할 것인가? 아니면 지구상에 단 하나 남아 있는 수천만 년의 생태계를 우리 아이들의 미래에도 그대로 보전할 수 있을까? 우리가 사는 지구는 인간만의 전유물이 아니다. 그 때문에 인간은 개발 문명의 필요성과 자연 생태계의 보전이라는 이율배반 속에서 다른 피조물의 미래를 좀 더 고민해야 할 것 같다.

밤새 울리는 자연의 목소리 페오니 알라에서 아이 울음소리 같은 인드리의 노래를 들으며 잠이 들었다가 그 소리에 또 잠이 깨어 뒤척이는 동안 안다시베에서의 두 번째 밤이 지났다. 안개가 자욱한 강변 방

안개 속의 방갈로에서 보낸 이틀간

갈로에서 지저귀는 새소리를 들으며 아침을 먹기 위해 오솔길을 걸어 내려왔다. 페오니 알라는 인드리의 전설처럼 추억 속에 각인되고 나는 시간이 지날수록 마다가스카르와 점점 사랑에 빠지게 되었다.

다음 행선지는 동해안의 항구도시 토마시나Toamasina이다. 프랑스어로는 타마타브이고 소금과 같다는 뜻이란다. 토마시나에는 영국에서 온 레이먼드와 몇 명의 교우들이 살고 있다. 마침 내일이 일요일이라 그곳에 잠시 들러 교우들을 만나 볼 계획이었다. 안다시베 국립공원 입구 RN2 국도 변에서 아침 9시에 온다는 택시 브루스를 타기 위해 기다리고 있는데 10시가 넘도록 감감무소식이다. 엉뚱한 곳에서 차를 기다리고 있는 나를 보고 같은 방향으로 가는 한 산림청의 젊은 직원이 택시 브루스 정류장은 위쪽이라고 일러주었다.

영어를 조금 할 줄 아는 그 친구에게 그의 업무와 정부의 산림보호 프로그램에 대하여 물어보았다. 마다가스카르의 자연은 무작위 산림 벌채로 야기되는 토양 침식과 토착 생물의 생태계 위협이 매우 심각한 상태라고 한다. 정부에서는 산림 벌채를 법으로 금하고 있는데 깊은 산 속에 사는 가난한 산지 인의 마구잡이식 개간을 막는 것은 현재로는 역부족이라고 한다. 더구나 마다가스카르의 불안정한 현 정치 상황이 체계적인 산림관리를 더욱더 어렵게 한다고 하니 이곳의 정글도 아마존처럼 심각한 위협을 받고 있는 셈이다.

나는 이틀 전에 이 택시 브루스를 타기 위해 타나에서 안다시베까지 이중으로 요금을 지불하고 토마시나로 가는 승차권을 미리 구매했었다. 안다시베에서부터 5시간 동안 토마시나까지 앉아서 가기 위해서였다. 1시간 넘게 기다렸던 택시 브루스가 도착하여 운전사 옆 앞자리

전형적인 마다가스카르의 시골집들

토마시나의 교통수단 푸스푸스

에 앉았다. 앞자리이긴 하나 운전석 외에도 두 사람이 같이 앉아야 하니 불편하기는 마찬가지다. 이 길은 내륙의 고산지대를 넘어 동해안으로 가는 꼬불꼬불한 국도인데 마다가스카르 특유의 택시 브루스 곡예 운전이 시작되었다. 차창으로 스쳐 지나가는 풍광은 고도에 따라 열대우림 지역과 온대고산 지역으로 나뉘는데 각각 다른 기후대에 따라 판이한 식물군의 분포를 보여준다.

한 가지 특이한 것은 이곳의 건축양식이다. 이 지역의 농가들은 주로 남부 보르네오 지방의 건축방식과 유사하게 땅 위에 높이 세운 기둥들 위에 나무와 야사 잎으로 2층집을 짓는데 이는 아마도 오스트로네시아 지역의 기후와 비슷하고 그쪽에 이주해 온 원주민들의 전통적인 삶의 방식을 그대로 유지하고 있기 때문일 것이다. 여인들 옷차림도 천을 온몸에 두른 것이 오스트로네시아인들과 같다. 흥미로운 것은 여인들은 외출할 때 모두 맵시 있게 모자를 쓴다는 것이다.

3시간 정도 지난 후 점심을 먹기 위해 택시 브루스는 정류장에 잠시 정차하였다. 이곳 간이식당에서도 밥과 함께 라요카가 주로 나오는데 나는 닭고기 말라가시 라요카를 시켰다. 매콤한 소스를 라요카에 섞어서 밥과 함께 먹으니 한국사람의 식성에 맞는 영락없는 닭볶음이다.

택시 브루스 정거장에 도착하자마자 나는 그 유명한 푸스푸스pousspousse를 타고 예약한 숙소로 갔다. 이곳에서는 자전거 인력거를 푸스푸스라고 하는데 이 지역의 중요한 교통수단이다. 안치라베의 손 인력거 푸스푸스와 더불어 쌍벽을 이루는데 서로 자기들이 푸스푸스 원조 도시라고 자부심이 대단하다. 보통 1,000아리아리한국 돈 500원 정도 주면 시내 어느 곳이나 가는데 고용문제가 심각한 이곳에서는 거의 모든 사람이 교통수단으로 푸스푸스를 사용하고 또 짐을 운반할 때 사용한다.

죽은 조상과 함께 춤추는 파마디하나

마다가스카르를 여행하다 보면 길가에 십자가가 부착된 작은 지붕 아래 하얀색의 사각형 무덤을 흔히 볼 수 있다. 잭에게 그것이 무엇인지 물어보았더니 파마디하나Famadihana라는 말라가시 장례문화의 일종으로 조상의 유골을 보관하는 곳이라고 설명한다. 이들은 조상숭배의 전통으로 7년마다 죽은 자의 육탈된 유골에 새로운 비단 수의를 입히고 죽은 조상의 유골과 함께 춤을 추며 즐거워한다. 전에 유골에 입혔던 비단 수의는 불임증에 특효가 있다고 하여 신혼부부에게 주어져서 초야의 잠자리에 깔게 하는 풍습이 있다고 한다.

나는 이들의 파마디하나 의식, 죽은 조상의 뼈를 모시고 춤을 추며 즐거워하는 그들의 의식과 조선 시대의 장례문화를 비교해 보았다. 조선 말까지 시행되었던 복장제復葬制처럼 초분草墳은 지방에 따라 초빈草殯, 소골장掃骨葬, 혹은 초장草葬이라고 하는데 시신을 땅에 매장하지 않고 관을 땅이나 돌 축대, 또는 평상 위에 놓고 이엉을 덮어서 1~3년 동

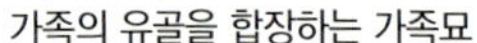
가족의 유골을 합장하는 가족묘

파마디하나

안 그대로 두는 매장법의 하나이다.

죽은 시신을 산송장이라 하여 불결하게 여겨서 정해진 장지에 바로 안장하지 않고 임시로 초장을 한 다음 3년이 지나 육탈이 끝나면 본 장으로 모시는 풍습으로 그들의 관습과 흡사하다. 어렸을 적 한국의 남부 지방에서 이와 같은 초분을 본 것이 기억난다.

말라가시 사람은 육탈이 된 후에야 사자의 혼이 조상의 세계에 들어갈 수 있다고 믿는다. 그들도 뼈대 있는 집안을 중시하는 우리나라의 전통처럼 조상의 유골들을 귀하게 모신다고 하는데, 파마디하나가 우리와 다른 것은 우리는 이장移葬을 비교적 조용히 치르지만 그들의 파마디하나 기간은 가족과 친척이 다 함께 생음악에 맞추어 춤을 추는 축제 기간이 되는 것이다.

수도 안타나나리보에 있는 동안 잭 올리버는 한국에서 온 나를 만나고 싶어 하는 친구들이 나를 저녁 초대했으니 같이 가자고 하였다. 타나에서 영어학원을 하는 여선생의 집에서 10명가량의 친구들이 모였는데 이들은 교사, 의사, 엔지니어 그리고 은행원 등 말라가시 사회의 지식인층에 속한다. 그들은 식사하는 동안 주로 한국의 문화, 역사 그리고 한국사람에 관한 이야기를 듣고 싶어 했다. 그리고 지난 몇 달간 내가 다녀온 시베리아, 유럽 그리고 동부 아프리카에서 보냈던 나그네 생활도 들려주었다. 그들은 주식으로 세끼 밥을 먹는 한국인의 음식문화, 가족문화, 경로사상, 그리고 고유의 장례문화 등에서 두 나라 간의 유사한 공통점을 듣고 신기해 하였다.

지난 수개월 동안 거닐었던 지구촌 여행길에서 배웠던 것은 인간은 비록 외양과 피부 색깔이 다를지라도 겸허하고 진실하게 마음의 문을 열면 인간 내부에 공유하는 유대감을 발견하게 되고 또 모두가 한 형제라는 사실을 눈으로 확인하게 된다는 교훈이었다. 예를 들어 우리의 지구 반대편 남반구 아프리카의 마다가스카르 사람은 우리처럼 세끼 밥을 먹는다. 또한 놀랍게도 식후에는 우리처럼 숭늉을 마신다. 이 사실은 나에게는 하나의 신선한 발견이었다.

두 달 동안 여행 중에 길게 자란 머리를 자르려고 타나 호스텔 직원에게 이발소가 어디 있느냐고 물었더니 근처에 있다며 위치를 알려주었다. 옛날 한국의 재래식 이발관처럼 생겼는데 미용실과 이발관을 겸하고 있었다. 커트하는 데 얼마냐고 했더니 1,500아리아리한국 돈 800원라고 한다. 한국에서는 적어도 1만 원은 주어야 하는 커트를 1,000원 미만에 할 수 있다니 이곳 물가가 진짜로 싼 것 같다.

이발사에게 이렇게 잘라달라고 손짓 발짓으로 주문하는데 눈치가 9단이다. 그런데 솜씨는 10단이 넘는 완전한 프로의 경지이다. 가난한 나라의 이발사들은 자신의 직업에 대해 대단한 긍지를 갖고 있다는 것을 체험했다. 예술가가 하나의 작품을 만들듯 정성을 다하여 손님의 머리를 깎는 것을 보면서 나는 60년대 한국의 한 이발관에 앉아 있는

중부지방의 흙벽돌로 지은 2층의 농가들

도로변의 키오스크- 닭튀김을 파는 여인들

것 같은 착각에 빠졌다. 아쉽게도 이 같은 장인 정신들이 하나씩 잊혀지는 추억 속의 노스탤지어처럼 사라지는 것에 서글픈 생각이 든다.

타나에서 안치라베를 향해 남쪽으로 가는 도로 풍경은 토마시나를 향해 동쪽으로 갈 때와는 사뭇 달랐다. 계단식 논들이 많이 보이고 흙벽돌로 지은 특이한 2층 농가들이 눈에 뜨인다. 산야는 더 헐벗어 보이고 침식된 황토색 산들은 동부의 밀림지대와는 사뭇 대조적이다. 이들의 가옥들 역시 메리나족의 나무와 대나무로 엮어 지은 촌가와는 완전히 다른 형태이다.

1시간 반 정도 간 후에 승객들이 화장실에 가고 간식도 살 수 있도록 택시 브루스가 정차했다. 한국으로 치면 고속도로 휴게소인 셈이다. 차가 멈추니 닭의 여러 부위를 튀겨서 쟁반에 수북이 담아 나온 아주머니들이 몰려온다. 닭발, 목, 머리, 다리 할 것 없이 모두 한 쟁반 위에 쌓여 있다. 이곳 사람들도 우리처럼 닭고기를 무척 좋아한다. 가판대에 한국식 막국수 비슷한 것이 보여서 손으로 가리켰더니 아주머니가 막국수에 삶은 달걀 하나 넣고 뜨거운 국물을 부어 주는데 매콤한 소스를 첨가해서 넣으니 제법 먹을 만하다. 1,000아리아리를 주고 나오는데 가판대 아주머니가 뒤쫓아 와서 잔돈을 거슬러준다. 단돈 250원에 먹은 막국수의 맛도, 쫓아와서까지 잔돈을 돌려주는 이곳의 인심도 훌륭하였다.

타나에서 5시간가량 걸리는 안치라베에 도착하니 이곳에서 선교사로 일하는 영국인 메이 존스 양이 잭 올리버의 연락을 받고 정류장까지 마중 나와 나를 반겨주었다. 존스 양은 60세가 넘은 전형적인 영국 숙녀인데 이곳에서 30년 이상 선교사로 일하고 있다. 메이는 안치라베에 왔으니 이곳의 유명한 푸스푸스를 타고 내가 묵을 숙소까지 가자고 했다.

안치라베는 토마시나의 자전거 푸스푸스와 달리 사람이 끄는 인력거 푸스푸스로 유명하다. 안치라베도 토마시나처럼 인력거 푸스푸스의 원조 세계 수도라는 대단한 자존심을 갖고 있다. 정류장이나 거리에는 푸스푸스들이 줄을 서 있고 영감님부터 10대 청소년들까지 서로 손님을 태우기 위해 경쟁이 치열하다. 안치라베에 있는 동안 누구의 인력거를 타야 할지 딜레마에 빠질 때가 한두 번이 아니었다. 나는 아직도 어느 것이 정답인지 모르겠다.

노인이 끄는 인력거는 젊은이가 끄는 것보다 속도가 느릴 뿐만 아니라 바로 앞에서 노인이 힘들게 뛰는 것을 보아야 한다. 모른 체하고 젊은이의 인력거를 탈 수도 있다. 그러나 오죽하면 노령의 몸으로 500원을 벌기 위해 인력거를 끌고 뛰어야 할까? 젊은이가 끄는 인력거라면 느끼지 않아도 될 바늘방석에 앉아 갈등을 겪게 된다.

안치라베는 1872년 노르웨이 선교사 로사아스가 설립한 도시이다. 고산지대에 세운 도시라 기온이 시원하고 가까운 근처에 온천이 있다.

안치라베의 푸스푸스 인력거를 타고 메이를 따르다

나이테가 없는 유명한 바오밥 나무

타나에서 유일하게 기차 철도가 연결된 종착역인데 지금은 객차는 다니지 않고 화물차만 다닌다. 바오밥 나무가 있는 모론다바를 가기 위해서는 이곳을 거쳐서 서쪽으로 10시간 정도 택시 브루스를 타야 한다. 마다가스카르의 유명한 바오밥 나무를 보러 가기에는 시간이 촉박하여 모론다바를 가는 것은 포기하였다. 그러나 며칠 후 남아프리카와 짐바브웨에서 바오밥 나무를 볼 수 있었다. 수천 년의 수령을 지닌 신비의 나무는 나이테가 없고 뿌리가 하늘 쪽을 향했다고 하여 꺼꾸리 나무 혹은 원숭이 빵나무라고 한다.

해적들의 섬 일 생트 마리

일 생트 마리는 옛날 해적의 소굴이었다는 전설의 섬이다. 기다란 막대기처럼 보이는 작고 가느다란 섬은 수많은 전설을 간직하고 있는 로맨틱한 열대의 낙원이다. 그중 하나가 라트시밀라호와 왕의 베티 공주가 풍랑에 좌초된 프랑스인 라비고네와 사랑에 빠진 이야기가 있다. 베티 공주는 라비고네와 결혼하기 위하여 프랑스가 이 섬나라를 지배하기를 자청하였다고 한다. 마치 호동왕자와 사랑에 빠진 낙랑공주의 이야기와 비슷하지 않은가?

그러나 이 섬의 전설 가운데 가장 매혹적인 이야기는 영국의 해적 토마스 화이트가 마다가스카르 동부 해안의 공주와 결혼하였고 이 섬을 결혼 선물로 받게 되었다는 것이다. 그들이 낳은 아들 라트시밀라호가 혼혈왕국 자난마라타 왕조를 세우고 인근 부족을 통합하여 새로운 종족 베티미사라카를 이루었는데 이들은 마다가스카르에서 메리나족 다음으로 큰 종족이다.

이 섬은 지리적 위치 때문에 17~18세기에는 유명한 인도양 해적들의 본거지가 되었는데 이곳은 동인도에서 돌아오는 상선들의 해양루트 선상에 있어서 윌리엄 키드, 로버트 클리포드, 올리비에 레바 그리고 토마스 대고 등의 유명한 해적들이 일 생트 마리 항구의 암보디폰타트라 만을 그들의 근거지로 활용하였다고 한다. 그리고 당시의 유명한 영국 출신 해적들 가운데 윌리엄 키드의 어드벤처 갤리와 크리스토퍼 콘덴트가 당시 네덜란드 군함을 나포하여 화룡火龍, 파이어리 드래곤이라 이름 바꾼 해적선의 잔재들을 '해적의 만'에 가면 볼 수 있다. 그 외에도 해적들의 왕국이었다는 증거를 암보디폰타트라의 남쪽에

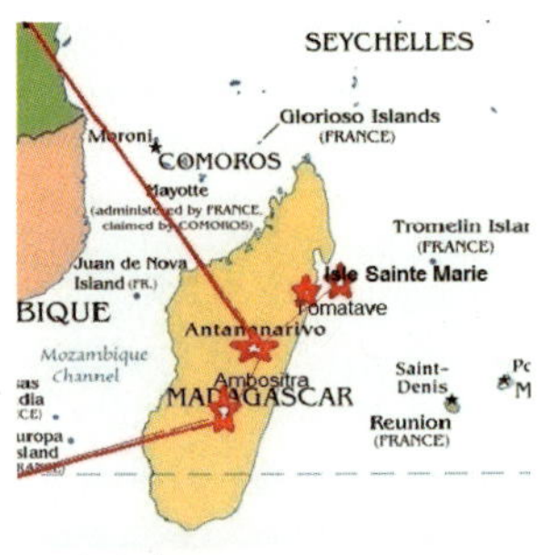

일 생트 마리 섬

해적들의 묘지

있는 해적 묘지에서 찾을 수 있는데, 이 섬이 한때 해적 공화국의 이상향이었다는 동화와 같은 이야기가 전설로 남아 있다.

토마시나에서 아침 6시에 출발한 캡 생트 마리 셔틀버스로 북쪽으로 4 시간을 더 올라가자 '시에라 이봉고'라는 쾌속정을 탈 수 있는 아담한 항구가 나왔다. 시에라 이봉고는 토마시나에서 북쪽으로 가는 포장도로가 끝나는 마지막 지점이다. 이곳까지 오는 길은 포장도로였으나 군데군데 장맛비로 패여서 버스는 자주 속도를 줄여야 했다. 그러나 오른쪽으로 펼쳐지는 오염되지 않은 긴 해안선에는 야자수가 즐비하게 서 있고 새하얀 모래사장과 수림 위에 걸린 무지개가 어우러져 환상의 풍치를 자아낸다. 이곳이 선진국이었다면 아마도 벌써 휴양지

토마시나에서 짐을 싣고 떠나는 버스

로 개발되어 황금의 해안이 되어 있을 텐데…. 그러나 나는 사람이 찾지 않은 한적한 해안선 자연 그대로가 더 좋다. 오는 중간에 두어 번 폭우가 쏟아져 혹시 출항이 어려울까 생각했는데 시에라 이봉고에 도착할 때쯤에는 날씨가 화창하게 개었다.

일 생트 마리는 마다가스카르 본섬에서 5시간 떨어진 뱃길인데 시에라 이봉고에서 쾌속정을 타면 3시간 안에 도착할 수 있는 거리다. 하지만 마다가스카르 본섬에서 그곳까지 가는 바닷길은 장난이 아니다. 생트 마리 해협은 파도가 심할 뿐 아니라 전에도 꽤 많은 해상사고가 났던 곳으로 시에라 이봉고 북쪽의 마로안체트라 포구에는 2년 전 20명의 승객과 함께 전복된 생트 마리 페리의 선체가 이양된 채 아직도

시에라 이봉고의 모자 쓴 여인들이 장을 보러왔다

그대로 있다고 한다. 그럴지라도 하루에 두 번씩 쾌속정이 그 섬에 다닌다고 하니 이곳 사람들은 '인명은 재천'이라고 생각하는 모양이다.

나는 운명론자는 아니지만 택시 브루스로 타나까지 돌아가서 항공편으로 12시간 걸려 생트 마리로 가기보다는 이곳에서 3시간 동안 눈을 딱 감고 쾌속정으로 바다를 건너기로 작정했다. 배를 타기 전에는 이곳 경찰 파견분소에 가서 출항신고를 해야 하는데, 여권 검사하는 주재원이 한국사람을 처음 보는지 생트 마리에 가는 목적과 얼마 동안 그곳에 머무를지 등 꼬치꼬치 캐물으며 생트집을 잡는다.

시에라 이봉고에서 우리를 태운 쾌속정은 미친 말처럼 파도를 타고 넘어 동쪽을 향해 질주해 갔다. 파고가 어찌나 심한지 우리가 탄 20인승 페리가 요동치는 것이 마치 폭풍에 흔들리는 가랑잎 신세 같았다. 운이 좋은 날에는 곱사등 고래 떼가 이동하는 것을 볼 수 있다고 들었는데 오늘은 그 녀석들도 외출이 금지되었는지 한 마리도 보이지 않는다. 배를 탄 지 조금 지나자 고래 구경은커녕 어떻게 하면 뱃멀미를 하지 않고 세 시간을 버틸까 하는 생각으로 다급해졌다.

녹초가 되어 보드에서 내리니 영어를 조금 할 줄 아는 부르노라는 청년이 다가와 숙소를 정했느냐고 묻는다. 북쪽 모로만디아의 방갈로 여관 사진이 든 설명서를 들고 계속 따라다니며 친절하게 암보디포타트라의 중심지 안내를 해준다. 슈퍼마켓의 위치, 인터넷 카페, 항공사 사무실 그리고 점심을 위한 저렴한 맛집까지 소개해 준다. 이 정도면 부르노의 세일즈맨십에 넘어가지 않을 수 없다. 나는 딱히 다른 숙소를 예약하고 온 것도 아니고 또 비수기라 택시비는 주인이 내준다고 하여 부르노를 따라 모로만디아 방갈로 여관으로 가기로 하였다.

암보디포타트라에서 수요일 타나로 돌아갈 항공권의 예약을 확인하기 위해 마다가스카르 항공 사무실에 갔다가 놀라고 말았다. 항공사 사무실은 닫혀 있고 경비가 하는 말이 12시부터 2시 반까지는 점심시간이라 2시 반에 다시 오라는 것이다. 앞으로 1시간 반을 어디서 기다려야 하나? 몇 시에 퇴근하느냐고 물으니 5시가 되면 사무실이 문을 닫으니 그 전에 오라고 한다. 나는 이 가난한 나라에서 그들이 일하는 시간은 얼마나 되는지 또 그렇게 일을 하고도 월급은 다 챙겨가는지 몹시 궁금하였다. 아마도 이것은 프랑스가 남긴 식민지 시절의 유물이 아닐까? 2시 반에 항공사 사무실에 돌아가 내 예약을 확인하니 역시나 예약이 되어 있지 않았다. 마다가스카르 항공도 국내선은 인터넷이나 신용카드로는 결재할 수 없어 현장에서 현금으로 표를 사야 한다. 이건 에티오피아 항공처럼 완전한 '메이비 에어라인' 후보자 감이다.

방갈로 촌의 이웃들이 돌절구를 찧고 있다

기다리는 동안 점심이나 먹어두자 하고 부르노가 소개한 맛집에 가서 건너편 테이블의 한 유럽인 커플에게 이곳 음식이 어떠냐고 물었다. 프랑스에서 휴가차 왔다는 그들의 말로는 이 집은 가격도 싸고 맛이 좋아 자기들도 자주 온다고 한다. 생트 마리를 찾는 대부분의 유럽인은 프랑스인이다.

19세기에 70년간 프랑스의 식민지였고 아직도 프랑스어를 공용어로 쓰는 이 섬이 프랑스인에게는 자기 나라처럼 편할 것이다. 부르노가 남루한 모습으로 거리를 활보하는 한 유럽인을 가리키더니 프랑스인 히피라고 한다. 가격 싸고 기후가 좋은 이곳은 프랑스 히피들의 천국이라 부를 만하다.

항공사 사무실이 문을 열 때까지 이메일이나 보려고 인터넷 카페에 들렀는데 접속속도가 너무 느리다. 혹 인터넷 장애가 아닌가 싶어 리셉션 아가씨에게 물어보니 영어를 전혀 못 알아듣는다. 내 바로 옆에 휴가차 왔다는 한 젊은 이스라엘 군인이 이곳 인터넷 속도는 그 정도밖에 안 된다고 통역해준다. 하긴 원시림에 가까운 작은 섬에서 광케이블의 인터넷 속도를 기대한 내가 어리석지….

모로만디아는 시내에서 택시로 30분 정도 떨어진 거리라 교통은 불편하지만 바닷가에 아담하고 깨끗한 방갈로 몇 채만이 서 있는 조용한 곳이라 마음에 들었다. 일 생트 마리는 암보디포타트라 중심지를 제외하곤 야자수와 대나무를 엮어 만든 오두막들이 대부분이다. 호젓한 포구와 야자수와 바위가 조화를 이루고 아담한 방갈로들이 드문드문 보이는데 성수기가 아니라 손님들도 거의 보이지 않는다.

방갈로 촌에 찾아온 손님은 물론 나 혼자이다. 원래 생각은 하룻밤만 자고 공항이 가까운 남쪽으로 가려고 생각했는데 작고 아름다운 바윗돌의 포구와 방갈로가 맘에 들어서 그냥 이틀을 이곳에서 계속 머물기로 하였다. 혹시 비행기 표를 연장할 수 있다면 하루 더 있다가 가고 싶을 만큼 매혹적인 곳이다.

순박한 마을 사람들 그리고 아이들의 노는 소리가 평화롭다. 단지 불편한 것이 있다면 교통편이다. 하긴 교통이 좋았다면 이 아름다운 자연의 경관이 그대로 유지될 수 없었겠지. 인간은 문명의 세계와 멀리 떨어져 있을수록 천연의 아름다움을 제대로 볼 수 있는 시력을 회복하는 것 같다. 마을 어부가 피로구를 타고 잡아온 싱싱한 생선으로 저녁을 지어준다. 파도소리를 들으며 내일의 행선지를 어디로 잡을지 생각해 본다. 우림 속으로 가볼까? 아니면 섬 북쪽 해변 길을 따라 끝까지 올라가 볼까? 석양빛이 저무는 해협 건너에는 저 멀리 마다가스

피로구 해안의 돌섬

카르 본섬의 실루엣이 아련하게 보인다. 고기를 잡는 피로구 쪽배의 어부 하나가 노를 젓고 있는 모습은 한 폭의 명화이다. 저물어가는 저녁노을이 마지막 황혼을 수평선 아래로 잠기며 어둠이 다가온다.

아, 내가 보고 싶어 하던 낙원의 참모습, 여기 숨어 있었구나!

2010년 9월 14일 화요일 아침, 새벽을 깨우는 시끄러운 파도소리가 낙원에서의 단잠을 설치게 한다. 어제 새벽부터 시작했던 긴 하루였기에 8시 전에 잠을 청했으나 새벽 2시에 잠이 깼다. 외로운 바닷가의 바위섬을 치는 파도소리를 들으며 가져온 책을 모기장 안에서 읽다가 다시 잠을 청해 한숨 자고 일어났는데 아직 5시다.

늦은 아침을 먹고 오토바이를 빌려서 섬의 가장 북쪽 해안인 암보디아파나까지 가는데 2시간이 더 걸린 것 같다. 울퉁불퉁한 비포장 산길을 가려니 도무지 엉덩이가 배겨날 것 같지 않다. 이곳은 사륜구동 지프나 모터바이크만이 간신히 지나갈 수 있는 울퉁불퉁한 굴곡이 심한 산길이다.

세월의 증인처럼 녹슨 등대가 외롭게 서 있다

암보디아파나 근처에는 지금은 사용치 않는 19세기의 녹슨 등대가 지난 세월을 얘기하듯 외롭게 서 있다. 일 생트 마리 북쪽 끝에 있는 이 해변은 낙원이라는 표현이 결코 과장이 아님을 말해 준다. 비취옥

이곳 아이들은 가난하지만 행복해 보인다

의 파도가 암초에 부딪히며 하얀 거품을 품어대고 야자수의 머리칼이 해풍에 휘날리며 춤을 추는 모습, 쉬지 않고 밀려오는 짙푸른 물결이 하얀 모래사장을 쓸어와 맨발의 발바닥을 간지럽힌다. 세속의 때가 묻지 않은 마을 아이들의 천진난만한 미소… 아, 단 며칠만이라도 세상사 모든 것을 잊고 이곳에서 살고 싶다. 하루 더 머무를까? 사랑에 빠진 나그네의 고민이로다.

마을 주민과 아이들은 아프리카 반투족의 피가 더 섞였는지 피부색이 훨씬 까맣다. 마을을 지날 때 손을 흔들고 웃어주면 보통 '봉주르' 하고 반응이 온다. 역시 프랑스 식민지였던 곳이라 외국인을 보면 프랑스어로 인사를 한다.

일 생트 마리 북쪽은 학교도 없는 벽지인데 아이들은 드문드문 찾아오는 외지인들을 신기한 듯 쳐다본다. 한쪽에는 산비탈을 태워 바나나 밭을 일구고 골짜기 사이에 한두 뼘짜리 자투리 논을 일궈 벼농사를 짓고 있는 여인네들…, 해변 바위 사이에서 장난감 활과 화살로 물고기 사냥을 하는 낙원의 철부지들….

낙원에 사는 이들은 가난하지만 불행해 보이지는 않는다. 다시 섬 북서쪽에 있는 코코테라리 로버트라는 방갈로 호텔 쪽으로 가다가 닭과 오리 중간인 토종의 새를 보았다. 몸통은 분명히 오리인데 부리는 꼭 닭처럼 생겼고 부리 위에는 빨간 무늬가 꼭 수탉의 볏같이 생긴 것이 참 신기하다. 장터 같은 마을들을 지나 한참 올라가니 섬 제일 북서쪽에 있는 방갈로 촌이 나온다. 코코테라리 로버트는 아름다운 해변을 끼고 있는 방갈로 호텔인데 비수기라 그런지 역시 손님이 하나도 보이지 않는다.

고즈넉하지만 환상적인 해변 길을 한참 걷다가 나오니 음료수라도 마시고 가란다. 커피 한 잔을 시켜놓고 지금까지 내가 본 가장 아름다운 해변에 혼이 빠져 있는데 주인장은 이 그림 같은 해변에 1년에 한두

이건 분명히 닭이다

그런데 이것은 무엇이지? 오리인가? 닭인가?

암보디아파나의 해변

차례씩 사이클론이 지나가는데 그러고 나면 폐허처럼 변한다고 한다. 낙원의 풍광 속에도 자연이 가져오는 재앙의 빛과 그림자는 예외가 아닌가 보다. 그 때문에 이곳을 찾는 관광객의 발길이 잦지 않아 비교적 오염되지 않은 자연의 모습이 그대로 유지되고 있는 것 같다.

모로만디아로 돌아오는 길에는 텅 빈 마을 장터에 대나무와 야자수 잎으로 엮은 초가들이 둘러 있고 원주민 아낙과 아이들이 빈 동네를 지키고 있다. 장이 서는 날에나 사람들이 모이는지 가판대 문이 모두 닫혀 있다. 현대 문명과 멀리 떨어져 사는 섬사람은 몇백 년 동안 그들 조상의 삶에서 별로 달라진 것이 없어 보인다. 극동에서 온 피부색이

다른 이방인이 잠시 그들의 호기심을 끌 뿐, 전기도 TV도 컴퓨터도 휴대전화 없이도 그들은 평화로운 삶을 이어가고 있다.

2010년 9월 15일 수요일 아침, 흥분으로 잠 못 이룬 낙원에서의 첫날밤, 그리고 온종일 북쪽 해안의 험로를 다녀온 전날의 피로 탓인지 새벽의 파도소리도 깊이 잠든 나를 깨우지 못한 것 같다. 어느덧 작은 낙원과 작별을 고할 시간이 됐다. 파티오에 앉아 아침을 먹으며 얼굴에 스치는 바람을 즐기고 있는데 눈앞에 새벽 고기잡이 피로구의 어부들이 평화롭게만 보인다. 갑자기 방갈로 근처에서 아이들의 함성이 들려 무슨 일인가? 하고 둘러보니 해협으로 지나는 고래 떼를 보고 아이들이 지르는 함성이다. 수평선 멀리서 혹등고래들이 잠깐 잠깐씩 꼬리와 등을 보이고 물을 뿜어대며 이동하는 것이 보인다. 고래 이동 기간이 지났다 하여 포기했는데 이건 뜻밖의 보너스다. 잠시 후 또다시 아이들의 함성이 들린다.

부리나케 카메라를 가져와 수평선을 살피나 망원렌즈가 아니라 잘 찍히지 않는다. 그러나 하얀 물결을 뿜으며 꼬리를 높이 쳐든 모습이 분명히 혹등고래다. 이 녀석들은 지금 남극해로 가는 중인가? 올해 말쯤 남극에 가면 이 녀석들을 다시 볼 수 있을까?

배낭을 꾸려 아침 8시쯤에 방갈로 앞으로 나가 마침 지나는 차를 보고 손을 들었더니 차를 세운다. 근처 마을 유지로 유치원에 다니는 어린 아들을 태워다 주기 위해 암보디포타트라에 간다고 한다. 반 시간도 되기 전에 차를 얻어 탔으니 억세게 운이 좋은 편이다. 읍내에 도착하자마자 차 주인에게 고맙다고 사례를 하고 마침 기다리고 있는 공항 가는 택시 브루스로 옮겨 탔다. 섬 제일 남쪽 끝에 있는 공항까지 얼마

창밖으로 매달려 가는 조수와 손잡이도 없이 낡아빠진 택시 브루스의 문짝

나 걸릴지 몰라 일단 고물 택시 브루스에 올랐다.

타고 나서 자세히 살펴보니 폐차장에 있어야 할 차가 굴러가는 게 신기할 따름이었다. 얼마나 낡았는지 손잡이도 없고 문도 제대로 닫히지 않았다. 고갯길을 넘어갈 때는 숨을 컥컥 대는 것이 금방이라도 서 버릴 것만 같았다. 그래도 사람들이 가득 차야 떠나고 이미 만원인데도 가는 길에 사람이 보이면 또 태운다. 계속 사람을 태우다 보니 차장과 조수 둘 다 결국 문밖에 매달려 가야 했다.

재미있는 것은 택시 브루스의 차장이 지나가는 길목에 있는 집에서 주문받은 생선이나 채소꾸러미를 사다가 비닐봉지 째 배달도 해주고, 정류장 앞 가게에서 부탁한 쌀자루도 지붕 위에 싣고 와서 차가 정차하는 동안 머리에 이고 배달도 해준다. 이같이 정겨운 광경을 보고 있으니 그들의 따스함이 내게 고스란히 전해 온다. 이것이 바로 가난하고 소박한 사람들이 도우며 살아가는 적나라한 삶의 일면이고 이곳 사람들이 사는 상생의 지혜가 아닐까?

차에서 내려 공항에 들어가니 11시 30분까지 체크인을 할 수 없다고 하여 왔던 길을 돌아서 터벅터벅 걷는데 건너편에 있는 마다가스카르

기묘하게 생긴 나무 옆의 파마디하나 가족묘

제부라는 마다가스카르의 혹등소

의 혹등소 제부가 물끄러미 나를 쳐다본다. 그 옆에는 마다가스카르 파마디하나의 가족묘도 보인다.

한참 걷다 보니 차를 타고 오다 얼핏 본 호텔 프린세스 보라가 보였다. 이곳은 긴 백사장을 낀 고급 방갈로 호텔로 공항에서 가깝다. 좀 구경해도 되겠느냐고 하니 흔쾌히 승낙한다. 우표와 그림엽서 몇 장을 사서 해변으로 나가 야자수 아래 등산화를 벗고 아이팟을 귀에 꽂고 눈을 감으니 천국이 따로 없다.

귀에 꽂은 아이팟에서는 마침 클리프 리처드의 감미로운 '비전Visions'이 울려온다.

푸른 연기의 그늘 속에 보이는 당신의 환영들Visons,
서서히 흐트러져 사라지는 나의 사랑,
시간이 흐를수록 당신이 그리워지는데,
그대의 매혹스러운 눈동자에 나의 감각은 비틀거리며
온 밤을 지새우네!

우리는 언제나 다시 만나게 될까요? 언제? 언제?
우리는 언제 다시 보게 될까요? 언제? 언제?
나는 기억한다오.
그대와 함께한 날들을, 아름다운 그날들을, 보인 듯하오,
부드러웠고 빛났던 나의 온 삶의 시작과 종말이
그대와 함께였음이….

1시간 반가량 시원한 바람과 햇살과 그림 같은 바다 풍경을 즐기며 아내와 친구 몇에게 그림엽서를 썼다.

'지금 나는 아프리카 오디세이의 중간지점에 와 있다. 그리고 낙원에 가까이 와 있는 것 같다!'

말라가시 라요카 닭볶음

11시 반에 공항으로 돌아가 큰 배낭을 부치고 카메라와 노트북만 챙겨 가지고 좀 전에 지나쳤던 허름한 식당에 들어가 혹시 점심이 되느냐 물어보았다. 비수기에 찾아온 손님이라 그런지 대환영이다. 메뉴에 보이는 매운 마다가스카르의 닭 볶음요리를 손가락으로 가리키니 잠시 후 '꼬꼬댁' 소리가 나더니 곧바로 툭탁툭탁 소리가 난다. 얼마 후 쌀밥에 이곳의 별미 닭볶음 라요카가 나와 시원한 맥주를 곁들여 먹고 나니 가슴이 뿌듯하고 행복감으로 충만하다.

'아, 이것이 진정 후반생을 걷는 나그네의 행복인가?'

아, 정들었던 아름다운 열대 낙원, 해적의 섬, 전설의 고향 일 생트

마리와도 이제 작별이로구나!

열흘간의 마다가스카르 여행을 통해 60년 전으로 시계를 돌려놓은 한국의 옛 모습을 보았다. 우리는 가끔 과거라는 거울에 비친 자신의 모습을 볼 때가 있다. 나는 60년 전 가난했던 한국의 모습을 어두운 창 밖에 서서 불 켜진 유리창 안을 들여다보듯 이 나라에서 보았다. 경제적으로 가난한 것을 빼고는 문화적인 측면에서도 우리와 닮은꼴이 많은…. 그들은 하루 세끼로 밥을 먹고 우리처럼 숭늉을 마시고 오랜 전통 속에 지켜온 경로사상과 조상숭배 장례문화가 있다. 그리고 노래와 춤을 좋아하는 낙천적인 사람들이다.

헐벗은 산야와 가난한 주거 환경 속에 사는 그들을 보고 있으면 어려웠던 우리의 어린 시절을 떠올리게 된다. 이들은 우수한 자연환경과 천연자원을 가지고 있음에도 영세한 농업이 그들 산업의 전부이다. 마다가스카르에 매장된 대부분 지하자원도 외국 기업에 의해 개발되고 있다. 그들의 발목을 잡고 있는 발전의 저해요소는 불안한 정치 상황인 것 같다. 얼마 전 민주적인 방법으로 대통령에 선출된 마크 라바로마나나는 쿠데타에 의해 축출당하고 전직 디스크자키인 엔드리 로졸리나라는 37세의 젊은 친구가 2009년 3월 군부의 지원을 받아 행정부의 수반이 되었다고 한다.

마다가스카르에 사는 한 친구가 전쟁의 폐허 속에서 한국이 그토록 잘살게 된 비결이 무엇이냐고 물어왔다. 나는 한국의 발전에는 비결이 아닌 두 가지 행운이 있었던 것 같은데 첫째는 위기에 강한 한국인의 국민성과 세계 최고의 교육열이고, 둘째는 반드시 부강한 나라를 만들겠다는 분명한 목적과 리더십이 있는 강력한 지도자가 있었기 때문이라고 말해주었다. 그리고 아름다운 이 나라도 언젠가는 한국만큼 잘 사는 나라가 될 것이라고 말해 주었다. 고생대의 생물이 살아 숨 쉬는 수림 속을 거닐 수 있고 아직 인간의 때가 묻지 않은 수많은 해안선에는 해적들의 전설이 보물처럼 숨겨져 있는 마다가스카르의 매력에 푹 빠지게 되었다는 고백도 곁들였다.

마다가스카르, 미처 밟아보지 못한 수많은 가장자리에 낙원의 풍광이 숨어 있는 신비롭고 아름다운 섬나라!

그리고 나는 오늘도 내 두 다리로 후반생의 순례길을 걸을 수 있는 자유와 건강을 감사하고 있다. 그동안 나를 친동생처럼 챙겨준 잭 올리버의 전송을 받으며 2010년 9월 17일 남부 아프리카를 향해 요하네스버그행 항공기에 올랐다.

미사오트라, 벨로마 감사합니다, 안녕 마다가스카르!

남부 아프리카

(남아프리카, 짐바브웨, 잠비아, 나미비아)

흑백의 불편한 진실 속에 보는 무지개의 나라들

마다가스카르를 떠나서 다시 아프리카 대륙의 남단을 돌아보기 위해 요하네스버그로 왔다. 남부 아프리카는 선사 이전의 유인원인 오스트랄로피테쿠스의 유골이 발견된 곳이기도 하다. 그러나 현대 인간들이 남부 아프리카에 이주한 것은 10만 년 전으로 추정하는데 유럽과의 접촉 이전에 살았던 이 지역의 지배적인 원주민들은 아프리카의 다른 곳에서 약 1,000년 전에 이주하여 온 반투어를 쓰는 사람들이었다. 그 가운데 주요 역사적 기록에 남은 두 종족은 코사Xhosa족과 줄루Zulu족이다.

아프리카 최남단에 있는 남아프리카공화국은 서쪽으로 대서양과 동쪽으로 인도양 사이에 2,798km의 해안선을 가진 아프리카의 선진국이다. 서북쪽으로 나미비아, 북쪽으로 보츠와나와 짐바브웨, 동쪽으로 모잠비크와 국경을 접하고 있고 스와질란드와 레소토는 남아프리카공화국 영토 안에 있는 작은 나라들이다.

남아프리카는 1488년 포르투갈의 탐험가 바르톨로뮤 디아스에 의해 처음 발견되었다. 그는 아프리카 남부를 도는 첫 항해 중 폭풍 때문에 케이프 오브 굿 호프희망봉를 보지 못하고 지나쳤으나 아프리카 동부 인도양 변의 구룻 리버까지 접근하고 1488년 돌아오는 길에 이곳을 '폭풍의 케이프'로 명명하였다. 그러나 포르투갈 왕 존 2세가 희망봉Cape of Good Hope이란 이름으로 다시 명명하였다. 희망봉은 에티오피아에서 시작한 아프리카 대륙 순회의 분기점으로 정한 곳이기도 하다.

현재 남아프리카의 인구는 80%가 흑인이고 아프리카너스Afrikaners라고 부르는 백인이 9.2% 그리고 유색인Colored이 9% 나머지가 아시아인이다. 케이프타운 지역은 1652년부터 네덜란드인에 의해 식민지로 개발되었는데 인도네시아와 마다가스카르 그리고 인도 등지에서 노예를 들여와 이곳에 식민지 정착을 시작하게 되었다.

내가 남아프리카의 수도 요하네스버그에 도착한 시점은 월드컵이 막 끝나서 아직 월드컵 열기가 남아 있는 시점이었다. 그동안 아프리카의 가난한 제3세계 나라들만을 다녀온 직후라 하늘에서 내려다본 시원하게 뚫린 고속도로망과 요하네스버그 공항의 시설들에서 이곳이 구미와 똑같은 선진국임을 여실히 느낄 수 있었다.

요하네스버그 공항에서 현금인출기 사기를 당하다

그동안 제3세계 국가에서도 아무 탈 없이 다녔는데 요하네스버그 공항에서 어처구니없이 금융사기를 당했다.

항공기에서 내리자마자 현금을 찾기 위해 현금인출기ATM 앞으로 갔다. 이곳의 화폐인 란드Rand를 찾기 위해 비밀번호를 두 번 입력하였으나 웬일인지 현금이 나오지 않았다. 그러자 옆에서 현금인출기를 사용하던 한 흑인이 다가와 친절하게 도와주는 척하며 내 카드를 ATM에서 뺀 후 다시 집어넣은 후 비밀번호를 다시 입력해 보라고 했다. 비밀번호를 입력하고 100불가량의 란드를 찾았다. 그런데 그 사람은 그 짧은 순간에 내 카드를 복사하였고 비밀번호까지 알아버린 모양이다. 9개월 동안 무사고에 방심하다 완전히 한 방 먹은 셈이다.

사기를 당한 줄도 모르고 이틀이 지난 후 다시 현금을 인출하려다 계좌에 지불 정지가 걸려 있는 것을 알았다. 거래은행에 조회한 결과 누군가가 계속하여 현금인출하는 것을 수상하게 여겨 출금 중지를 시켰다는 것이다. 총 440달러를 불법 인출당하는 것으로 그 이상의 피해는 막을 수 있었다.

한국에서 보이스피싱 등 전화금융 사기로 피해를 본 사람들이 적지 않다고 들었는데 내가 외국 땅에서 어이없이 금융사기 피해자가 될 줄은 꿈에도 상상하지 못했다. 이곳에는 나이지리아에서 온 금융 사기꾼이 많다는데 마침 배낭을 메고 ATM 앞에서 현금을 찾으려고 서 있는 나의 모습은 '나는 동양에서 온 순진한 여행자입니다'라고 광고했던 셈이었으니 그들의 좋은 표적이었을 것이다.

그러나 심각한 문제는 앞으로 내가 찾아가야 할 나라의 현찰을 더 이상 찾을 수 없게 됐다는 사실이다. 그 때문에 넉 달에 걸쳐 아프리카 대륙을 일주하려던 계획을 대폭 수정하지 않을 수 없게 되었다. 아쉽지만 2010년 8월 초 아프리카 동부에서 시작한 배낭여행을 중서부 아프리카는 건너뛴 채 남서부를 지나 이집트와 이스라엘을 거쳐 10월 중에 한국으로 귀국하는 것으로 계획을 바꿔야 했다. 내가 아무리 모험을 좋아한다고 해도 정치 상황이 불안한 서부 아프리카를 무전여행할 만큼 용감한 사람이 아니기 때문이다. 얼마 남지 않은 미국 달러와 언제 정지될지 모르는 신용카드 하나만으로도 이미 예정에 없던 모험이 시작된 셈이나 다름없었다.

다행히 보타 교수 부부가 요하네스버그 공항으로 마중 나와 주었다. 보타 부부는 2010년 5월 초 그들이 한국을 방문했을 당시 알게 된 친구들인데 남아공 수도인 프리토리아 국립 수의대 연구소 병리학 교수로 재직 중이다. 빌럼과 마다는 내가 남아프리카에 온다는 소식을 듣고 자연공원 안에 있는 그들의 집에서 주말을 보낼 수 있도록 초대해 주었다.

보타 교수 집에서 주말을 보내다

자연공원 내에 있는 집 정원에 몽구스가 찾아오다

남아프리카에 도착하자마자 풍요와 빈곤이 섞인 흑백 인종 문제의 심각성을 바로 피부로 느낄 수 있었다. 요하네스버그 공항에서 보타 부부가 사는 프리토리아 교외로 가는 동안 고속도로 주변에 수많은 판자촌이 보였는데 주로 남아공 내 저소득층과 주변국에서 불법 이주한 피난민들이 사는 곳이었다. 그들은 불법으로 아무 땅이나 점거한 채 임시 건물을 짓고 사는 소위 스쾃터스로 빈민층을 위한 정부지원을 받고 있다고 한다.

미국의 할렘 가처럼 주로 흑인들만 살고 소수의 상류층 백인들이 사는 지역은 철조망으로 격리된 고급 주택단지이며 정문에는 무장경비원이 24시간 방문객의 출입을 통제하고 있었다. 그러나 일반 중산층이 사는 구역은 점점 빈곤층 범죄자들의 타깃이 되는 위험지역이 되고 있다고 한다. 이곳에 도착하기 얼마 전 남미에서 일하는 한 친구의 나이 든 모친과 이모가 더반의 자기 집에 침입한 흑인 강도 총에 둘 다 목숨을 잃었다는 슬픈 소식을 듣기도 했었다.

외형적인 분위기는 월드컵을 성공적으로 마쳐 상당히 밝아 보였으나 지금 남아프리카공화국은 만델라 대통령 이래 민주주의 이름으로 흑인 정부에 의해 민주정치의 초보운전을 하고 있다. 극심한 빈부 차이에서 생기는 흑인들의 상대적 박탈감 때문에 자행되는 절도 및 살인 강도 등의 범죄 증가는 과거 인종차별정책이 빚어낸 인과응보만은 아닌 것 같다. 왜냐하면 범죄의 대상이 비단 백인뿐만 아니라 같은 흑인들 사이에 더욱더 심하다고 하니 말이다. 이와 같은 사회불안 때문에 적지 않은 부유한 백인들이 호주나 유럽 그리고 남미 지역으로 이주하려는 경향이 있다고 한다.

흑인 정권의 사회불안과 혼란 그리고 소수의 백인 정권 아래 경제적 번영과 정치적 안정, 어느 것이 더 바람직한 것일까? 아무 생각 없이 찾아온 이방인은 과연 무엇이 정답인지 혼란스러울 뿐이다. 그러나 이미 민주주의와 인권평등의 달콤한 맛을 본 대다수의 흑인 시민에게 과거로의 회귀는 불가능한 일이다. 교육을 통해 얻게 될 보다 높은 시민의식과 성숙한 민주주의에 의한 정치발전이라는 긴 시행착오의 성장통을 거쳐야 하는 것 외에는 다른 해결책이 없는 것 같다.

무지개 천국 빅토리아 폭포로

남아프리카의 최남단 케이프타운으로 가기 전에 빅토리아 폭포를 보려고 잠비아와 짐바브웨 접경지역에 있는 리빙스턴으로 떠났다. 그곳은 내가 어릴 적 존경했던 아프리카 오지 탐험가 리빙스턴 박사의 전설이 묻힌 곳이다.

2010년 9월 22일, 요하네스버그 공항까지 데려다 준 보타 부부와 작별하고 잠비아 리빙스턴 공항으로 가는 항공기에 올랐다. 빅토리아 폭포로 가기 위해서는 먼저 잠비아에 있는 리빙스턴 공항에서 내려 도보로 국경을 건너 짐바브웨 쪽으로 가야 한다. 물론 잠비아에서도 빅토리아 폭포를 볼 수 있으나 짐바브웨 쪽에서 보는 빅토리아 폭포가 훨씬 크고 아름답기 때문이다.

빅토리아 폭포를 찾아온 탐험가 리빙스턴 동상

총 너비 1.7km, 높이 108m인 오색 폭포의 원이름은 '천둥 치는 연기'라는 뜻의 모시 오아 투냐Mosi Oa Tunya였는데, 이곳을 처음 찾아온 스코틀랜드 탐험가 데이비드 리빙스턴David Livingstone, 1813~1873 박사가 영국 여왕 이름을 따서 빅토리아 폭포라고 명명하였다. 짐바브웨에서는 빅토리아 폭포가 공식 명칭이나 잠비아에서는 공식적으로 더 오래된 토착 이름인 모시 오아 투냐를 사용한다.

날아가던 천사도 잠시 황홀한 광경에 정신을 잃는다는 빅토리아 폭포. 아래는 아프리카의 명물 바오밥 나무

빅토리아 폭포는 내가 평생 보았던 어떤 아름다운 자연경관보다 뒤지지 않은 신비로운 절경이었다. 지금은 수위가 낮은 9월이지만 잠베지 강에서 우레같이 쏟아 내리는 폭포수가 뿜어대는 물보라의 장엄한 광경은 과연 신선들의 혼을 빼기에도 충분했다. 오후 햇살을 받은 일곱 빛깔 무지개가 폭포 위에서 연출하는 환상적인 광경을 과연 어떠한 말로 표현할 수 있을까? 자연이 연주하는 황홀한 오케스트라의 아름다움 그 자체라고 할 수 있겠다.

유럽인으로 이 폭포를 처음 목격한 리빙스턴은 당시 소감을 일기에 다음과 같이 적었다.

"영국에서는 누구도 결코 상상할 수도 또 목격할 수 없는 이 아름다움에 날아가던 천사들마저 환상적인 광경에 정신이 홀렸을 것이다."

나는 어렸을 적 탐험가이자 아프리카 오지의 선교사 데이비드 리빙스턴의 전기를 읽었다. 그리고 아프리카의 정글 속에서 의료 활동을 하였던 알베르트 슈바이처 박사Albert Schweitzer, 1875~1965와 같이 아프리카와 중국 오지에서 봉사하는 선교사의 삶을 동경한 적이 있었다. 그러한 어릴 적의 꿈을 어찌 다 유치하다고 할 수 있을까? 돌이켜 보면 그런 꿈들이 내가 한때 약 3년 가까운 시간을 신학에 심취하게 한 여러 동기 가운데 하나였는지 모르겠다. 결국 중간에 신학을 포기하고 공학도의 길을 걷게 되었지만….

데이비드 리빙스턴은 1845년부터 1873년까지 약 30년 동안 영국 선교회 소속으로 아프리카에서 의료 선교 활동을 하면서 유럽인 최초로 아프리카 오지를 탐험한 전설적인 인물이다. 그리고 1854~56년 사이에 서쪽 대서양 변의 루안다에서 잠베지 강의 하구 인도양의 켈리마네까지 중앙아프리카를 최초로 횡단한 탐험가이다.

수년 동안 행방불명이 된 그를 찾기 위해 〈뉴욕 헤럴드〉 지에서는 모턴 스탠리 기자를 아프리카에 보냈다. 스탠리는 그를 찾아 현재의 탄자니아 잔지바르에서 탕가니카 호수변의 우지지까지 탐사하던 중 마침내 리빙스턴을 만나게 된다.

"리빙스턴 박사님, 맞으시지요? Doctor Livingstone, I presume?"

그를 발견한 헨리 모턴 스탠리가 던졌다는 이 질문은 전 세계적으로 유명한 인용구의 전설이 되었다.

리빙스턴은 나일 강의 근원을 찾기 위해 오랜 탐사활동을 계속하였을 뿐 아니라 당시 성행하던 노예무역을 막기 위해서도 백방으로 노력하였다.

그가 뉴욕 헤럴드에 보낸 서신에는 '우지지 안 노예의 참상을 공개하는 것으로 아프리카 동해안에서 자행되는 노예무역을 막을 수만 있다면 그것은 나에게 나일 강의 근원을 찾는 것보다 더 중대한 일이다'

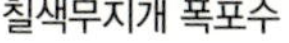

빅토리아 폭포 근처 바오밥 나무

라는 내용이 담겨 있었다.

리빙스턴은 비록 나일 강의 근원을 찾는 것은 실패하였으나 중앙아프리카 내륙에서 빅토리아 폭포 외에도 느가미 호수, 말라위 호수, 탕가니카 호수 등 많은 지리적 발견을 했을 뿐만 아니라 노예 무역 금지 운동가로서의 활동은 그 후 많은 유럽 탐험가와 선교사들에게 아프리카 내륙에 진출하도록 커다란 영감을 주었다.

리빙스턴이 아프리카에 남긴 유산은 막대한 것이었다. 수많은 지리적 발견뿐 아니라 아프리카의 실상을 유럽에 알리는 저서 활동을 통해 아프리카 내륙지역과 영국과의 소통에 지대한 공헌을 하였다. 그 후 50년 동안 그에게서 영감을 받은 슈바이처 박사와 같은 후계자들에 의해서 아프리카의 중남부지역에 의료봉사활동과 교육을 통하여 자연스럽게 유럽인의 평화적인 식민기지가 조성되었다. 또한 그의 영향으로 생겨난 선교학교에서 교육받은 아프리카의 학생들은 그의 사후 100년 동안 아프리카 중남부지역 국가들의 평화적인 독립운동 최전선에서 활동하게 되었다. 남아프리카공화국의 최초 흑인 대통령 넬슨 만델라 역시 이 선교학교 출신이었다.

1873년 5월, 리빙스턴은 말라리아와 이질에 의한 내출혈로 당시 짐바브웨 북서쪽 뱅귀울루 호수 근처 치탐보 추장의 마을에서 무릎을 꿇고 기도하는 자세로 운명했다. 영국 정부는 리빙스턴의 사후 그의 공헌에 걸맞은 장례를 치르기 위해 시신을 영국으로 옮겨가기를 원했다고 한다. 지역 부족들은 그의 시신을 영국으로 옮기는 것을 처음에는 반대하였으나 결국 영국 정부의 뜻을 수용하였다. 부족민들은 리빙스턴의 시신을 보내기 전 그의 몸에서 심장을 도려내고 그 안에 '당신들은 그의 몸을 가져갈 수 있으나 그의 심장은 아프리카에 속해 있다'라는 메모를 넣어두었다고 한다. 그가 아프리카에서 보냈던 생애가 얼마나 많은 아프리카 사람에게 깊은 영향을 끼쳤으며 또한 그들의 사랑을 받았던가를 보여주는 좋은 증거이다.

나는 160여 년 전에 리빙스턴이 최초로 거닐었을 빅토리아 폭포를 따라 걸으며 신이 인간에게 내린 황홀한 자연의 아름다움에 취하였다. 이 세계 최고의 폭포는 몇 주 전 에티오피아에서 보았던 황색의 블루나일 폭포와는 또 다른 느낌이었다. 나는 리빙스턴이 생전에 그토록 찾고 있었던 나일 강의 근원 블루나일을 에티오피아에서 보았고 이제 그가 맨 처음 찾아왔던 빅토리아 폭포를 찾아와 환상의 장관을 볼 수 있게 된 두 가지 행운을 얻은 셈이다.

다음 날 늦은 오후 석양이 지는 잠베지 강을 건너는 리버 크루즈 선상에서 유유히 흐르는 강물 사이를 유영하는 하마들과 강변을 거니는

케이프 포인트에서 본 희망봉

희망봉의 야생 타조가 모래를 먹는다

코끼리 모자를 보며 아직 오염되지 않은 아프리카의 밝은 모습을 보았다. 또한 1851~1853년 이 강을 찾아왔을 그리고 한 알의 밀알이 되어 땅에 떨어져 죽음으로 또 다른 수많은 리빙스턴을 아프리카에 심었던 그의 생애를 떠올렸다.

아프리카 대륙의 꼭짓점 케이프타운으로 가다

2010년 9월 24일 금요일, 남아프리카의 미항 케이프타운으로 가기 위해 짐바브웨에서 육로로 잠비아 국경을 건너 리빙스턴 공항으로 갔다. 프리토리아가 남아프리카의 행정부 수도이지만 국회의사당이 있는 케이프타운은 남아프리카공화국의 입법 수도이다. 케이프타운은 아프리칸스어로는 카프스타트라고 부른다. 이 도시의 배후에는 테이블 산이 있으며 부근에 희망봉이 있다.

아프리카 대륙의 꼭짓점 케이프 포인트

며칠 전 인터넷을 통해 예약한 시내의 레이디 해밀턴 호텔에 여장을 풀었다. 초등학교 사회 시간에 들었던 희망봉을 제일 먼저 찾아가보기 위해 일일 관광 회사에 연락을 하니 내일 아침 내가 묵고 있는 숙소로 픽업을 나오겠다고 한다.

케이프타운은 수에즈 운하가 개통되기 전까지는 유럽에서 아시아로 가는 항로의 중간 기점이었다. 유럽을 떠나 대서양을 지나 인도양을 항해하는 선박들은 이곳에서 정박하고 식수와 또 필요한 물자를 공급받고 또 긴 항해를 계속하는 데 필요한 선박 수리를 했던, 말 그대로 희망 속에 찾아왔던 항구이다.

이곳은 나에게도 아프리카 일주를 위해 동북부 에티오피아에서 시작해서 서부 아프리카를 향하는 중간 기착지가 될 희망봉이었다. 그러나 요하네스버그 공항에서 당한 ATM 사고 때문에 아프리카 일주의 희망은 꺾이게 되고 다음 주 나미비아 사막여행을 마지막으로 이집트로 직행하기로 계획을 수정해야 했다.

케이프타운의 인구는 약 300만이며 백인 비율은 약 40%라고 한다. 그래서 그런지 도시 전체가 어느 도시보다 깨끗하고 아름다운 것이 아프리카 아니 세계 제일의 관광도시로 전혀 손색이 없는 것 같다.

후드베이 하버에서 휴대전화기를 잃어버리다

토요일 아침 샌디에이고에서 온 미국인 중년 부부 캐런과 캔을 포함한 10여 명의 일일 관광객을 실은 미니버스는 잠시 시내를 돌아서 아름다운 후드베이 하버에 정차를 하고 항구 주변을 돌아볼 수 있도록 1시간 정도 자유 시간을 주었다. 근처의 물개들을 보기 위해 작은 모터보트에 오르는 사람도 있었으나 나는 캔 부부와 커피 한 잔을 마신 후 부두 주변을 거닐며 따스한 9월의 봄볕을 즐겼다.

부두에는 거대한 물 사자가 재롱을 부리는데 돈을 주면 물 사자 위에 앉아 사진을 찍게 해준다. 가판대 위에는 아프리카 각지에서 만들

후드베이 하버. 이곳에서 휴대전화기를 잃어버렸다

어온 민속 수공예품이 여행자의 발걸음을 멈추게 한다.

우리를 태운 버스는 후드베이가 내려다보이는 사진 찍기 좋은 장소에 정차하였다. 그런데 카메라를 들고 차에서 내리는데 뭔가 좀 허전하여 살펴보니 평소 허리에 차고 다녔던 휴대폰이 사라졌다. 세상에 이런 일이…. 심각한 문제가 발생한 것이다. 몇 년째 사용해 온 고물이었지만, 미국과 기타 방문국의 모든 연락처가 저장되어 있다. 더구나 케이프타운에서 만나기로 한 친구들에게 전화번호를 알려주어 그들의 전화를 기다리고 있던 참이었다. 그런데 휴대폰을 잃어버렸으니 이만저만한 낭패가 아니다.

곤경에 처한 나는 우선 기사 아저씨에게 사정을 말하고 그의 휴대폰을 빌려 내 휴대폰으로 전화를 했다. 한참 동안 신호가 간 후에 헬로? 하는 목소리가 들린다. 아, 이제 살았구나! 그 사람은 내 휴대폰을 경비초소에 보관해 놓을 테니 나중에 와서 찾아가라고 한다. 그러나 문제는 우리는 이미 케이프 반도를 도는 코스를 40분 이상 운행해 왔고 다시 그쪽으로 돌아가는 것은 일행 전체에게 민폐를 끼치는 곤란한 일이었다.

그때 캐런과 캔이 곤경에 처한 나를 위해 일행을 설득해 차를 돌려 다시 후드베이로 돌아가 2시간 전에 떨어뜨린 휴대폰을 찾을 수 있었다. 젊은 흑인 경비원에게 누가 주워 왔느냐고 물었더니 초소 근처에 떨어져 있는 것을 자기가 주워서 보관하고 있었다고 한다. 아, 세상에 이렇게 고마울 수 있을까? 나는 그의 수준 높은 시민의식에 경의를 표하지 않을 수 없었다. 요하네스버그 공항에서 금융사기를 당했을 때 가졌던 남아프리카에 대한 나쁜 인상과 흑인들에 대한 왜곡된 나의 선입관이 말끔히 해소되는 것을 느꼈다. 물론 곤경에서 나를 도와주기 위해 기꺼이 아까운 시간을 나누어 준 길동무들의 배려에도 고마움을 느끼게 되었다. 아직도 세상에는 정직하고 친절한 사람들이 많이 존재한다는 사실이 고마웠다. 이 경험으로 40년도 더 지난 한 미국인 친구에게 일어났던 사건이 떠올랐다.

1965년 미국 콜로라도 주에서 온 데니스는 당시 주한 미군으로 휴전선 근방에서 근무하고 있었다. 그는 외박 허가를 받은 주말에는 내가 자취하고 있던 서울 서대문구 북아현동 집 2층에 방을 빌려 사는 선교사 친구 집에 들르곤 하였다. 전방에서 미 8군 군용버스를 타고 본부가 있는 용산에서 내린 데니스는 북아현동까지 택시를 타고 왔는데 그만 깜박하고 가방을 뒷좌석에 두고 내렸다. 가방 안에는 성경책과 여권, 카메라 등 중요한 물건과 상당액의 미화도 들어 있었다고 한다. 택시가 떠나고 나서야 가방을 두고 내린 것을 깨달은 데니스는 몹시 낙망하고 있었다. 그런데 한참 후 누군가 밖에서 문을 두드리는 소리에 나와 보니 놀랍게도 그가 타고 왔던 택시운전사가 데니스의 가방을 들고 문 앞에 서 있는 것이 아닌가!

상상해 보라. 당시 1960년대의 한국은 무척이나 가난하고 모두 다 살기 어려운 시절이었다. 미국 군인이 뒷좌석에 두고 내린 가방이 욕심나지 않았다면 거짓말일 것이다. 그런데 이 정직한 택시운전사는 젊은 미군의 가방을 돌려주기 위해 먼 길을 돌아 다시 온 것이다. 아마도 그분은 집을 떠나 한국을 지키기 위해 수만 리 먼 이국땅에 와 있는 미군 병사가 실수로 놓고 간 가방을 주인에게 돌려주는 것이 명예로운 시민의 의무라고 생각했을 것이다.

데니스는 기사 아저씨의 행동에 너무 감동하였고 이 사건은 그의 인생의 진로를 바꾸게 하는 한 계기가 되었다고 한다. 그 사건 이후로 데니스는 한국과 한국인의 영혼을 더욱 사랑하게 되었다. 그는 전역한 후에는 '집에서 모이는 교회' 의 선교사로 지원하여 한국으로 다시 돌아왔고 수년 전 중국의 조선족 동포 거주 지역으로 옮겨가기 전까지 30여 년 동안 한국에서 일했었다.

나는 한 사람의 순수하고 정직한 행동이 다른 사람의 인생행로를 바꿀 수 있다는 사실을 목격하고 그 택시기사에게 지금도 감사한 마음을 품고 있다.

케이프 반도 주변을 돌며 케이프타운 테이블 마운틴 국립공원의 경관을 마주하며 '아, 인간은 자연과 도시를 이토록 아름답게 조화시킬 수도 있구나!' 하는 생각을 했다. 대서양의 찬 바닷물이 인도양의 따뜻한 물과 만나는 이 지점은 많은 어류가 모이는 곳이고 또 대륙의 끝인 희망봉은 바람이 무척 센 곳이었다. 나는 수많은 화초와 열대식물이 우거진 아름다운 크리스텐 보쉬 보타닉 가든을 걸으며 두 해 전 가보았던 우리나라 거제도 남쪽 외도를 떠올렸다.

이곳에는 남극에서만 볼 수 있는 펭귄들의 서식지가 있는데 이곳 아프리카 펭귄에게는 재미있는 귀소본능의 특징이 있다. 안내자 겸 운전사 잭이 들려준 이야기로는 1998년 5월 케이프타운 항구에서 파이프라인이 터져 기름 유출사고가 발생해 당시 5톤 정도의 원유가 유출되었다. 테이블 베이에 사는 500마리 이상의 펭귄들이 기름에 오염되자 오염된 펭귄들은 구조되어 번식지에서 10km 떨어진 테이블 비유에 있는 해조 구조센터로 이송되었다고 한다. 펭귄들을 세척과 치료 후에

케이프 베이에 사는 아프리카 펭귄들

케이프타운 근교의 크리스텐 보쉬 보타닉 가든

풀어주었는데 전부 생존하였고 50%가량의 펭귄들은 번식지인 로벤 섬과 다센 섬으로 돌아왔다. 그 가운데 제일 먼저 도착한 녀석은 풀어준 지 2시간 반 만에 돌아왔다고 한다. 그 조그만 녀석들이 10km 이상을 헤엄쳐 고향 집을 찾아왔다고 하니 놀라운 일이 아닌가?

1994년에도 케이프타운 근처에서 광석을 싣고 중국으로 가던 화물선 아폴로 시호가 침몰하여 기름이 유출된 대형 재난 사고가 있었다. 로벤 섬과 다센 섬에서 기름에 오염된 펭귄 7,500마리를 구조하였는데

테이블 마운틴 정상에서 내려다본 신호 봉과 로벤

그중 약 65% 정도의 펭귄들이 생존했고 그 녀석들 역시 1년 안에 대부분 번식지로 돌아왔다. 조물주는 이 아프리카 펭귄들에게 홈잉 레이더를 달아준 것인가? 지도를 보고도 길을 못 찾아 헤매는 나 같은 길치보다는 똑똑한 녀석들이다.

케이프타운의 명물 가운데 하나가 시내 중앙에 우뚝 서 있는 테이블 마운틴이다. 먼 옛날 유럽에서 아프리카를 돌아 동양으로 가는 기나긴 항해 중 희망봉이 있는 케이프타운에 정박하기 위해 들어오는 선박들이 제일 먼저 보게 되는 것이 거대한 테이블 마운틴이었다. 왼쪽의 악마 봉과 오른쪽의 사자 머리 봉 사이에 있는 이 바위산은 평평한 정상의 길이만 2,000m, 높이가 1,084m로 서울의 북한산보다 200m 더 높

호텔에서 올려다본 테이블 마운틴

다. 1503년 제일 먼저 케이프타운의 테이블 베이를 찾아왔던 포르투갈 항해사 안토니오 데살다냐는 이 산이 식탁처럼 생겼다고 하여 테이블 마운틴이라고 명명했다고 한다.

월요일 아침, 지난 토요일 알게 된 캔과 라이베리아 미국 대사관에 근무하는 그의 부인 캐런과 한 조가 되어 케이프타운의 유명한 스텔렌보쉬 와인 컨트리에 다녀왔다. 이 지역은 남아프리카의 포도주 생산지로 유명한 곳인데 주변 경관이 포도주 맛처럼 멋있는 곳이다. 시내로 돌아와 점심을 같이하고 테이블 마운틴에 오르기 위해 케이프타운 순환 버스를 타고 케이블 웨이 입구까지 갔다. 바람이 좀 심한 편이었으나 화창하고 맑은 하늘이 등산하기에 딱 좋은 날씨였다. 나는 케이프타운에 사는 친구 반 와이크 부부와 저녁 약속이 잡혀 있어 아쉽지만 등반하는 대신 케이블카를 타고 정상까지 올라가기로 했다. 도보로 약 2~3시간이 걸리는 길고 넓은 산 정상은 거대한 암석으로 평평하게 펼쳐져 있는 바위 공원이다. 깎아지른 절벽으로 둘러싸인 석상石床 위에서 내려다본 케이프타운 주변과 로벤 섬이 떠 있는 테이블 베이의 아름다운 풍광은 가히 환상적이었다.

로벤 섬의 펭귄과 넬슨 만델라

테이블 마운틴 정상에서 내려다보면 시내 중심의 시그널 힐과 테이블 베이 가운데 로벤Robben 섬이 보인다. 로벤 섬은 아프리카 펭귄의 서식지로 널리 알려져 있지만, 1652년 이래 흉악범과 정치범을 수용했던 악명 높은 감옥이 있던 곳으로 더 유명하다. 지금 그 감옥은 세계문화유산으로 지정된 후 인종차별기념 박물관으로 바뀌어 남아프리카의 어두웠던 인종차별 시절의 역사를 증언하고 있다.

인종차별 반대운동의 대부였고 남아프리카공화국 최초의 흑인 대통령이었던 넬슨 만델라도 한때 이곳에서 수감생활을 했다. 그는 남아프리카의 소수 백인 정권하에서 정치범으로 27년간 수감생활을 하는 가운데 18년을 이 섬에서 보냈다. 그의 초창기 인권투쟁은 인도 마하트마 간디의 영향을 받아 무저항주의 운동을 통해 평화적인 인종차별의 종료를 추구하는 것이었으나 뜻을 이루지 못하자 ANC 조직 내에 '민족의 검'이라는 무장단체를 조직하고 남아프리카 연방의 군사시설과 백인 정부를 상대로 파괴공작 및 게릴라전을 벌이게 된다. 만델라가 무장선동과 파업 주도 혐의로 체포되어 투옥되기 전 재판정에서 했던 최후 진술은 유명하다.

"나는 평생 아프리카인들의 투쟁에 헌신해 왔다. 나는 백인 지배에 대항하여 싸워왔고, 또한 흑인 지배에 대항하여 싸워왔다. 나는 모든 사람이 화합과 평등한 기회를 누리며 상생하는 이상을 소중히 여겨왔다. 나는 그 이상을 달성하기 위해 살기를 원했다. 그러나 필요하다면 그 이상을 위해 죽을 준비도 되어 있다."

1994년 만델라의 이상은 달성되어 흑 · 백인과 유색인종을 포함하는 민주선거에 남아프리카공화국 역사상 최초의 흑인 대통령으로 선출되었다. 그리고 헌신적인 인권 투쟁을 통해 전 세계인의 존경을 받고 1992년 노벨평화상을 수상하는 입지전적 인물이 되었다. 그의 이상은 남아프리카공화국에서 피부 색깔을 초월한 인간 평등과 다원주의에 기초한 무지개 문화를 펼치고자 하는 것이었다. 그는 대통령에 선출되어 최초로 내각을 구성했는데 그가 임명한 장관들은 흑인, 백인, 인도인, 유색인, 이슬람교도, 힌두교도, 기독교인과 또 공산주의자까지 포함한 진정한 의미의 무지개 내각을 구성하였다.

나는 케이프타운에 사는 지미와 이본 반 바이크 부부의 초대로 그 집에서 이틀을 묵었다. 나보다 한 살 적은 지미와 이본은 네덜란드계의 아프리카너스인데 코리아에서 찾아온 나를 친형처럼 반기며 케이프타운 근교의 여러 명소를 보여주었다. 나는 케이프타운 시내에 있는 동안 '집에서 모이는 교회'의 교우들도 만나 보았는데 이곳에서는 백인과 흑인 그리고 유색인 등 피부 색깔에 상관없이 모두 한 가족으로 모여 있었다. 그중 한 친구는 얼마 전 한국에서 수입한 자동차를 샀는데 대만족이라 하고 또 다른 친구는 한국제 휴대폰을 보여주며 자랑한다. 이 나라에서 불과 20년 전에는 상상할 수 없었던 대한민국의 국력 신장을 볼 수 있어서 뿌듯하였다.

이틀 동안 묵었던 지미와 이본의 집

남아프리카에서 보낸 짧은 며칠 동안 내가 느꼈던 솔직한 심정은 비록 흑인들에 의해 자행되는 보복적 범죄와 현존하는 심각한 양극화의 경제적 불안 요소에도 아프리카의 어느 지역보다 희망의 무지개가 보인다는 것이다. 그러나 만델라가 꿈꾸는 무지개 이상향을 완성하기 위해서는 지속적인 화해의 노력과 기회균등을 통한 평화로운 공존이라는 버거운 도전을 극복해야만 한다.

나는 이 아름답고 광활한 땅 위에서 상생의 가치를 추구하는 만델라의 이상처럼 무지개의 아치가 확장되어지기를 진정으로 바라며 이곳을 떠난다.

안녕, 아름다운 케이프타운! 언제 다시 볼 수 있을까? 희망봉아!

사구의 나라 나미비아에서 보낸 7일간의 사막여행

아프리카의 종착지 이집트로 가기 전 마지막으로 찾기로 한 남서부 아프리카의 나미비아는 국토가 남한의 8배가 넘는 나라다. 그러나 인구는 겨우 200만으로 세계에서 몽골 다음으로 인구밀도가 낮은 국가이다. 세계 1차 대전까지는 독일의 식민지였으나 그 후 1990년 나미비아 독립전쟁을 통해서 독립하기 전까지는 남아프리카공화국의 신탁통치 아래 있었다. 케이프타운에서 며칠을 보낸 후 2010년 9월 28일 수요일, 나미비아의 수도인 빈트후크Windhoek로 향했다.

강우량이 풍부한 지구 표면의 어느 지역은 연록의 자연이 끝없이 펼쳐진다. 케이프타운, 연이어진 수림과 드넓은 전원 그리고 끝이 없는 포도밭은 비가 가져오는 풍요한 잎새와 과일이 넘쳐나는 젖과 꿀이 흐르는 가나안 땅이다. 그러나 비를 머금은 구름과 하얀 눈이 걸린 고산준령이 내륙과 서해안을 따라 대륙의 북으로 올라가면 지형은 극적으로 바뀐다. 건조한 토지 위에는 말라빠진 잡목과 쐐기풀이 덮여 있고 깊숙이 갈라진 계곡 사이로는 대지의 거친 뼈만 앙상하게 드러나 있다. 그 위에 바람의 손길에 흩날리는 모래산과 연중 몇 방울의 비만 적셔주는 황량한 벌판이 끝도 없이 펼쳐진다. 나미비아의 대부분은 2,3일을 가도 사람이 살지 않은 모래벌판과 광야의 연속이다.

한 달 전 케냐에서 경험했던 오버랜드 사파리로 나미비아 사막을 누빌 수 있는 패키지를 찾아보았으나 내가 원하는 시간대에 있는 프로그램을 찾을 수가 없었다. 마냥 기다릴 수 없어서 비용이 좀 더 들더라도 렌터카를 빌려 사구砂丘의 나라에서 야영하며 사막을 탐사하는 모험을 감행하기로 하였다. 그러기 위해서는 이곳 지리를 잘 알고 교대로 운전할 수 있는 가이드 겸 여행 동료가 필요했다.

케이프타운에 있는 동안 빈트후크에서 여행사를 하는 친구 바실 스미트를 소개받았다. 다행히 나미비아에서 쓸 경비는 신용카드로 지급할 수 있다고 해서 한시름 놓았다. 우선 바실의 주선으로 나미비아에서 일주일간 비포장도로를 운행할 도요타 사륜구동 트럭을 빈트후크 공항에서 렌트하였다. 물론 에티오피아에서 썼던 지프보다는 에어컨도 작동되는 신형 차량이었다. 또 나미비아 지형에 익숙한 리암이라는 20대 후반의 젊은 친구를 소개받아 앞으로 일주일 동안 나미비아 사막 여행에 동행할 수 있게 되었다.

바실의 집에서 하룻밤을 묵은 다음 날 나미비아 사막에서 사용할 캠

캠핑 장비를 뒤에 실은 도요타 픽업트럭

비포장 광야에서 만난 삼거리길

핑장비와 일주일 동안 사용할 식수와 식품, 천막, 취사도구 심지어는 비상용 무전기와 조그만 발전기까지 트럭에 싣고 나미비아의 남쪽 사막을 향해 출발하였다. 슈퍼에 들러 김치 생각이 나면 먹을 오이도 몇 개 샀다. 다행히 그동안 배낭 속에 아껴둔 고추장 튜브가 아직 하나 남아 있었다.

리암은 현재 빈트후크에서 가이드로 일하기 얼마 전까지 나미비아의 북쪽에 있는 에토샤 국립공원 근처 카만얍Kamanjab 지역에서 파트타임 사냥꾼으로 일했다고 한다. 카만얍 원주민들은 에티오피아의 오모밸리 부족들처럼 웃옷을 입지 않고 원시적인 생활을 하는 부족이다. 미친 코끼리가 촌락 근처에 가끔 출몰해 많은 부족민이 상하거나 목숨을 잃은 피해가 종종 있었다고 한다. 리암은 그곳에서 일할 때 카만얍에 출몰하는 살인 코끼리를 총으로 명중시켜 죽인 공로로 정부에서 포상금을 받았다며 그때 찍은 사진을 보여주었다. 보통 나미비아에서는 코끼리 사냥은 법으로 금지되어 있는데 난폭한 코끼리가 사람을 해치게 될 경우에만 특별히 포획허가를 내준다고 한다. 하여튼 우리가 가는 사막길에는 코끼리나 사자와 같은 맹수는 없고 끽해야 스프링복이나 워터벅 같은 사슴류와 자칼이 대부분이라니 생명의 위협은 없을 것이라 한다.

트럭에 캠핑 장비를 싣고 빈트후크를 떠나 남쪽으로 향했다. 첫날 목표로 하고 떠난 야영장은 솔리테어 근처의 게코 야영지이다. 영어로 솔리타리Solitary는 고독이라는 뜻인데 이곳은 영어 지명의 의미처럼 광야 가운데 주유소 겸 편의점이 하나 외로이 서 있는 그리고 세월의 풍파에 시달린 허름한 집 두어 채가 전부이다. 무인지경의 사막길을 4시

모래산 옆 게코 야영장의 아프리카 아카시아 나무 금방이라고 누 떼가 나타날 것 같은 황야

간 반가량 지나오는 동안 지난 4월에 다녀왔던 티베트 고원의 나무 한 그루 없는 황량한 사막과 돌투성이 벌판이 떠올랐다. 메마른 땅과 바위 산맥들의 연속 그리고 바람에 흩날리는 황색 먼지와 덤불에 걸린 마른 가지들 모든 것이 같아 보였다. 다른 것이 있다면 이곳에는 금강경과 기도 깃발, 내가 그토록 힘들어했던 고산병이 없다는 것뿐이다.

그러나 몇 시간 후 도착한 도마뱀의 캠프라는 야영장에서 내려다보는 경치는 곧 누 떼들이 몰려올 것 같은, 영화 '아웃 오브 아프리카'의 한 장면을 연상시킨다. 드넓고 광활한 평원이 한없이 펼쳐지고 먼 지평선 위에 겹쳐지는 산맥들은 황혼의 무늬로 끝없는 수채화를 이루는데 벌판 위에 듬성듬성 서 있는 아프리카의 작은 잎 아카시아 나무들이 우산처럼 펼쳐져 광야의 저녁을 맞이한다. 식사 당번 리암이 저녁을 준비하는 동안 나는 오늘 밤 우리가 지낼 텐트를 치고 이 근처에 야영하는 다른 사람들이 있는지 혹시 눈에 띄는 들짐승은 없는지 야영지 근처를 돌아보기로 했다.

나미비아 광야에서 방황하던 옛 시절을 회상하다

따가운 저녁 햇살과 시원한 바람이 얼굴을 때리는 모래 둔지 나라 나미비아의 고적한 평원을 두어 시간 걸으며 생각에 잠긴다. 여기 내

버려지고 잊힌 황야의 저녁 풍경은 지난 며칠간 지냈던 인공과 자연의 조화로 이루어진 아름다운 케이프타운과는 너무나 대조적이다. 붉은 반암盤巖 사이의 샐비어 잎은 지는 노을이 주는 먼빛을 받아 신비로운 미를 자아낸다. 아, 사막이 이토록 아름다울 수 있을까? 캠프파이어를 피워놓고 소시지를 구워 빵 사이에 넣어 먹으며 저물어 가는 9월의 태양을 바라본다. 집을 떠난 지 벌써 두 달, 9월의 마지막 날을 무인지경에서 보내는 나그네 감회가 가슴을 싸하게 적셔온다.

아! 이것이 외로움인가? 광야 한가운데 아무렇게나 버려진 돌멩이처럼 홀로 된 고독 속에서 비로소 자신의 삶을 진솔하게 돌아볼 수 있을 것 같다. 어쩌면 인간은 절실한 외로움 가운데서만 진정한 자신의 존재를 느끼고 참모습을 보게 되는 것이 아닐까?

"너는 무엇을 보려고 광야에 나갔더냐? 바람에 흔들리는 갈대냐?"

그리스도가 '광야의 소리' 세례 요한을 보고 그를 따르던 무리에게 던진 질문이다.

나는 무엇을 보기 위해 도마뱀과 승냥이만 사는 이 광야에 와 있는가? 나는 과연 이 황야에서 내가 이 시공 속에 존재하는 삶의 참 목적을 깨달을 수 있을까? 이 질문은 내가 35년의 직장생활을 마감하고 지구둘레길을 걸으며 반년이 넘는 행로 가운데 늘 자신에게 던진 질문이기도 하다.

티베트 고원에서, 몽골의 사막에서, 시베리아 벌판에서, 그리고 킬리만자로 산길에서도 나는 계속 그 질문을 던지고 답을 찾아왔다. 아니 지나온 60여 년의 전 생애 동안 무의식중에서도 그 해답을 찾고 있었는지 모른다.

장년이 된 사람은 누구나 황야와 같은 정신적 방황기가 있었을 것이다. 지난 66년의 짧지 않은 생애를 돌이켜 보면 내게도 높은 산과 깊은 골짜기, 그리고 지금 내가 앉아 있는 외로운 황야와 같은 길목을 거쳐 왔다는 생각이 든다.

1945년 1월 일본 동경에서 태어난 나는 2차 대전 종전과 함께 어머니의 등에 업혀 현해탄을 건넜다. 그러나 해방의 기쁨도 잠시, 5년 후 한반도에 찾아온 6 · 25 전란의 비극은 25만 명의 사망자, 13만 명의 학살과 23만 명의 부상자 그리고 30만 명의 행방불명자를 포함한 100만이 넘는 인명 피해를 이 땅에 가져왔고, 650만이 넘는 피난민을 발생시켰다.

그것은 피난시절 어린 내가 피부로 겪고 정신적으로 방황했던 첫 번째 광야길의 시작이었다. 단란하고 행복했던 우리 가족도 당시 수십만의 이웃처럼 전쟁 중에 풍비박산이 되었다. 다섯 살 어린 나이에 어머니를 잃고 홀로되신 할머니의 보살핌을 받았다. 그리고 10년 후 아버지와 할머니마저 차례로 세상을 뜨셨다. 감성이 예민한 10대에 경험했던 황폐한 사춘기는 황야 가운데 바람에 흔들리는 갈대와 같이 위태위태한 시기였다.

1948~ 전쟁 전 행복했던 시절에 찍은 마지막 가족 사진.
전면 중앙이 저자(4살)

전쟁 후 어려운 가정형편으로 신문 배달을 했던 중학교 시절은 학업에 정진하기에는 너무 가난하고 불안한 시절이었다. 지금도 가끔 생각나는 것은 신문 배달하다 수금을 제때 못해 담당 총무에게 얻어맞고 혼이 났던 일, 학교까지 찾아온 지독한 총무를 피해 교실 유리창을 넘어 도망 다녔던 일…. 결국은 붙잡혀서 인수인계가 끝날 때까지 신문 배달을 계속해야 했던 일들은 아련한 추억이 되었다.

방황하던 그 시절 1960년 4월 혁명이 한국 현대사의 한 획을 그었을 그때에 나는 겨우 고등학교 1학년이었다. 처음으로 데모대의 물결 속에 휩싸여 '독재정권 물러나라!' 라는 플래카드를 들고 무엇인가 변화를 갈망하는 데모대의 열기 속에서 거리를 활보하였다. 열다섯의 어린 나이에 정치의식이 있었으면 얼마나 있었을까? 그러나 그것은 꼭 10대의 이유 없는 반항만은 아니었다.

그 후에도 계속된 방황의 시절, 한때 나는 문학 속에서 위안을 찾았다. 도서관에서 빌려온 한국문학 전집과 세계 문호들의 저서를 닥치는 대로 읽어댔다.

지금도 잊을 수 없는 생생한 기억은 도스토옙스키의 『카라마조프의 형제들』을 며칠 밤 새워 읽느라 학교 공부를 뒷전에 둔 나에게 아버지는 마침내 금독령을 내렸다. "내가 죽기 전까지는 너는 교과서 외에는 다른 책을 읽을 수 없다" 라고 하신 후, 아버지는 불행히도 1년도 지나지 않아 고혈압으로 세상을 떠나셨다. 철없었던 나는 아버지를 잃은 슬픔 가운데도 이제는 책을 다시 읽을 수 있게 됐다는 해방감에 더 위로를 받았던 것 같다.

당시 이광수, 심훈, 정비석, 박종화, 김동인, 그리고 박경리의 소설을 주로 읽었는데 특히 심훈의 소설 『상록수』는 고등학생인 어린 나에게 커다란 영향을 주었다.

고 2학년부터 농촌계몽운동을 한답시고 여름방학에는 청소년 적십자 회원으로 남도 땅 진도의 벽촌에서 부녀자들을 위한 한글교육, 초등학교 어린이들을 위한 방학과제 도우미를 하며 여름을 보냈다. 그리고 농촌 봉사 활동을 한답시고 논바닥에 들어가 거머리에 물려 피를 보았던 일들은 이제 잊지 못할 추억이 되었다. 이것 역시 나의 사춘기 방황의 몸부림 가운데 하나였지만….

다행인지 그 무렵, 초등학교 교사인 둘째 누나를 따라 교회를 다니기 시작한 나는 그 후 몇 년간 기독교회에 심취하여 잠시 정신적 안정을 찾았다. 그렇다고 방황이 끝난 것은 아니었다. 단지 황폐했던 첫 번째 광야의 길에서 만난 작은 오아시스였을 뿐이다.

두 번째 황야는 무엇이었던가? 그것은 '종교'라는 광야였다. 고등학교 3학년이 되자 대학과 진로에 대해 고민하기 시작하였다. 나의 롤 모델이었던 둘째 누나는 열성적인 기독교 신자였고 나중에 목회자의 부인이 되었다. 교육대학과 신학대학의 두 갈림길에서 갈등하다가 선교사가 되어 리빙스턴이나 슈바이처처럼 아프리카 오지로 가 선교활동을 하겠다는 신념으로 신학도의 길을 걷기로 하였다. 아마도 누나의 영향 때문이었는지 모른다.

그리고 2년 반 신학교육을 받으며 두 번째 '회의懷疑'라는 광야의 길

엘림듄에서 바라본 산맥

사슴과 동물인 워터벅이 평화롭다

은 골짜기에서 절망하게 되었다. 그것은 맹목적인 신앙을 요구하는 기독교의 교리도, 해석의 차이로 반목하고 집단이익을 위해 분쟁하는 기성교파 간의 식상한 싸움도 아니었다. 혼돈스러운 종교의 광야 가운데 내가 찾고 있는 참된 소명, 그리스도의 살아있는 가르침을 보지 못해 절망하게 되었기 때문이다. 그래서 선교사가 되겠다는 꿈을 접고 그 후 2년 동안 용산경찰서 앞에서 구두닦이 생활을 하며 두 번째 오아시스를 찾을 때까지 내 영혼은 계속 방황하였다.

다른 행성 같은 소수스플라이의 사구

나미비아 광야에서 첫 밤을 지난 66년의 회상 속에 사막여우의 울음을 들으며 잠깐 잠이 든 것 같은데 벌써 아침인가? 잠이 깨어 나와 보니 나미비아의 황야에 새벽을 맞이하는 먼동이 트고 있다.

어제 남긴 저녁으로 아침을 때운 후에 텐트를 접고 나미비아 사구의 대공원 소수스플라이Sossusvlei를 향해 출발하였다. 게코 캠프를 떠난 지 3시간 후에 유명한 모래언덕 샌드듄 45번에 도착하였다. 소수스플라이 입구인 세스리엠에서 45km 떨어진 곳에 있다고 하여 그렇게 부르는데 높이 80m의 이 사구는 경사가 완만하여 비교적 쉽게 올라갈 수 있다. 샌드듄을 오르는 것은 보통 산을 등산하는 것보다 몇 배 더 힘이 든다. 샌드듄 45번에 올라 잠시 촬영을 한 후 어제 저녁 리암이 준비한 핫도그 샌드위치로 점심을 먹고 왔던 길을 되돌아가 소수스플라이 입구에 있는 야영장에 천막을 쳤다.

작열하는 태양과 뜨거운 모래바람이 이곳이 사막의 나라임을 상기시켜 준다. 우리는 오후 5시가 지나 석양에 비친 샌드듄을 보기 위해

소수스플라이의 샌드듄45(사구). 샌드듄은 시간에 따라 바뀐다

야영장 근처에 있는 엘림듄으로 갔다. 나무 한 그루 없고 바위와 풀도 보이지 않은 황갈색 모래산이 다만 바람의 부드러운 손으로 빚어지는 사구의 아름다움에 매료되었다. 시간이 흐르자 점차 바뀌는 태양의 각도에 따라 모래 색깔이 변하고 사막에 불어치는 바람의 방향에 따라 부드러운 곡선이 춤을 추듯 선율을 그린다. 이것은 비와 눈보라가 데리고 온 초록의 자연과는 너무나 다른 바람과 모래와 태양이 빚어내는 예술 작품이다.

이곳의 야생동물은 스프링복, 워터벅, 오릭스 등 사슴과 동물이 눈에 많이 뜨이고 길옆에 두리번거리는 자칼은 사람을 별로 무서워하지 않고 여유 만만히 지나간다. 이 녀석들은 밤에 야영장 주변을 돌아다니다 천막에 와서 먹을 것을 훔쳐간다. 리암이 저녁으로 소시지를 굽는 동안 나는 이틀 전 슈퍼에서 사온 오이에 고추장을 발라 매콤한 맛과 리암이 가져온 포도주 한 잔에 떠나온 고향의 향수를 달래본다.

어두워진 아프리카 밤하늘에서 남십자성을 찾아 올려다보고 은하수 저 너머에 있을지 모르는 다른 별에서 혹시 이 외로운 항성을 무심히 바라보는 외계인이 있지 않을까 하는 싱거운 상상에 젖어본다. 귀에 꽂은 아이팟에서 울려오는 클래식 선율과 팝송을 즐기며 잠을 청하니 아, 이것이 바로 외로운 여행자의 작은 행복이 아닌가 싶다.

천년의 나목 수림과 죽음의 호수 데드플라이

2010년 10월 2일 토요일, 천막 입구 스크린에 반달이 유난히도 밝게 비치는 이른 새벽 우리는 소수스플라이에서 사륜구동 트럭으로 갈 수 있는 맨 끝 지역까지 들어갔다. 일출에 반사하는 모래 둔지들과 사목死木의 호수를 보기 위해서다. 차량이 더는 들어갈 수 없는 이 골짜기는 모래 둔지로 막혀 있고 여기서 몇 킬로미터가량 계속되는 모래사막 저편에는 대서양의 푸른 바다가 이어진다. 이른 아침이라 오아시스 근처에서 풀을 찾는 긴 뿔 사슴과 아프리카 오릭스들이 눈에 많이 뜨인다. 데드플라이Deadsvlei는 영어의 죽음Dead과 아프리칸스어로 호수Vlei가 합쳐진 '죽음의 호수' 라는 뜻이다.

이곳은 소수스플라이 종점인 오아시스에서 1시간가량 모래언덕을 걸어서 올라가야 하는데 먼저 댐의 벽처럼 보이는 언덕을 지나자 이건 완전히 다른 행성에 찾아간 것과 같은 괴기스러운 분위기였다.

회색의 호수 바닥에는 괴기스러울 만큼 다양하게 건조된 사목의 수림이 즐비하게 서 있다. 적어도 1,000년 전 한때는 차우찹 강이 범람하여 호수를 이루었던 이 지역이 기상의 변화로 건조하게 되었고 모래산에 의해 막힌 강물이 더는 흘러들어 갈 수 없게 되어 죽음의 호수가 된 것이라고 한다. 한때는 무성했을 나무들의 수명이 적어도 수십 년은 넘어 보이는데 말 없는 나목裸木들은 지나간 1,000년의 비밀을 간직한

죽음의 호수 데드플라이. 외계 같은 죽음의 호수의 나목들

채 뼈만 앙상하다. 죽은 지 적어도 900년이 지난 수많은 나목은 뜨겁고 건조한 사막의 열기로 석화石化되어 분해되지 않은 채 외계의 식물인 양 죽음의 호수 위에 긴 세월을 서 있다.

데드플라이는 세계에서 가장 높다는 400m 높이의 사구로 둘러싸여 있는데 그 모래 산은 '빅대디' 혹은 '크레이지듄'이라고도 부른다. 소수스플라이 공원의 마지막 종착지에는 모래사막을 운행할 수 있는 전구동 차량의 통행만이 허용되는 데드플라이 입구에 몇 그루의 나무들과 이슬을 먹고 자라는 살소라와 나라 들풀이 자라는 작은 오아시스가 있다. 소수스플라이 주변의 모래언덕들은 계속 부는 새벽바람에 모양이 역동적으로 바뀌고 또 시간 따라 변하는 아침 햇살 각도는 다양한 색조를 빚고 있다. 무생물의 세계 가운데 실시간으로 그려지고 있는 조물주의 거대한 예술품이라는 생각을 떨칠 수 없다. 미미한 인간들 역시 그의 걸작품 속의 몇 개의 작은 모래알이 아닐까?

아침 햇살에 시간마다 다양한 색깔을 반사하는 환상적인 사구의 모습

우리는 점심을 먹은 후 다시 몇 시간째 나미비아의 거친 황야를 지나고 겜스버그 자연보호구역을 지나서 쿠이제프 캐년으로 향했다. 쿠이제프 캐년은 나미브 나우클루프트 국립공원 안에 있는 메마르고 거친 황야와 바위 산맥을 가르는 대협곡으로 이 계곡 사이를 흐르는 쿠이제프 강은 강 표면에 물이 전혀 보이지 않는 지하 강으로 땅 밑으로만 흐른다. 또 이 강은 대서양 해안에 도달하지 않고 월비스베이 근처에서 끝나는데 나미비아 남쪽에서부터 해안을 따라 계속되는 사막과 샌드듄이 북쪽으로 진출하는 강의 흐름을 막기 때문이라고 한다.

로빈슨 크루소 헨노 마틴의 동굴

우리는 쿠이제프 캐년 안에 있는 헨노 마틴Henno Martin과 그의 친구 헤르만 코른Hermann Korn이 숨어 살았던 광야 속 은신처를 찾아가보았다. 어린 시절 다니엘 디포의 소설 『로빈슨 크루소의 모험』을 읽었던 소년이라면 누구나 한 번쯤은 그의 하인 프라이데이와 28년 동안 남태

평양의 무인도에서 보낸 로빈슨 크루소의 모험을 동경했을 것이다. 그런데 이 나미비아 사막에서 현대판 로빈슨 크루소의 모험이 실제로 일어났다. 2차 세계 대전 중 두 독일인 지질학자 헨노 마틴과 헤르만 코른은 2년 반 동안이나 영국군의 억류를 피해서 이곳 사막에서 숨어 살았던 것이다.

헨노 마틴은 1957년 사막에서 생존했던 경험을 바탕으로 『사막의 피난처Sheltering Desert』를 출판하는데 그들이 어떻게 2년 반 동안 혹독하고 아름다운 나미브 사막의 위험 가운데 로빈슨 크루소처럼 생활하였던가를 흥미롭게 기록하고 있다.

두 사람은 전쟁이 거의 끝날 때까지 아프리카의 원시종족 부시먼처럼 필요한 모든 것을 스스로 만들어 써야 했으며 매일매일 생존하기 위해 물을 찾고 먹거리를 사냥해야 했으며 위험한 짐승으로부터 보호할 피신처를 찾는 투쟁을 계속해야 했다고 한다. 두 해 반 동안 밤에는 안전한 동굴에서 그날 잡은 사냥거리로 요기하며 단파 라디오를 통해 유일하게 외부세계 소식과 2차 대전의 진행 상황을 들었다고 한다. 그들은 광야 생활을 통해 '사냥꾼 채집자로 보낸 자연인의 생활'과 '문명을 통해 누릴 수 있는 유익'을 관조하기도 하였고 자연의 진화에 대한 철학적 명상에 잠길 수 있었다고 한다. 그러던 중 헤르만이 영양실조와 질병으로 위독하게 되자 헨노 마틴은 마침내 남아프리카군에 투항하였다.

그들이 투항한 지 약 6개월 후에 2차 대전이 종전되었다. 그로부터 40년 후 헨노 마틴은 그 시절을 추억하며 그가 광야에서 배웠던 잊지 못할 교훈을 다음과 같이 설명했다.

헨노 마틴의 은신처인 반 동굴

그들의 주거지역

"두 해 반 동안의 나미브 사막에서 살아남은 경험을 통하여 내가 얻은 가장 중요한 교훈은 인간의 정신은 그가 처해 있는 혹독한 상황과는 상관없이 어떠한 환경 가운데서도 승화될 수 있다는 것이다."

'너희가 무엇을 보려고 광야에 나갔더냐?' 하는 질문에 그들은 두 해 반의 광야 생활에서 '승화된 인간정신의 승리'를 보았다고 말할 수 있을 것 같다.

우리는 다음 날 월비스 만으로 가기 전 '나미브 나우클루프트 파크' 사막에서의 마지막 밤을 나미브 광야 한가운데 고립된 포겔피더버크 암석 동굴에서 야영하기로 하였다. 마치 80여 년 전 헨노와 헤르먼이 사막의 은신처에서 지냈던 것처럼….

'새 깃털의 산'이란 뜻의 포겔피더버크Vogelfederberg는 월비스베이에서 C14번 비포장도로 50km 떨어진 나미브 황야 가운데 외로이 떨어져 있는 바위산 덩어리이다. 우리는 C14번 도로에서 바위 굴 야영장까지 장비를 옮기는 것이 만만치 않아 평퍼짐한 암반 위로 트럭을 모는 곡예운전을 하여 겨우 동굴 입구 처마 밑까지 올라왔다. 리암은 천막 치는 것이 귀찮은지 그냥 바위 지붕 아래서 자겠다고 한다.

저녁을 짓기 위해 모닥불을 지피는데 근처에서 사막여우 울음소리가 들린다. 이 녀석들은 우리가 바비큐 하는 소시지 냄새를 맡고 야식

포겔피더버크 바위 동굴에서 야영

밤에 사막여우가 우리 식품을 훔쳐가다

으로 먹을 것이 없나 하고 주변에서 서성거리는 것이 틀림없다. 저녁을 마친 우리는 깊고 먼 사막의 밤하늘에서 남십자성과 오리온좌를 찾았다. 이 별자리는 북반구에 사는 우리나라에는 볼 수 없는 별자리들이다.

아! 무인도에서 4년 동안 혼자 살았던 알렉산더 셀커크가 로빈슨 크루소 섬에서 올려다본 밤하늘의 별들도 이와 같았을까?

점점 어둠이 덮여오고 눈 아래 끝없이 펼쳐진 인적 없는 광야를 앞마당으로 삼고 별이 빛나는 하늘을 지붕 삼아 아프리카 사막에서의 마지막 밤을 보낸다. 붉게 타오르는 모닥불 불꽃을 최면에 걸린 듯 보고 있노라니 마치 지구를 떠나서 먼 외계의 행성으로 우주선을 타고 캠핑을 온 지구인이란 초현실적인 착각을 한다.

만약 외계인이 지구를 찾아온다면 인적 없는 포겔피더버크야말로 가장 이상적인 착륙지점이 되지 않을까?

월비스베이와 스바코프문트

2010년 10월 3일 일요일, 나미브 사막에서 마지막 밤을 보낸 나는 어두컴컴한 새벽 5시에 일어나 천막을 접고 조심조심 바윗길을 내려서 월비스베이를 향해 이동했다.

'고래잡이만' 이란 뜻의 월비스베이는 나미비아의 유일한 천연 항구이다. 옛날 희망봉을 향해 항해하던 선박들이 중간에 정박했던 전략적으로 중요한 항구로 서남부 아프리카에 식민지를 가졌던 강대국들은 차례로 이곳을 그들의 주요거점으로 개발하기도 했다.

지하로 흐르는 쿠이제프 강의 지하수를 땅 위로 끌어올려 이 사막의 도시를 개발하였는데 신기하게도 남아프리카 북서부에서 시작된 사막과 모래 산들이 쿠이제프 강의 삼각지에서 끝나게 된다. 그리고 월비스베이 북쪽부터 시작되는 나미비아의 풍치는 남부의 해안 사막지대와는 현저히 다른 모습을 보인다.

앙골라 접경지역까지 길고 가늘게 이어지는 해안선을 '해골의 해안 Skeleton Coast' 이라고 부른 것은 삭막한 해안에 쌓인 수많은 고래와 물개들의 표백된 뼈들과 수백 척의 크고 작은 난파선의 잔해 때문이라고 한다. 내륙의 부시먼들은 이 해안을 '신이 노여움으로 만든 땅' 이라고 불렀고 포르투갈의 뱃사람들은 '지옥의 관문' 이라고 불렀는데 이는 대서양에서 밀려드는 심한 파도와 뜨거운 내륙풍의 영향으로 조성된 지독한 안개로 접근이 불가한 황폐한 해안이기 때문이었다.

바실이 빈트후크에서 방학을 맞은 열 살과 열두 살짜리 두 아들을 데리고 부인과 함께 오후에 월비스베이 롱비치에 있는 그의 해안 별장에 왔다. 나는 이집트로 떠나기 전 이틀 밤을 이들과 보내기로 하였다. 다음 날 새벽 우리 5명은 사륜 오토바이를 타고 롱비치 뒤편에서 시작되는 모래 둔지로 갔다.

1시간가량 계속되는 모래언덕을 지나서 한 모래 산 위에 올라 사방을 둘러보니 끝이 보이지 않는 망망대해 모래 바다이다. 지구 상에 정말 이런 곳이 있나 할 정도로 믿기지 않은 광경이었다. 방향표시판도

월비스베이의 모래 언덕

윌비스베이 주변의 사구에서 바실의 가족과
쿼드바이크를 타다

길잡이가 될 만한 바위나 나무 한 그루 없는 모래 바다에서는 사륜 오토바이와 GPS가 없이는 길을 잃고 다람쥐 쳇바퀴 돌듯 헤매다 사막 가운데서 죽게 될 것이다.

평생 처음 타보는 쿼드바이크는 높은 모래 산 언덕을 내려올 때는 스키를 타는 것 같은 스릴은 있으나 너무 어지럽고 꼭 뒤집힐 것 같아서 겁이 났다. 아무리 생각해도 쿼드바이크는 60대 중반 촌뜨기의 스포츠는 아닌 것 같다. 그런데 바실은 이것은 몸 풀기에 불과하다며 아침 식사 후 트럭을 타고 나미비아의 사막 모험이 어떤 것인지를 본격적으로 보여주겠다고 한다.

우리는 윌비스베이에서 5~60km 남쪽에 있는 샌드위치 베이 쪽 사막으로 들어갔다. 사륜구동 차량이 모래산을 오르려면 네 바퀴의 바람을 절반 이상 빼야 한다. 모래와의 마찰을 최대한 높여야 하기 때문이다. 또 만약 두 대의 차량 중 하나의 바퀴가 모래 속에 묻혔을 경우를 대비하여 차를 끌어내기 위해서 체인도 가져가야 한다. 한동안 사막 가운데를 지나던 중 높이 300m 정도의 사구를 오르다가 우리가 탄 트럭의 바퀴가 모래에 묻혀 더는 움직이지 않게 되었다. 리암이 운전하던 트럭에 체인을 연결시켜 모래에 묻힌 트럭을 끌어내서야 겨우 빠져나올 수 있었다. 그런데 만약 차량 두 대가 한꺼번에 모래에 묻히게 되면 어떻게 되는 거지?

한두 시간 이상 걸려 모래 산을 몇 개 넘은 후 우리는 몇 년 전에 추락한 항공기의 잔해가 남아 있는 곳까지 갔다. 이 쌍발기의 잔해는 GPS가 생기기 이전에 케이프타운과 나미비아 북부지역을 왕래하던 연락기가 안개 속에서 길을 잃고 사막 가운데를 헤매다 연료가 떨어져 추락했던 사고가 남긴 것이다. 행방불명되었던 조종사의 유골과 추락한 비행기의 잔재는 사고 2년 후 이 사막 위를 지나던 헬리콥터 조종사에 의해 우연히 발견되었다고 한다. 해안선을 따라 상공을 나는 비행기가 안개로 길을 잃고 사막 한가운데 추락할 정도였으니 나미비아 사막의 크기를 충분히 짐작할 수 있었다.

월비스베이

추락한 비행기 잔해

저녁에는 독일인의 휴양지였던 스바코프문트Swakopmund에 갔다. 옛 독일의 식민지였던 곳인 만큼 아직도 독일의 영향이 강하게 남아 있는 관광 도시이다. 스바코프문트의 해변에서 작은 박물관과 해안선 주변을 구경하다가 다리도 쉴 겸 한 야외 카페 의자에 데이 팩을 잠시 내려놓았다. 커피 한잔을 마신 후 리암을 데리고 카메라를 든 채 해변 쪽으로 나갔다. 사진 몇 장을 찍은 후 아무런 생각 없이 카메라만 멘 채 오랫동안 체크 못한 이메일을 보기 위해 인터넷 카페를 찾아 스바코프문트 시내로 들어갔다.

그런데 막상 노트북을 꺼내려고 차 안을 살펴보니 배낭이 없다. 생각해 보니 아까 야외 카페 의자 위에 그냥 놓고 온 것이 아닌가? 아! 내 여권, 또 남은 여행 기간 동안에 쓸 현금, 그리고 모든 자료가 들어 있는 노트북, 지금 메고 있는 카메라를 빼고 모든 중요한 것들이 다 들어 있는 배낭을 놓고 온 것이다. 순간 아찔했다. 내일 카이로로 떠나야 하는데 여권이 없으니 사막에 꼼짝없이 발이 묶였구나 생각하니 눈앞이

스바코프문트 포구

캄캄했다. 나는 리암을 재촉하여 서둘러서 좀 전에 갔던 해변의 카페로 차를 몰았다.

주차장에 도착하자마자 15분 거리에 있는 카페를 향해 죽어라 뛰어서 먼저 의자 위를 살폈다. 배낭이 보이지 않았다. 사무실로 들어가 커피를 서빙하던 젊은 아가씨에게 '누가 내 배낭을 이곳에 맡겨두지 않았느냐?' 라고 물었더니 그런 일이 없었다고 한다. 아! 이제는 정말로 죽었구나! 하고 낙심을 하면서도 그래도 혹시나 하고 아까 내가 앉았던 자리에 가서 보니 그 의자 바닥에 내 파란색 배낭이 누워 있지 않은가? 그래서 좀 전에 의자 위를 살필 때 보이지 않았던 것이었다. 1시간이 훨씬 지났는데도 놓아두었던 곳에 배낭이 그대로 있는 것을 보고 눈물이 나올 정도로 반가웠다. 또 한편으로는 아직 칠십도 안 되었는데 건망증으로 고생하고 있는 자신이 너무 한심스러웠다.

'아! 잃어버린 아이를 되찾은 부모의 마음이 이런 것일까?'

그때 누군가 내 배낭을 들고 갔더라면 남은 아프리카 여행은 좀 더 흥미로웠을지도 모른다. 그러나 여권과 남은 여행 중에 쓸 현찰 그리고 노트북을 잃어버리고 출국하는 끔찍한 일을 당하지 않게 된 것에 대해 하나님께 감사드렸다.

"바이어 동키Baie Dankie! 정말로 감사합니다."

2010년 10월 5일 화요일, 아침 일찍 월비스베이를 출발하여 정오에 빈트후크에 도착한 후 곧바로 야영 장비를 내려놓고 사막 여행길에 동행해 준 리암과 바실 가족과 작별을 고하고 빈트후크 공항으로 차를 몰았다. 지난 일주일 동안 험한 나미비아 사막을 누볐던 트럭을 반납하고 이집트 카이로로 떠나기 위해 영국 항공에 올랐다.

지난 일주일간의 나미비아 사막 순례는 잊을 수 없는 추억으로 남게 될 것이다. 특히 아름다운 모래 산들, 데드플라이에서 본 죽음의 호수 위에 1,000년 동안 서 있는 괴기스러운 나목의 수림은 지구가 아닌 외계의 한 행성에서 본 풍경 같았다. 2년 반 동안 광야에서 살았던 헨노와 헤르만의 은신처를 찾던 일, 포겔피더버크 바위동굴에서 야영하며 바라본 사막의 밤하늘, 그리고 잃어버렸다가 다시 찾은 내 전 재산이 든 파란색 배낭….

지난 며칠간 압축된 짧은 시간의 페이지 안에서 많은 경험을 기록하였다. 나는 사막의 나라 이 황량한 광야에 무엇을 보려고 왔던가?

나는 이곳에서 건망증 많은 자신을 보고 잃어버린 배낭을 되찾았다. 그리고 마지막 목적지 파라오의 나라 이집트로 향한다.

파르벨 아프리카Vaarwel-Afrika! 아프리카 안녕!

이집트에서 이스라엘로
新 출애굽기

성서의 나라 이집트에서 이스라엘로

이집트는 북아프리카와 서남아시아를 시나이 반도를 통해 두 대륙을 이어주는 연육교連陸橋 같은 나라이다. 구약성서 출애굽기에 의하면 야훼를 유일신으로 숭배하는 이스라엘 민족이 기원전 13세기경 모세를 따라 약속의 땅 가나안으로 탈출하기 전까지 근 400년 동안 노예로 살았던 파라오의 제국이기도 하다.

한때 팔레스타인까지 지배하였던 고대 강대국 이집트는 문명의 발상지답게 거대한 피라미드와 스핑크스, 웅대한 신전 등 5,000년의 귀중한 문화유적의 산실이다. 이집트를 아프리카 순례의 마지막 나라로 선택한 것은 이 나라가 지닌 신비한 매력 때문이었다. 이곳이 바로 성서의 나라이고 긴 역사 가운데 담긴 신화와 파라오 전설 때문이라고 할 수 있다.

요하네스버그 공항에서의 ATM 사고로 현금인출이 막혀 서부 아프리카를 건너뛰고 원래 일정보다 한 달 일찍 귀국하기로 한 나는 잠시 새로운 갈등에 빠졌다. 참새가 방앗간을 그냥 지날 칠 수는 없다는 옛

말처럼 아프리카에 와서 이집트를 빼놓을 수 없고, 또 이집트까지 가서는 이스라엘을 그냥 지나친다는 것은 안 될 말이었다. 이 기회에 나일 강을 따라서 이집트를 종단한 후에 시나이 사막과 홍해를 건너 옛날 이스라엘 민족이 했던 것처럼 약속의 땅까지 육로로 출애굽을 해보자고 자신을 설득하였다. 조금은 모험적인 시도지만 경비를 최저로 줄이고 남아 있는 현금과 신용카드를 잘만 사용하면 두 나라의 순례가 가능할 것도 같았다.

제일 먼저 텔아비브에서 인천까지 가는 편도 항공권을 남아 있던 대한항공 마일리지를 사용하여 온라인으로 예약을 마쳤다. 어떻게든 텔아비브까지만 가면 10월 20일에는 한국행 항공기를 탈 수 있게 된 것이다. 어찌 보면 말 그대로 무전성지순례無錢聖地巡禮의 모험을 하게 될지도 모른다. 그리고 이번에도 명승고적 대신 오지나 인적미답의 길을 간다는 여행의 원칙을 무시하기로 했다. 왜냐하면 이집트와 세 종교의 근원지 이스라엘은 내가 종교에 관심을 갖기 시작한 10대 후반부터 꼭 한 번은 찾아보리라 꿈꾸었던 성서 속의 나라이기 때문이었다.

2010년 10월 5일 화요일, 빈트후크에서 경유지 요하네스버그 공항에 도착한 후 남아 있는 남아프리카 돈을 미화로 바꾸느라 공항 내의 여러 환전소를 돌며 애를 먹었다. 얼마 남지 않은 현금과 신용카드만으로 앞으로 남은 3주간을 견디려면 한 푼이라도 아껴야 했고 이집트에서는 남아프리카 화폐가 무용지물이기 때문이었다. 카이로행 밤 항공기 연결편을 2시간째 기다리며 이메일을 쓰고 있는데 누군가 툭툭 치며 아는 체한다. 누군가? 하고 쳐다보니 케냐에서 마사이 마라 오버랜드 사파리를 같이 했던 뚱보 크리스 원Chris #1이 아닌가? 그 당시 사파리 팀 가운데 환갑을 막 넘은 크리스 원은 나 다음으로 나이가 많은 친구였다. 지난 8월 30일 케냐 나이로비에서 헤어진 후 한 달 반 만에 우연히 요하네스버그 공항에서 마주친 것이다. 그동안 마음고생이 심했는지 꽤 홀쭉해졌다. 호주에서 온 크리스는 예순 살에 부인과 헤어지고 마음의 상처를 치유하기 위해 혼자서 여행을 하는 중이다. 아, 세상 정말 좁구나!

크리스는 그동안 마다가스카르와 남부 아프리카 각처를 몇 주 동안 여행하고 고향인 호주로 가는 항공기를 기다리고 있는 중이란다. 우리는 한 달 반 동안 각자가 다녀왔던 곳에 관해 이야기를 나누느라 시간 가는 줄 몰랐다. 크리스는 나와 헤어진 후 마다가스카르와 보츠와나 그리고 남아프리카 등 세 나라를 다녀왔다고 한다. 같은 기간에 나는 킬리만자로, 잠비아, 짐바브웨의 빅토리아 폭포, 그리고 보츠와나 대신 나미비아를 포함한 여섯 나라를 다녀왔다고 하니 조금 놀라는 표정이었다.

크리스와 헤어진 후 나는 인터넷으로 피라미드가 있는 기자Giza에 가장 저렴한 호텔을 찾아서 예약했다. 다음 날 새벽 카이로에 도착하면 우선 짐을 풀 숙소는 있어야 하기 때문이다. 이집트 내에서의 여행은 일단 그곳에 도착한 후 상황에 따라 결정하기로 하고 다음 날 아침 카이로까지 야간비행을 하는 이집트 항공기 안에서 잠이 들었다.

피라미드와 스핑크스의 땅 기자에서 순례를 시작하다

2010년 10월 6일 수요일 아침, 카이로 공항에 도착한 나는 이집트 안내 카운터로 가서 피라미드가 있는 기자로 가는 저렴한 교통편이 있

피라미드 앞에서 처음 타본 낙타

코를 잃어버린 스핑크스

는지 물어보았다. 그곳으로 가는 버스는 없다며 저렴한 택시를 소개해 준 아데프라는 직원은 혼자서 배낭을 메고 서 있는 나를 보고 혹시 다른 여행사와 이집트 여행 스케줄을 계약하고 왔는지 물어보았다.

나는 아직 딱히 예약한 회사도 없고 나일 강을 따라 기차와 리버크루즈를 이용하여 아스완까지 간 후 아부심벨 신전을 보고 시나이 반도를 거쳐 10월 15일까지 이스라엘의 국경지역인 타바까지 가려고 한다는 대략의 계획을 알려주었다. 그리고 돈이 별로 없는 배낭 여행자이니 만약 그 시간대에 맞는 저렴하고 알찬 프로그램이 있으면 알려달라고 부탁한 후 호텔로 왔다. 현지에서 현금인출이 불가능하므로 비용이 모두 포함된 저렴한 패키지를 잘만 고르면 스케줄 짜는 고생도 덜고 경비도 신용카드로 지급할 수 있어서 아주 이상적이다.

그동안 몇 달간의 세계 여행을 통해서 터득한 노하우라고 할까? 호텔에 도착한 후 인터넷을 통해 내가 가려고 하는 목적지가 포함된 패키지들과 소요 경비를 대략 알아보았다. 혹시 바가지를 쓰지 않을까 하는 우려 때문이었다. 나중에 알게 되었지만 공항에서 아데프를 만났던 것이 나에게는 커다란 행운이었다. 아데프가 제안한 패키지의 총

경비는 내가 알아본 것보다 훨씬 경제적이었고 무엇보다 신용카드로 지불할 수 있었기에 나는 그가 호텔까지 직접 들고 온 계약서에 바로 서명했다. 그가 제안한 패키지 안에는 5성급 플로팅 호텔에서 나일 강변의 유적을 보며 즐기는 3박 4일간의 나일 리버크루즈가 포함되어 있다. 아프리카 여행 중 최고의 호강을 누릴 수 있게 되었다.

나는 곧바로 아데프가 소개한 안내인 나세르이집트 전 대통령과 동명를 따라서 3개의 피라미드와 스핑크스가 있는 엘 기자 고원으로 갔다. 피라미드를 보는 데는 두 가지 방법이 있는데 승용차를 타고 가 주차장에서 걸어가는 방법이 있고, 말이나 낙타를 타고 가 사막 후문을 통해서 쿠푸 피라미드Khufu Pyramid라고 부르는 거대 피라미드 바로 앞까지 가는 경우가 있다. 이곳에는 쿠푸 피라미드 외에도 규모가 약간 작은 카프

쿠푸 피라미드

레 피라미드 그리고 멘카우레 피라미드도 있다. 높이 146.5m의 쿠푸 피라미드는 그리스어로 케옵스Cheops라고도 하는데 고대 세계의 7대 불가사의 가운데 가장 오래된 것이다. 기원전 2560년경 20년에 걸쳐 축조된 이 피라미드는 그 후 3,800년 동안 인간이 세운 가장 높은 조형물로 존재하였고 현재도 거의 원형대로 잘 보존되어 있다.

쿠푸 피라미드가 특이한 것은 4,570년 전 컴퓨터의 도움 없이 인간이 세운 건축물로 현대 수학자들까지 놀랄 만한 기하학적 정확성을 갖고 축조되었다는 것이다. 약 5,000년 전에 이집트인들은 둘레와 높이 1760/280 비율이 2π와 동일하다는 것을 이미 알고 있었고 또 오차 범위가 겨우 0.005%인 정확성을 의미한 것이니 그들의 수학적 지식과 건축공학의 수준이 놀라울 뿐이다. 고고학자들은 이 초대형 피라미드가 이집트 네 번째 왕조인 파라오 쿠푸의 무덤이라고 믿고 있다.

쿠푸 피라미드로 가기 위해 난생처음 2시간 동안 낙타를 탔다. 안장 아래 대롱거리는 발을 고정할 수 없어서 몸의 중심을 잡느라 계속 움직이는 낙타 위에서 애를 먹었다. 옛날 아프리카의 대상들은 어떻게 이 짐승을 타고 기나 긴 사막을 횡단했는지 도무지 이해할 수 없었다. 겨우 2시간 정도 낙타를 탔을 뿐인데 종아리와 정강이가 너무 아렸고 그 이후 일주일 내내 걷는 것조차 힘들었다. 낙타를 타고 피라미드를 찾아가는 이집트 순례길이 비록 고통스러웠지만 즐거운 추억으로 오래 기억하게 될 것 같다.

피라미드는 수천 년의 긴 세월 동안 인간에 의해 도굴당하고 풍파에 마모되어 상상했던 것보다 훼손 정도가 심각했다. 그러나 유명한 인류 문화유산이 4,500년이란 긴 세월 동안 기자의 사막 위에 건재한 것을 내 눈으로 직접 확인하는 것은 커다란 감동이었다. 스핑크스의 얼굴은 마모가 더 심하여 그 윤곽을 알아보기가 힘들 정도였다. 스핑크스는 그리스의 신화적 동물에서 기인한 이름이다. 원래 그리스의 스핑크스는 사자의 몸과 여인의 얼굴에 독수리의 날개를 가졌으나, 이집트의 대大 스핑크스는 사자의 몸통에 남자의 얼굴을 하고 있다. 길이 74m에 높이 20m의 이 스핑크스는 세계에서 가장 큰 단일 석상이라는데 기원전 2550년경 카프라 파라오 왕조 때에 만들어진 기념비적 석상이다. 그런데 이 스핑크스는 코가 없다. 나폴레옹 포병대의 대포알에 손상되었다고도 하고 1378년 스핑크스 앞에서 수확 증가를 기원하는 이집트 농민의 우상숭배에 분노한 수피 모슬렘에 의해 파괴되었다고도 하는데 어느 것이 진실인지는 확실치 않다.

해 질 녘 유적지를 나오는 길목에 오늘 밤 공연할 베르디의 오페라 '아이다'의 세트 준비가 스핑크스와 피라미드를 배경으로 한 사막의 옥외 무대 위에서 한창이다.

주세페 베르디가 수에즈 운하 개통을 기념하기 위해 작곡한 오페라 아이다는 고대 에티오피아와 이집트를 주제로 한 작품으로 포로로 잡혀 온 에티오피아 공주 아이다와 이집트 군대의 지휘관 라다메스의 비극적 사랑을 그린 작품이다. 아프리카의 첫 순례를 에티오피아에서 시

스핑크스와 피라미드 앞에서 베르디의 오페라 아이다를 공연하기 위해 야외무대를 준비하고 있다

작하였고 마지막을 이집트에서 마치게 된 시점에 있어 두 나라를 배경으로 한 베르디의 오페라가 바로 현장에서 옥외공연을 하다니 이 얼마나 매혹적인 우연인가?

이집트 군의 포로로 잡혀 온 에티오피아의 공주 아이다는 이름을 숨긴 채 이집트의 궁중에서 생활을 하던 중 뜻하지 않게 이집트의 전사 라다메스와 사랑에 빠진다. 그러나 라다메스의 사랑을 얻기 위해 질투에 눈이 먼 이집트의 공주 암네리스는 라다메스의 사랑을 뺏기 위해 아이다의 신분 비밀을 누설하도록 음모를 꾸민다.

라다메스와 아이다는 서로에 대한 사랑과 자신들의 조국에 대한 충성심 사이에 갈등하게 된다. 한편 에티오피아 왕 아모나스로는 공주 아이다를 구출하기 위해 이집트를 공격하나 라다메스의 지휘 아래 있는 이집트 군에 포로로 잡힌다. 그러나 아모나스로는 자신의 딸 아이다를 이용하여 라다메스가 이집트 군의 비밀 주둔지를 폭로하게 하고 이에 비밀이 탄로 난 라다메스는 이집트의 대제사장 람피스에 의해 산 채로 매장하는 사형선고를 받게 된다.

아이다가 무사히 도망했으리라는 사실에 위안을 삼고 자신의 숙명을 받아들이는 라다메스는 자신이 생매장될 무덤으로 가는 중 어둠 속에서 아이다의 한숨 소리를 듣게 된다. 그리고 이 불운한 두 연인은 재결합하여 비극적인 운명을 같이 맞는다. 이것이 오페라 아이다의 국경을 넘는 사랑 이야기이다. 1871년 카이로 오페라 하우스에서 초연된 이래 10년 만에 처음으로 스핑크스와 피라미드의 장엄한 실제 배경 가운데 나흘간에 걸쳐 옥외공연을 하게 되었다.

현장에서 베르디의 아이다를 보고 싶은 욕심에 내가 묵고 있던 호텔에서 오페라 관람권을 신용카드로 구매할 수 있는지 물어보았다. 그러나 그것은 불가능한 일이었다. 아쉽게도 나는 밤하늘에 울려 퍼지는 이집트 군의 승리 행진곡을 들으며 두 연인의 슬픈 러브 스토리를 상상할 뿐이었다. 요하네스버그 공항에서의 ATM 사고만 아니었어도 나는 지금 저 안에 있을 텐데….

이집트 천 년의 수도 알렉산드리아와 카이로

2010년 10월 7일, 어제 피라미드에 함께 갔던 가이드 나세르와 옛 이집트 제국의 천 년의 수도 알렉산드리아로 향했다. 기원전 331년에 이집트를 정복한 알렉산더 대왕이 세운 알렉산드리아는 알렉산더가 33세의 나이에 죽자 총애하는 장군 프톨레마이오스 소테르가 이집트의 파라오가 되어 프톨레마이오스 왕조를 시작한 곳이다. 그리고 이곳은 641년 이집트가 모슬렘 군에 정복될 때까지 1,000년 동안 그레코 이집트 제국의 문화 산실이었다.

알렉산드리아에는 지금은 사라졌으나 프톨레마이오스 왕조 초기에 세워던 2개의 유명한 문화유적이 있었다. 전 세계 역사상 최초의 등대 파로스와 이집트 최초의 도서관 로열 알렉산드리아가 그것이다. 나는 두 유적의 흔적이 남아 있는 카이트베이 시타델과 알렉산드리아 도서관을 찾았다.

알렉산드리아의 파로스라고 알려진 이 등대는 기원전 3세기에 건축되었으며 높이 140m로 지중해의 어두운 밤을 항해하던 선원들이 알렉산드리아 항구로 안전하게 귀항하도록 지어졌다고 한다. 파로스는 수세기 동안 지구 상에 존재했던 가장 높은 인공 구조물로 고대 세계 7대 불가사의 중 하나였다. 기원전 205년에 프톨레마이오스 소테르가 이집트의 파라오로 등극하여 등대를 짓기 시작했고 그의 아들인 프톨레마이오스 필라델포스 통치 기간에 완성되었다. 파로스는 그리스어이나 이탈리아와 스페인어로는 파로Faro라고 불리었으며 전 세계 등대의 기원이 되었다. 아쉽게도 두 번에 걸친 지진으로 무너진, 1500년 후 1480년 이집트의 술탄 카이트베이가 무너진 등대의 돌들을 사용하여 지중해 변에 아름다운 카이트베이 시타델을 건축하였다. 지금 이 성채는 이집트 해양 박물관으로 사용되고 있다.

알렉산드리아의 또 하나 자랑거리는 고대 세계 최대의 알렉산드리아 도서관으로 프톨레마이오스 왕조 초기 때 건축되었다. 기원전 47년 줄리어스 시저가 알렉산드리아를 함락시킬 당시 우연한 사고로 불타 버리기 전까지는 세계 최고 학문의 전당이었다. 당시 장서가 놓인 선반 위 벽에 '영혼이 치료를 받는 장소'라는 문구가 새겨져 있었다고 한다. 알렉산드리아 도서관은 로마의 줄리어스 시저 이후에도 많은 수난을 겪었는데 로마 황제 아우렐리아누스의 이집트 정복과 크리스천 로

헐린 등대의 돌로 지은 카이트베이 시타델

최근에 재건된 알렉산드리아 도서관. 한글이 보인다

마 황제 테오도시우스의 칙령에 따라 이교의 사원 안에 보호받던 대도서관도 폐쇄되었다.

무바라크 대통령의 이집트 정부는 고대 이집트의 최고 도서관의 영광과 학문의 전당을 상징적으로 재건하기 위해 2002년에 옛날 고대 알렉산드리아 도서관이 서 있던 자리에 새로운 알렉산드리아 도서관Bibliotheca Alexandria을 건축하였다. 세계 최초 도서관의 한 문설주에는 '지식에서 지혜로'라는 문구가 적혀 있었고 컴퓨터를 비롯한 최첨단 시설을 갖춘 현대식 도서관으로 변모되어 있다.

새 도서관 입구 정면 위 석벽에는 고대 상형문자를 비롯한 각 나라 문자들이 새겨져 있는데 인상적인 것은 그 가운데 우리나라 한글이 선명하게 보이는 것이다.

알렉산더 대왕이 이집트 정복 후에 세운 이 도시는 고대 그리스 학문과 문화의 중심지였을 뿐 아니라 당시 세계에서 가장 큰 유대인 공동체 집단 거주지이기도 했다. 그래서 히브리어 구약성서를 그리스어로 번역하는 작업 '셉투어진트Septuagint'가 이곳에서 진행되었다. 헬레니즘의 후계자인 로마제국의 이집트 정복으로 알렉산드리아에는 오늘날까지 그레코로만 반원형 극장이나 정복자 폼페이의 기둥과 같은 그 시대의 유적들이 많이 남아 있다.

알렉산드리아의 다른 볼거리 가운데 '콤 엘 슈카파'라는 카타콤 지하 공동묘지가 있다. 이 카타콤은 중세 세계 7대 불가사의 중 하나로

알렉산드리아의 고대 로마 극장

그레코로만 기의 귀중한 고고학적 사적지이다. 1900년대에 길 잃은 한 당나귀가 카타콤 입구 구덩이에 빠지는 바람에 우연히 발견됐다는 지하 3층의 무덤은 바위 속을 파서 만든 것이다. 이 공동묘지는 당시의 총독 등 지배계급의 무덤으로만 사용되었다가 나중에 평민들에게도 개방된 지하 묘역이었다.

카타콤 옆에는 벽돌 아치로 연결된 카라칼라 회랑이 있는데 이곳은 로마 황제 카라칼라가 자기를 모욕한 알렉산드리아 시민 2만 명을 무자비하게 학살하여 집단 매장시킨 곳이라 한다. 카라칼라는 로마 황제 마르쿠스 아우렐리우스 세베루스 안토니누스의 별명인데 공동 황제인 동생을 암살하고 결국 자신도 부하 손에 죽게 되는 악명 높은 황제였다. 그는 황제의 권좌를 유지하기 위해서 그리고 질투심 때문에 이 같은 잔혹한 범죄를 가책 없이 자행했다. 정글의 맹수도 배가 부르면 사냥을 그만두고 자손의 번식을 위해서만 경쟁자와 투쟁하는데 오로지 인간만이 동서고금을 통해 상반된 이념, 질투와 자만으로 헤아릴 수

카이로 성채와 미나렛

없이 많은 동종의 생명을 잔혹하게 학살하였다. 이것을 보면 인간이 짐승보다 추악하다는 생각을 떨쳐버리기 힘들다.

알렉산드리아의 유적들을 살펴본 후 나세르는 나와 운전사 모하메드를 데리고 알렉산드리아 포구에 있는 해산물 레스토랑으로 갔다. 나세르는 지금 금식 중이라 낮에는 가까운 모스크에 가서 기도해야 한다고 했다. 금식하는 나세르에게는 미안하지만 금강산도 식후경이라 배가 고픈 나는 꽁치구이와 해물탕 같은 매콤한 생선 수프를 쌀밥과 같이 맛있게 먹었다.

'흠, 알렉산드리아가 그 옛날 세계 문명의 요람이었던 것은 알겠는데 이곳의 요리사가 세계인의 입맛을 희한하게 맞출 줄은 몰랐네!'

나일 강을 따라 남쪽 룩소르까지 기차여행을 하기 전 이집트의 수도 카이로로 향했다. 카이로에 들어가면 제일 먼저 눈에 띄는 것이 웅장한 살라딘의 성채이다. 이 시타델은 십자군의 침략 당시 두 도시 푸스타트아랍 이집트의 첫 번째 수도와 카이로를 방어하기 위해 1176년에 아이유

브 왕조의 창시자 살라알딘살라딘이 축성하였다.

카이로에서 가장 눈에 많이 띄는 것은 미나렛으로 보통 양파 혹은 원추 모양의 꼭대기를 가진 이슬람 건축 양식의 기다란 뾰족탑이다. 그래서 카이로는 '1,000개의 미나렛이 있는 도시'라는 별명이 붙었다.

지난봄 티베트를 찾아서 여러 사원을 순례하는 동안 티베트의 불교를 조금 더 이해할 수 있게 되었다. 그리고 이슬람의 나라 이집트에 있는 동안 이슬람의 세계를 좀 더 배우게 되기를 바랐다.

웅장한 카이로 시타델에서 내려다보이는 시내 중심가에는 이슬람의 대표적 모스크인 술탄 하산 모스크가 있다. 나는 독실한 모슬렘인 나세르의 안내로 난생처음 이슬람교의 모스크 내부에 들어갈 수 있었다. 나 같은 이방인이 모스크 안에 들어가도 되느냐고 물었더니 반드시 신발을 벗고 들어가야 하며 모스크 내부에서 경건하게 행동하면 입장이 허락된다고 한다. 이 모스크는 13세기 맘루크 왕조의 술탄 하산이 건축한 것으로 카이로에서 가장 크며 전통적 이슬람 건축 양식으로 매우 아름답고 특이했다. 거대한 외형뿐만 아니라 모스크 안에 축조된 여러 실내가 다양한 색조의 석재를 사용한 것이 하나의 거대한 조각 예술품처럼 보였다.

나세르가 구석에서 기도하는 동안 나는 술탄 하산의 모스크의 아름다운 실내 대리석 바닥에 앉아 유대인의 조상 아브라함에서 유래된 세 번째 종교 이슬람에 관한 명상에 잠겼다. 이슬람교는 기독교와 같이 아브라함과 모세로 비롯된 유일신의 유대교를 그 뿌리로 두고 있다. 이슬람교의 창시자 모하메드570~632는 모세와 예수를 아브라함과 같이 이슬람 신앙의 예언자로 간주하고 자신을 스스로 알라신의 마지막 예

술탄 하산의 모스크 내부

술탄 하산의 모스크 미나렛 하나가 안 보인다

언자라 칭하며 새로운 믿음을 전파하였다. 그리고 모하메드의 사후 칼리프라고 부르는 그의 추종자들은 코란이 아니면 칼이라는 무력 개종을 통하여 겨우 100년632~732 사이에 중국 접경에서 중앙아시아, 북인도, 중동, 북아프리카와 이베리아 반도까지 아우르는 유라시아 최대의 이슬람 제국을 건설하였다. 당시 그들은 강국 페르시아의 사싸니안Sassanian 제국과 동로마

비잔틴제국을 멸망시키고 아바스 왕조에서 오토만 제국에 이르기까지 이슬람 문화권의 황금기를 이룩하였다. 그리고 현재는 중동 지역과 동남아 외에도 총 21억의 인구가 모슬렘이라고 한다. 과연 이들을 움직이는 정신적 유대는 무엇일까?

술탄 하산 모스크는 중세 카이로의 건축물 중 건축 비용이 가장 많이 소요되었다고 한다. 술탄 하산은 자신의 카이로 시타델 궁에서 내려다볼 수 있는 모스크가 완성되기도 전에 그가 신임했던 옛 노예 기병 출신 맘루크 군 최고사령관 우마리에 의해 암살되었다. 암살을 당하게 된 이유가 낭비벽, 개인적 탐욕, 여성 편력과 공금 유용 때문이었다 하니, 술탄 하산은 마지막 예언자를 위해 웅대하고 아름다운 모스크를 건축하도록 수많은 시간과 비용을 투자하였건만 신임하던 경호원의 손에 암살당하게 될 자신의 운명은 전혀 예측하지 못했다.

아크나톤과 투탕카멘에서 람세스 3세까지

나일 강가에 정박한 선상 레스토랑에서 점심을 먹은 후 이집트 박물관을 찾았다. 카이로 박물관에는 고대문명의 발상지답게 이집트의 고대와 중세 유물들이 즐비하다. 그중에서 가장 인상 깊고 인기 있는 관람 구역은 투탕카멘인데 다른 전시물들과 달리 가장 최근에 발굴되었고 또한 보존 상태가 매우 양호하여 3,300년 전의 소년 왕의 모든 유물이 불과 몇십 년 전에 만들어진 것처럼 생생하다. 그가 생전에 사용했던 옷장, 장신구 그리고 무기들과 그의 체구에 맞게 제작된 여러 개의 작은 침대들과 보좌들이 전시되어 있었다. 안내인이 투탕카멘의 전시물 가운데 얇은 가죽으로 만든 고추처럼 생긴 이상한 도구를 가리키며 파라오가 사용한 최초의 피임 용구였다고 설명한다. 이집트의 왕들이 피임할 필요가 있었을까? 아마도 피임보다는 질병을 예방하기 위한 더 큰 목적이 숨어 있었을 것 같다.

파라오의 나라이자 이집트 신들의 땅을 제대로 순례하기 위해서는 먼저 이집트의 고대사와 그들의 신화를 좀 더 알아두는 것이 큰 도움이 될 것 같았다. 이집트 신화에는 신들의 인간적 성품이 잘 묘사되어 있다. 예를 들어 유명한 오시리스와 이시스 신화는 형제간의 시기와 질투로 말미암은 동기간의 살인 그리고 부활과 잉태 등을 내포한 인간적인 이야기이다. 하긴 신화란 인간의 창작과 전설로 전래한 것이 아니던가?

구약성서 나오는 아벨을 시기해서 동생을 죽인 카인처럼 혼돈의 신 세트는 질투 때문에 태양신 '라'에게서 세상의 지배권을 상속받은 형 오시리스를 살해한다. 그러나 오시리스의 누이이자 아내인 이시스는 세트가 빼앗은 남편의 왕좌를 되찾기 위하여 세트가 토막 낸 오시리스

매의 머리를 가진 호루스

숫양의 머리 아문 신상

의 시신을 모아 부활시킨다. 오시리스는 사후세계에 들어가 죽은 자들의 통치자가 되기 전에 아내 이시스에게 호루스Horus를 잉태시킨다. 그리고 이시스가 출산한 오시리스의 아들 호루스는 성인이 된 후 숙부인 세트를 죽여 아버지의 복수를 하고 현세의 통치자가 된다. 역대 이집트의 파라오는 자신을 호루스의 화신으로 신격화하기를 좋아했고 신전의 벽화 속에 매의 머리를 가진 호루스를 자주 등장시켰다.

고대 이집트 종교는 여러 신의 존재를 인정하는 다신교 신앙과 유일신 신앙이 공존하였다. 당시의 권력자인 파라오의 신념과 각 지역의 특성에 따라 각각 다른 신을 주신主神으로 숭상하고 그 신들을 위해 신전을 건축하였는데, 이 성전 건축이야말로 그들의 업적 가운데 가장 중요한 공적처럼 보인다.

사후세계로 건너가게 될 파라오의 배(에드푸 신전)

이집트 신화는 그리스 신화와 달리 좀 엉성하고 일관성이 없다.

상형문자로 기술된 사후세계로 이동하는 파라오의 배

그리고 이집트 종교는 자연법칙과 원리를 통해 종교의 기원을 설명하려 한다. 그들은 태양과 바람, 공기와 공간 그리고 습기와 같은 자연현상을 신으로 숭배하거나 동물 형상을 통하여 추상적인 신을 물리적 형태로 표현하려고 하였다. 예를 들어 이집트인의 주신 아문Amun은 숫양, 호루스는 매, 아누비스는 자칼, 프타는 수소 등으로 상징하였다.

또한 이집트인은 파라오가 인간의 육체를 지니고 지상에 내려온 신인神人이며 파라오가 죽은 후에 완전한 신성을 얻게 된다고 믿었다. 파라오가 생존하는 동안에는 백성을 치리하는 의무와 그들의 사후세계를 준비해야 하는 책임이 있었다. 그 때문에 그들은 부활을 위해 자신의 시신을 미라로 보관하게 했고 내세를 위해 신전들과 장례신전들을 준비해야 했던 것이다.

수천 년간 지속된 이집트 파라오의 열전을 보면 중국의 사기史記를 읽는 것처럼 아주 흥미로운 사실을 발견하게 된다. 파라오의 왕권 쟁탈전이 마치 이집트 신화 속에 일어나는 신들의 싸움처럼 보인다. 특히 흥미로운 이집트의 왕조는 신왕국新王國. 기원전 1570~1070년 시대이다. 그 기간은 이집트 18대 왕조 아크나톤의 아버지 아멘호텝 3세부터 19대 왕조 위대한 람세스 2세까지를 포함한다.

아멘호텝 3세는 전례 없는 이집트의 부와 예술의 전성기를 이룩한 파라오였다. 그리고 그의 아들 아크나톤은 최근에 발굴된 유명한 소년왕 투탕카멘의 아버지로 왕권을 위협하는 아문바람의 신 신전의 사제들을 제거하고 당시 성행하던 이집트의 다신교에서 유일신 아텐 – 태양의 원판과 광선으로 묘사되는 – 신앙으로 종교개혁을 시도하였다.

아크나톤은 테베에서 수도를 아마르나로 옮기고 아텐 신전을 건축하였다. 아크나톤의 아름다운 왕비 네페르티티는 그 당시 모든 여성의 흠모 대상이었으며 오늘날까지 미의 상징으로 남아 있다. 아크나톤은 그녀와 함께 종교개혁을 주도하였으나 아크나톤이 죽은 후에는 그의 모든 정치적 종교적 업적이 후임 파라오들에 의해 파괴되었고 그는 기존 이집트 종교의 이단자로 규탄을 받게 되었다.

한가지 흥미로운 기록은 아크나톤이 유일신 아텐으로부터 받았다는 18계명이 있는데 그 가운데 10개의 계명은 모세가 시나이 산에서 유대인의 유일신 야훼로부터 받았다는 십계명과 똑같은 내용이다. 아크나톤의 유일신 아텐의 18계명과 모세의 십계명이 중복되어 있다니 재미있는 우연이 아닌가?

소년 왕 투탕카멘은 아크나톤과 그의 여동생이자 왕비인 네페르티티 사이에 태어난 아들이다. 출생 시의 이름은 투탕카텐아텐의 살아 있는 이미지이었으나 재위 2년째부터 아크나톤의 종교개혁을 반대하는 아문사제집단에 의해 아텐교敎가 철폐되고 아문교로 복귀하자 그의 이름도 투탕카멘아문 혹은 아멘의 살아 있는 이미지으로 개명하게 된다. 행정관 아이와

종교개혁가 파라오 아크나톤 미인의 대명사 네페르티티 왕비 소년 왕 투탕카멘의 황금가면

장군 호렘헤브가 나이 어린 파라오를 보좌하였고 이미 출산 경험이 있는 누이 안케센파아텐과 결혼하게 된다. 어찌 보면 이집트의 파라오를 통한 신들의 싸움에서 바람의 신 아문이 태양신 아텐을 이긴 셈이다. 여기서도 햇볕 정책이 실패한 것인가?

아문 신앙으로의 성공적 복귀를 기념하여 카르나크와 테베현재의 룩소르에서 대대적인 신전 건축사업이 진행되었다. 투탕카멘은 당시 이집트 파라오 왕족의 관습대로 순수 혈통의 왕위 계승을 위해 근친상간을 통해 태어났다. 그 부작용으로 골 질환 등 선천성 장애를 앓았는데 18세의 나이로 요절하게 된다. 투탕카멘이 죽자 투탕카멘의 왕비와 결혼한 아이가 잠시 정권을 잡고 호렘헤브를 축출하였으나 투탕카멘 생존 시 그의 후계자로 지목받았던 군 최고사령관 호렘헤브는 자기를 축출한 아이의 세력을 쿠데타로 제거하고 평민 출신으로는 처음 파라오의 자리에 오르게 된다.

호렘헤브는 그동안 일신교 종교개혁의 아마르나 시절의 혼란과 무질서 속의 이집트를 정상화시키고 국내외적으로 이집트의 입지를 강화하였다. 그러나 자신의 대를 이을 자녀를 생산하지 못하자 신하 파람세스를 후계자로 지목한다. 그가 바로 이집트의 19대 왕조 파라오인 람세스 1세이다. 람세스 1세는 불과 2년 동안 제위에 있었으나 이집트 역사상 가장 위대한 파라오인 그의 손자 람세스 2세와 아들 세티 1세의 치세를 준비하게 된 과도기의 파라오였다. 호렘헤브가 나이 많은 파람세스를 후계자로 선택한 이유는 파람세스에게 이미 걸출한 아들과 장성한 손자가 있어 왕권 확립을 위한 왕위 계승에 차질이 없을 것을 알고 있었기 때문이었다고 한다. 어찌 보면 호렘헤브는 강력한 이집트의 황금기를 준비하기 위하여 쿠데타를 수행하였고 람세스 왕조의 번영을 위해 현명하게 후계자를 선택한 참된 지도자의 덕목을 갖추었던 같다.

고대 이집트 옛 도읍 테베와 왕가의 계곡

2010년 10월 8일 밤, 카이로를 떠나 밤기차를 타고 룩소르로 향했다. 파라오의 무덤이 모여 있는 나일 서편 '왕들의 골짜기'와 유명한 여왕 파라오 하트셉수트의 장례신전을 찾아보기 위해서이다. 고대 이집트의 도읍지 테베라고 부르는 옛 수도 룩소르부터 3박 4일 나일 강의 뱃길로 아스완까지 간 다음 끝으로 람세스 2세 신전이 있는 아부심벨까지는 육로로 갈 계획이다. 이집트의 젖줄 나일 강을 따라가는 이 행로는 몇 천 년 동안 비옥한 땅을 지배하던 파라오의 발자취와 이집트의 종교 속으로 들어가는 신화와 역사의 기행이 될 것 같아 기대감으로 잔뜩 부풀었다.

약 10시간이 걸리는 야간 특급 열차에 같은 객실을 쓰게 된 룸메이트 이츠미는 도쿄에서 온 일본 여행사의 사진작가인데 한 달 동안 이집트의 여러 곳을 돌아보며 여행사의 브로슈어에 쓸 사진촬영을 할 생각이란다. 이 친구는 여행을 즐기며 자신의 취미를 활용하는 몇 안 되는 부러운 직업을 가진 사람이다. 가끔 가족과 떨어져 있는 것이 힘들지만 이츠미는 자기가 하는 일을 아주 좋아한다고 한다. 왜 그렇지 않겠는가? 이츠미의 이야기를 듣다 보니 두 달 전 에티오피아 오모 밸리에서 같이 여행했던 아마추어 포토그래퍼 군더가 생각났다. 군더는 아직도 가끔 나에게 이메일을 보내 안부를 묻곤 한다. 그런데 이 세상에

파라오 하트셉수트 여왕의 장례신전

는 이 친구처럼 자기가 좋아하는 일을 하며 사는 행복한 사람이 몇이나 될까?

덜컹거리는 열차에서 잠을 제대로 잘 수 있을까 생각했는데 뜻밖에 침대가 깨끗하고 아늑한 것이 몇 시간은 편하게 눈을 붙일 수 있을 것 같았다. 잠시 후 검표하는 승무원이 어디에서 내리느냐고 해서 룩소르라고 했더니 내 기차표는 아스완으로 되어 있다며 확실하냐고 묻는다. 나는 혹시나 하여 아데프에게 전화를 했다. 그 친구는 기차표는 아스완으로 되어 있으나 꼭 룩소르에서 내려서 그곳부터는 리버 크루즈를 타야 한다고 상기시켜 주었다. 아데프와 통화가 되었기에 망정이지 승무원의 말대로 아스완까지 바로 갔더라면 내 일정은 정말 엉망이 될 뻔했다.

10월 9일 토요일, 잠깐 잠이 들었는데 새벽 5시에 어젯밤 행선지를 묻던 승무원이 10분 후에 아침 식사가 나온다며 깨웠다. 아침을 먹는 둥 마는 둥하고 잠든 이츠미에게 작별인사도 못하고 5시 반에 룩소르 역에 내렸다. 현지 가이드가 내 이름이 붙은 푯말을 들고 서 있었다. 아침 늦게 그 안내인을 따라 나일 강의 서안 파라오의 무덤이 있는 왕과 왕비들의 계곡으로 갔다. 하트셉수트 여왕의 장례신전이 있는 왕들의 계곡으로 가는 길은 황량하고 거친 황갈색의 바위산 계곡 사이를 지나가야 한다. 파라오와 왕비들의 묘실은 불모의 계곡 속에 숨어 있는데 막상 묘실 내부에 들어가면 그 화려함에 놀라게 된다. 이것이 외양보다는 내면을 현세보다는 내세를 중요시하는 이집트의 종교 철학인가?

이집트 신왕국 왕조 중에 가장 흥성했고 영토를 넓혔던 시기가 18대와 19대 왕조인데 그들의 업적과 치세의 기록은 그 시대에 축조한 신전 벽과 기념비 위에 상형문자로 새겨져 있다. 가이드의 말이 재미있다. 이집트 파라오 왕조가 특이한 것은 파라오는 현세에 사는 왕궁보다는 내세의 삶을 위해 묘실을 준비하거나 그들이 숭배하는 신들을 위한 신전을 건축하는 데 더 많은 시간과 정력을 투자하였다는 것이다. 그래서 5,000년이 넘는 이 나라에는 파라오의 왕궁 유적은 하나도 없으나 그들이 내세를 위해 경쟁적으로 건축했던 수많은 신전만 남아 있다고 한다.

왕들의 골짜기에 숨어 있는 음모와 파라오의 여인들

이 왕가의 골짜기에는 수많은 파라오의 암투와 후계자가 선대 파라오의 업적을 훼손하거나 폄하한 내용의 숨겨진 왕들의 싸움 기록을 볼

하트셉수트 장례 신전의 오시리스 석상

왕들의 묘역이 있는 왕가의 계곡

수 있다.

여인의 몸으로 가장 강력한 18대 왕조 파라오가 된 하트셉수트1379-1458 BC는 재위 22년 동안 주변국과 무역로를 개척하고 이집트를 경제 강국으로 만들었던 파라오이다. 그녀는 서자 투트모세 3세가 유아였을 당시는 태후로서 평범한 섭정자였으나 7년 후에는 공식적인 이집트의 파라오로 등극하여 투트모세 3세와 공동 통치자가 된다.

이집트 왕조 역사상 여성이 파라오가 되는 것은 극히 이례적인 일인데 그녀는 생전에 유능한 파라오로 이집트를 통치하였을 뿐 아니라 평화적으로 왕좌를 그의 서자에게 양위하였다. 그러나 그녀의 공적은 후계자인 투트모세 3세와 그의 아들 아멘호텝 2세에 의해 여지없이 훼손되고 그들의 업적으로 둔갑하는 수모를 당하게 된다. 심지어는 그녀를 이집트 왕의 족보에서 제거하려는 시도까지 있었다는데 이는 남성 우월주의와 친자가 아닌 서자 투트모세 3세가 파라오의 정통성을 강화하기 위한 목적이었던 것 같다. 그녀가 세운 수많은 건축물 가운데 아직도 남아 있는 가장 기념비적인 것은 데이르 엘바하리 하트셉수트 장례신전일 것이다.

하트셉수트의 후계자 투트모세 3세는 고대 이집트의 나폴레옹이라고 불릴 만큼 누비아에서 시리아와 유프라테스까지 이집트의 영토를 확장시킨 전투적인 파라오였다. 계모 하트셉수트의 건축물을 헐어서 자신의 기념물을 건축하는 등 생전에 50개 이상의 신전을 세웠다. 특히 그는 카르나크 성전에 지상에서 가장 높은 2개의 기념 석비오벨리스크를 세웠었는데 약 1,700년 후에 이곳을 찾아온 로마의 크리스천 황제 콘스탄티누스 대제와 테오도시우스 1세에 의해 그의 두 오벨리스크가 당시 로마제국의 수도 콘스탄티노플에 전리품으로 옮겨졌다.

자신의 공적을 더욱 빛내기 위해 전임 파라오의 업적을 훼손하면서까지 세웠던 자신의 기념비가 후세 점령군의 손에 의해 약탈당하고 그들의 승전물로 침략자의 나라에 옮겨지게 되는 수모를 겪게 될 줄이야 … 아니면 자신이 그랬던 것처럼 후계자들에 의해 완전히 파괴되는 대신 지금껏 귀중한 고대 유물로 남게 된 것을 다행스럽게 생각할까?

왕들의 골짜기에서 본 파라오의 무덤 가운데 가장 큰 것은 19대 왕

하트셉수트 성전의 지성소 입구

조 람세스 3세 묘실이다. 람세스 가의 왕위 쟁탈을 위한 하렘의 음모에 관한 이야기를 왕들의 계곡 람세스 3세 묘실에서 듣게 되었다. 동서고금을 막론하고 후계자 선정 때문에 일어난 왕자의 난은 이곳에서도 예외는 아니었나 보다.

하트셉수트의 치적을 기리는 장례 사원 안의 벽화

이집트 왕궁의 '하렘의 음모'란 이집트 19대 왕조 람세스 3세의 제2왕비 티예가 제1왕비 이세트의 아들인 왕세자 람세스 4세를 제치고 자신의 아들 펜타워렛을 후계자로 삼기 위해 측근들과 음모하여 람세스 3세를 독살한 사건이다. 티예는 자신의 아들을 파라오로 만들기 위해 남편을 죽였으나 그 음모가 발각되어 측근 대신을 포함한 주모자들 모두 화형에 처해졌다고 한다. 부활을 기대하여 시체를 미라로 보관하는 이집트 왕족에게 시신을 소멸시키는 화형은 가장 가혹한 형벌이었다.

완전한 아름다움의 상징 네페르타리Nefertari 무덤은 왕비들의 계곡 가운데 가장 화려하고 아름다운 무덤이다. 아름다운 이집트 여인의 표본인 네페르타리는 파라오 람세스 2세의 왕비로 더 유명하다. 네페르타리는 20년 동안이나 람세스 2세의 사랑을 받은 왕비였으며 람세스 2세는 아부심벨에 그녀와 여신 하토르를 위해 신전을 건축했을 만큼 그녀를 총애했다고 한다.

그것은 파라오 아크나톤이 이집트의 여인 중 최고의 미인이라는 네페르티티 왕비를 위해 신전을 건축한 이래 이집트 역사상 두 번째이다. 여자들은 역시 미인으로 태어나고 볼 일이었다. 미인이 되고 싶어하는 것이 어찌 이집트 여인들만의 꿈이었겠는가? 프톨레마이오스 왕조의 마지막 파라오 클레오파트라의 미모 때문에 로마의 역사가 바뀔 뻔하지 않았던가?

5,000년의 비밀이 숨겨진 왕들의 계곡을 나와 룩소르로 가는 길에서 있는 두 개의 거대한 멤논 석상을 보았다. 이 두 좌상은 3,400년 동안 테베의 공동묘지 앞을 지키고 있는데 이것은 파라오 아멘호텝 3세의 좌상이라고 한다. 1세기 그리스 여행가이며 지리학자인 파우사니아스는 이곳을 지나며 '그리스 전설에 나오는 트로이 전쟁 때 아킬레스를 대항해서 트로이를 도우려고 왔던 에티오피아 왕 멤논의 석상'

멤논의 석상 파라오 아멘호텝 3세

룩소르 아문 레 사원 입구의 첫 번째 석벽

카르나크 사원의 숫양 머리의 스핑크스

이라고 그의 여행기에 기록하였기에 지금도 이 좌상을 멤논의 석상 Memnon Colossi이라고 부른다. 기원전 27년의 지진으로 이 석상에서는 아침마다 신비로운 방울 소리가 울렸었는데 이는 주변의 습기와 기온 상승에 기인된 것이었으리라 추측한다. 멤논의 노래를 들으면 신들의 총애를 받는다는 전설을 믿고 로마 황제 헤로디안과 셉티미우스가 이곳을 찾아왔었다. 그러나 기원후 199년에 석상을 수리하고 난 후부터는 멤논의 노랫소리가 영영 사라졌다고 한다.

신전의 명당자리 카르나크와 룩소르 신전

오후 1시경 룩소르의 나일 크루즈 선착장에 도착하여 나일 강의 카니발이라는 크루즈 선박에 체크인했다. 이 크루즈 선박은 가히 떠다니는 호텔이라고 부를 만큼 특급시설로 되어 있다. 뷔페식당에서 늦은 점심을 먹고 잠시 쉰 다음 룩소르의 바자를 구경하기 위해 1불짜리 마차를 타고 시내로 갔다. 룩소르에서는 마부가 손님을 부를 때는 1달러라 해놓고는 내릴 때가 되면 딴 소리를 한다. 마차를 타고 룩소르의 뒷골목을 누비다 보면 수많은 바자들이 골동품과 전통 예술품을 전시해 놓고 손님을 부른다. 이곳 파피루스 전문점에는 이집트 신화와 파라오의 전설을 담은 파피루스화가 다채롭다.

리버 크루즈 선박에서 하룻밤을 보낸 다음 날 아침 먼저 카르나크 신전으로 갔다. 룩소르는 세계 최대의 종교 유적지이자 거대한 옥외 박물관이라고 할 수 있다. 기자의 피라미드 다음으로 여행객이 많이 찾아오는 곳이라고 한다. 거대한 신전들의 집합지인 카르나크에는 하이포 스타일의 수많은 기둥에 고대 상형문자로 새겨진 이집트 역사의 파편들이 남아 있다. 수천 년 동안 침략자들과 도굴꾼에 의해 무참히 파손되고 세월의 풍파에 유실되고 지금 남아 있는 것은 원유적의 몇 분의 일이나 되는 걸까?

카르나크 유적의 역사는 이집트 테베의 역사이기도 하다. 이곳에서 본격적인 신전 건축이 시작된 것은 상하上下 이집트의 통일 국가 수도가 테베로 옮겨진 18대 왕조부터라고 한다. 중왕국 시기부터 프톨레마

룩소르 신전의 하트셉수트의 석비와 람세스 2세의 탑문

이오스 왕조까지 1,300년 동안 30명의 파라오가 이곳에 신전을 건축하였다. 그 가운데 가장 중요한 신전은 '아문 혹은 아문-레'의 신전으로, 이집트의 가장 중요한 신인 태양신 아문을 위해 람세스 2세가 세운 것이다.

아문 레 신전 가운데 가장 볼 만한 곳은 '하이포 스타일 회랑Hypostyle Hall'일 것이다. 회랑의 넓이는 약 5,000m²로 지금은 없어진 지붕을 총 134개의 거대한 하이포 기둥이 받치고 있는데 한 기둥의 둘레는 10m, 높이는 24m이다.

회랑과 기둥들은 세티 1세에 건축을 시작하여 람세스 2세 때 완성되었으며 그들의 업적이 벽과 기둥에 새겨져 있는 것을 볼 수 있다. 외벽에 묘사된 전투 장면의 부조들은 두 왕의 치세 기간에 수행했던 중요한 전투와 정치 및 종교적 업적을 체계적으로 보여주는 역사적 의미가 있다.

그다음 찾아간 룩소르 신전은 카르나크 신전에 비하면 규모는 작으나 보존 상태는 훨씬 양호한 편이었다. 시내 중심지에 있는 룩소르 신전으로 가는 길에는 수많은 인간의 얼굴을 한 스핑크스들이 신전 입구 양쪽에 배열되어 있다. 한때는 카르나크 신전에서 바로 룩소르 신전으로 통하는 가로가 연결되어 있었고 1년에 한 차례 아문신 축제일에 그 통로가 사용되었다고 한다.

룩소르 신전은 테베의 삼신三神인 아버지 아문, 어머니 무트 그리고 아들 달의 신 콘수를 위해 지은 것이다. 신전 입구의 첫 번째 석문 뒤에는 하트셉수트의 거대한 오벨리스크가 서 있고 그녀가 최초로 건축한 신전의 벽과 바로크풍의 예배소가 아직도 남아 있다. 신전 중심에 있는 태양신의 회랑과 열주列柱는 아멘호텝 3세가 세웠고 이 신전의 첫 탑문은 람세스 2세가 건축하였다고 한다. 이집트의 파라오들은 신전 건축을 무슨 스포츠 경기하듯 경쟁적으로 건축하였던 것 같다.

룩소르 신전 뒤쪽에는 알렉산더 대왕이 신사神社로 개축한 채플이 나오는데 화강암 벽에는 알렉산더가 이집트의 파라오로 묘사된 부조가 있다. 또 로마제국이 이집트를 점령했을 당시 룩소르 신전은 점령군의 주둔지로 사용되었는데 그것을 보여주는 듯 신전의 내부 벽에 로마인의 채색벽화가 남아 있고 그 당시 그레코 로만 스타일의 두 기둥이 아직까지 서 있다.

룩소르 신전은 수천 년간 땅속에 묻혀 있었는데 발굴되기 이전 19세

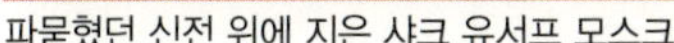
파묻혔던 신전 위에 지은 샤크 유서프 모스크

로마군 주둔 당시 그려진 벽화와 그레코 로만 기둥

기에 신전이 묻힌 그 대지 위에 샤크 유서프 마부 알하자의 모스크가 건립되었다. 오늘날도 사용하는 알하자 모스크는 룩소르 신전이 발굴된 후에는 그 위치가 신전보다 높은 곳에 올라가 있는 기이한 형태가 되었다. 어찌 보면 수천 년 동안 고대 이집트의 신들을 예배하였던 신전이 한때는 콥트 기독교 예배당으로 쓰였고 또 2,000년이 지난 후에는 이슬람의 모스크로 사용되고 있으니 이곳은 신을 예배하는 명당자리라 아니할 수 없다.

선착장에서 배를 잃고 헤매다. 에드푸 호루스 사원으로

카르나크와 룩소르 두 신전을 돌아본 후 배도 고프고 피곤하여 시원한 배 안에서 점심을 먹을까 하고 오전에 내렸던 크루즈 선착장으로 갔다. 그런데 막상 부두에 와서 보니 오전에 내가 탔던 선박이 보이지 않는다. 설상가상 배의 이름도 전혀 기억나지 않아 갑자기 바보가 된 기분이다. 다만, 내릴 때 부두 제일 앞쪽에 정박했던 배 이름이 나일강의 악어Nile Crocodile라고 쓰여 있는 것을 언뜻 본 것 같은데 그 배는 떠났는지 보이지 않고 내가 탔던 배 이름은 전혀 기억나지 않으니 답답할 노릇이었다. 룩소르 크루즈 선착장에는 수십 척의 선박들이 정박해 있는데 각 배가 도착할 때 여러 배를 묶어서 통로가 일자로 연결되도록 고정한다. 그리고 배를 댄 후에도 시간마다 떠나는 다른 배 때문에 크루즈 선박들은 자리를 이동하게 되어 위치가 자주 바뀐다.

부둣가에서 한참을 서성이고 있는데 한쪽 다리를 저는 이집트 청년이 자기가 도와주겠다며 따라오라고 한다. 그러나 배 이름을 모르니 그 친구 역시 별 뾰족한 수가 있을 리 없다. 한동안 둘이서 이곳저곳을 찾아 헤매다 룩소르의 현지 안내인은 배 이름을 기억할 것 같다는 생각이 들어 그에게 전화하니 내가 탔던 배 이름이 '나일 카니발' 이라고 한다.

'맞아, 나일 카니발! 왜 그 이름이 그토록 생각이 나지 않았지?'

우리는 이 배에서 저 배로 헤매다가 마침내 내가 탔던 나일 카니발을 발견하였다. 막 배 안으로 들어가려고 하는데 자청해서 나를 따라다닌 젊은이가 자기가 찾아준 것처럼 팁을 달라며 손을 내민다. 하긴 공짜일 리가 없지! 자기는 그냥 나를 따라만 다녔으면서.

아스완을 향해 나일 강을 거슬러 올라가는 나일 카니발이 저녁 6시가 되자 서서히 움직이기 시작한다. 주변이 어두워지기 시작하여 배의 옥상 위로 올라가니 아직 석양의 붉은 노을이 남아 있는 남쪽 하늘에 초승달이 그 모습을 막 드러냈다. 뜨거웠던 사막의 열기가 모래 속에 잦아들고 나일 강의 저녁 강바람이 시원하게 얼굴을 때린다. 강 양변에 정박한 유람선과 나일 주변의 건물에서 비치는 불빛들이 강물 위에 반사되어 물속에서 흔들리는 보석처럼 춤을 춘다.

나는 서서히 항해를 시작하는 나일 카니발 위에 서서 강바람을 등지고 아이팟에서 흐르는 음악을 듣는다. 옛 파라오 세계를 찾아가는 나그네에게는 당찮은 축복 같다. 홀로 갔던 길고 먼 사막길에서처럼 사

호루스 신전 앞 의 파일런

흘 밤을 가는 나일 강 선상에서도 음악이 길동무가 되어 주니 외로움을 잊을 수 있을 것 같다.

2010년 10월 11일 월요일, 흔들리는 선상에서 잠든 사이에 룩소르를 떠난 크루즈는 어느새 에드푸에 정박해 있다. 6시 반에 아침을 먹고 로비로 나오니 에머드라는 현지 안내인이 나를 기다리고 있었다. 에머드는 오전에는 개인적으로 가이드 일을 하고 오후에는 이집트 유적 관리청에 근무하는 감사관이라고 한다. 에머드는 고고학과 역사에 관한 한 아주 박식하다. 내가 만나 본 어느 안내인보다 조리 있게 설명도 잘하고 특히 이집트 문명에 대단한 자부심을 품고 있었다.

이집트 유적을 본 후에 이스라엘에 갈 계획이라고 했더니 그곳에 뭐

볼 것이 있어 가느냐며 별로 달가워하지 않은 눈치였다. 이스라엘과 이집트는 현재 정치적으로 평화적인 관계인데도 이집트 지식층의 가슴에는 6일전쟁의 앙금이 아직 남아 있는 것인가? 그것은 아마도 60대 이상의 한국인 가슴속에 일제 식민지 통치의 아픈 상처가 유산으로 남아 있는 것과 같지 않을까?

프톨레마이오스 왕조 때 호루스를 위해 건축한 신전 앞에는 거의 원형 그대로 보존된 거대한 파일런石門이 서 있다. 회랑 안의 전각과 석벽 기둥은 고대 이집트의 예술과 그레코 로만의 건축양식이 융합된 모습을 잘 보여준다. 에머드의 설명에 의하면 이집트의 모든 유적 가운데 이 호루스의 신전이 가장 잘 보존되었다고 한다. 하긴 겨우(?) 2,300년 된 유적이라 이렇게 건재해 보이는 걸까? 그러나 진짜 이유는 비잔틴 로마제국의 이집트 공정 때 크리스천 황제의 법령에 따라 이교 신의 숭배가 전면 금지되었고, 에드푸의 이 신전 역시 방치된 채 12m가 넘는 사막의 모래와 나일 강의 점토 속에 묻혀 있었기 때문이다. 마침내 1860년 프랑스 고고학자에 의해 발굴될 때까지 1,500년 이상을 땅속에 숨어 있었으니 보관 상태가 좋을 수밖에….

호루스의 신전 안에는 지성소가 있고 그 건축물의 벽과 기둥에는 주로 프톨레마이오스 왕조의 업적들이 기술되어 있다. 알렉산더의 수하 장군 파라오 프톨레마이오스 소테르의 손자인 프톨레마이오스 3세가 신전을 짓기 시작하여 유명한

호루스의 벽화

클레오파트라의 아버지인 프톨레마이오스 13세 때에 완성하였다. 신전 벽에는 매의 머리 호루스 신과 그 일가에 대한 신화가 부조와 상형문자로 새겨져 있다. 이집트의 신들 가운데 가장 인기 있는 호루스는 이집트 파라오의 상징으로 가장 많이 등장하는 신이다. 저승세계의 신 오시리스와 이시스의 아들로 태어나 아비를 죽인 숙부 혼돈의 신 세트에게 복수하고 현세의 지도자가 된 신이다.

마케도니아 출신 이방인 프톨레마이오스가 이집트의 파라오로 인정받기 위해 자신을 호루스의 아들로 미화하는 것이나 외래 정권인 프톨레마이오스 왕조의 정통성을 위해서 이집트인이 가장 사랑하는 신 호루스의 신전을 건설하는 것은 종교를 이용해 백성의 환심을 사려는 통치자의 정치적 의도가 분명하다. 수천 년 전이나 지금이나 성공적인

에드푸 호루스 신전의 아름다운 야경

정치란 민중의 지지가 절대적으로 필요하다는 것은 만고불변의 철칙인 것 같다.

밤이 되자 무덥고 건조한 나일 강변의 신전들은 '빛과 음향'의 야광 시스템에서 빛을 발산하자 환상적인 고대 이집트의 신비로운 모습으로 나타난다. 나일 강 상류로 물길을 거슬러 올라가는 선상에서 양안에 우거진 야자수와 갈대숲을 보는 것이 마치 꿈을 꾸는 것 같다. 나일 강변에서 내륙 쪽으로 조금만 들어가도 메마른 계곡과 사막이 펼쳐지는데 강 양안은 비옥한 오아시스의 연속이다. 이 물길은 수천 년간 이집트인의 목숨을 지켜준 생명수의 강이었고 찬란한 고대문화를 발전시킨 문명의 젖줄이었다. 그리고 이 비옥한 나일 강변에서 파라오와 신들의 이야기가 긴 세월 동안 계속 이어져 온 것이다.

아부심벨에서 북쪽 끝 시나이 반도로

고대 이집트인은 해마다 반복되는 나일 강의 범람이 가져오는 비옥한 농토에서 생산된 황금빛 곡물을 신의 선물이라 여겼다. 또한 그것은 현세와 내세를 연결하는 부활을 상징하는 이집트 종교의 근간이기도 했다. 그러나 나일 강의 홍수 관리와 관개시설 확장을 위해 아스완 댐을 건설한 현대 이집트인은 홍수라는 자연재해 대신에 수질 오염과 토양 악화라는 인공재해를 선택한 셈이다.

2010년 10월 12일 화요일, 밤새워 나일 강 상류 물길을 거슬러 온 선박은 자정이 넘어 아스완에 도착했다. 새벽 3시에 리셉션 데스크에서 만나기로 한 안내인이 늦게 오는 바람에 나는 자리가 다 찬 미니버스 제일 뒷좌석에 앉게 되었다. 아스완 검문소에는 아부심벨Abu Simbel로

가는 많은 관광버스가 기다리고 있는데 아부심벨로 가는 모든 여행자는 국경지역의 보안 문제 때문에 지정된 관광버스로만 그곳에 갈 수 있기 때문이었다.

1시간이 지난 아침 4시 반까지 경찰은 아직 카라반을 출발시키지 않고 비좁은 뒷좌석에 끼어 앉아 5시간 동안 쭈그리고 가야 할 생각에 눈앞이 캄캄했다. 차가 출발하기를 마냥 기다리고 있는데 마침 앞쪽에 앉았던 젊은 커플이 그냥 차에서 내린다. 부인의 차멀미가 심한 데다가 아부심벨까지 가는 길이 너무 멀어 포기한 것이다. 나는 잽싸게 그들이 탔던 빈자리로 옮겼다. 5시간 동안 2인용 좌석에 혼자 앉아 가게 생겼으니 이건 완전히 특등석이 따로 없다. 이걸 보고 전화위복이라 하는 건가?

람세스 2세의 대신전이 있는 아부심벨은 아스완에서 300km 떨어진 현재 수단의 북쪽 국경지대 누비아 사막 가운데 있다. 아부심벨의 쌍둥이 신전은 기원전 13세기에 파라오 람세스 2세가 카데시 전투의 승전 기념으로 자신과 왕비 네페르타리를 위해 바위산을 깎아 건축한 것이다. 이 신전 건축의 정치적 목적은 당시 접경지역의 누비아족과 에티오피아에 대한 이집트 람세스 왕조의 군사력을 과시하기 위한 목적이었다. 그러나 1968년 이집트 정부가 인공 댐 나세르 호수를 건설할 때 수몰 위기에 놓인 두 신전을 세계문화유산 보호차원에서 유네스코가 미화 4천만 불을 투입하여 현재의 위치로 이전하게 된 것이다.

람세스 2세 대신전은 당시 이집트의 3대 신 아문, 프타, 라 하라크티 그리고 자신을 신격화시킨 람세스 2세를 위해 20년 동안 건축한 신전이다. 이곳 역시 벽화와 부조에 신화적 요소들이 나타나는데 이것은

입구에 있는 높이 20m의 람세스 2세 좌상

이집트 고대 종교의 특색인 신들의 융합이다. 예를 들자면 태양신 라가 매의 머리를 가진 호루스와 융합된 라 하라크티가 되었다. 또 다른 예로 신왕국 시대에 창조와 바람의 신 아문이 태양신 라와 융합하여 아문 라로 둔갑하여 이집트의 가장 중요한 신이 된다. 현대인의 관점에서 보면 이해하기 어려운 논리이지만 고대 이집트의 융합의 미덕을 기리는 그들의 종교관을 엿볼 수 있어 흥미롭다.

람세스 2세의 석상들이 즐비한 대신전 내실

대신전의 입구에는 20m 높이의 4개의 람세스 석상들이 위용을 자랑하는데 이 신전은 이집트의 신전들 가운데 가장 웅장하고 내실 구조도 특이하다. 그 중심부에는 다른 신전에서처럼 천장을 받치는 거대한 기둥에 연꽃이나 파피루스 문양의 크라운이 있고 벽에는 람세스의 업적과 신화가 부조와 상형문자로 기술되어 있다. 람세스 2세는 자신의 위대함을 표현하기 위하여 입구에 세운 4개의 거대한 석상뿐만 아니라 회랑 내부에도 자신을 묘사한 8개의 오시리스 기둥을 세웠다. 그는 과시욕이 대단했던 파라오였던 것 같다.

그는 또한, 자신의 대신전 바로 옆에 왕비 네페르타리와 여신 하토르를 위해 소小신전을 세웠는데 규모는 작으나 잘 보존된 대신전의 축소판이다. 람세스 2세는 재위 24년에 왕비 네페르타리와 함께 아부심벨의 두 신전을 찾아왔다고 한다. 한 가지 특이한 것은 소신전 안에 10m 높이의 람세스 부부 석상이 서 있는데 네페르타리 석상의 크기가 이 람세스의 석상과 같다는 것이다. 그것은 이집트의 다른 조각예술에서는 상상할 수 없는 예외적인 경우로 람세스 2세가 왕비를 얼마나 총애하였던가를 보여주는 명백한 증거가 아닐까 한다.

람세스 2세의 쌍둥이 신전을 본 후 나는 다시 몇 시간 광야 길을 달려 아스완에 돌아온 후 아스완 하이 댐에 잠시 들렀다. 그리고 시나이 반도로 가기 전 마지막 유적지인 필레 섬으로 갔다. 이 필레 섬은 나일강의 첫 번째 카타락폭포 분류 지점 상류에 있는 섬인데 이집트 신화 속의 오시리스 무덤이 있다는 섬이다.

아스완 댐의 건설로 필레 섬이 부분적으로 침수되자 유네스코는 원래의 신전들을 바로 옆 섬인 아길리카 섬으로 이전하였다. 이곳에 있

왕비 네페르타리를 위해 건축한 여신 하토르 소신전

는 대부분의 신전은 프톨레마이오스 왕조와 로마제국 시기에 건축된 것들이다. 이곳 신전들 역시 비잔틴 로마제국의 이집트 공정 시에 이교 신전 안에 있던 종교적 아이콘은 모두 파괴되었다. 또 일부 사원들은 콥트 교회당으로 개조되었었는데 지금도 사원 곳곳에서 그 흔적들을 찾아볼 수 있다.

오늘은 이집트의 제일 남쪽인 수단의 접경지역 누비야에서 시나이 반도까지 이동하는, 이집트 여행길에서 가장 긴 하루가 될 것이다. 새벽 4시부터 시작해 왕복 10시간 걸려 아스완에서 아부심벨을 다녀왔고 또 룩소르까지 약 200km의 나일 강변 국도를 자동차로 간다. 그리고 룩소르에서 항공편으로 카이로를 거쳐 시나이 반도의 샤름 엘 셰이크까지 이집트 남북을 종단하는 빡빡한 스케줄이다. 카이로 공항에서 만난 아데프 덕분에 이집트 안에서는 가는 곳마다 숙소와 차량 연결이 비교적 순조롭게 이루어지고 있다.

그레코 로만 시기에 건축된 필레 섬에 있는 사원

로마 황제 트라야누스의 키오스크

아스완에서 만난 밴 택시기사 아마르는 룩소르에서 관광버스를 놓친 여행객을 아스완까지 실어다 주고 빈 차로 돌아가는 길에 나를 태우게 되었다. 아마르의 운전 솜씨는 한국의 총알택시 기사를 연상시킬 정도로 어두운 밤길을 과속으로 몰아 나를 불안에 떨게 했다. 아니나 다를까 에스나 입구에서 바리케이드를 친 검문소에서 경찰의 제지를 받고 차를 세워야 했다. 이집트에서는 대도시를 제외하고 저녁 6시가 넘으면 외부에서 온 운전자는 야간 통행증 없이 검문소를 통과할 수 없단다. 더구나 과속으로 운행하다가 딱 걸렸으니 도망갈 구멍이 막힌 것이다. 아마르는 내가 룩소르에서 급히 항공기를 타야 하므로 과속을 했다고 변명을 늘어놓으나 경찰은 들은 체도 하지 않는다. 한참 동안 실랑이를 하다 아마르가 경찰에게 75파운드를 뇌물로 주고 나서야 에스나 시내로 들어갈 수 있었다.

잠시 후 카페에 들른 아마르는 그곳에 사는 사촌을 불러내 내게 커피를 사주고는 자기들끼리 후카Hookah라는 물담배 파이프를 피웠다. 나는 호기심이 발동해 후카의 맛이 어떠냐고 물었더니 한번 피워보라며 후카를 건네주려고 하기에 고맙지만 나는 논 스모커라 커피만 마시겠다고 정중히 거절했다.

후카는 원래 인도 무굴제국의 악바르 황제를 위해 페르시아 의사 아부르 파스 질라니가 뜨거운 담배 연기를 식히고 정화하기 위해 담배 연기를 작은 물병에 통과시키도록 고안한 물 파이프에서 유래되었다. 아랍 세계와 이집트를 비롯한 중동 지방에서는 수백 년 동안 친한 벗들과 함께 나누어 피우는 후카 파이프의 전통이 지켜지고 있다. 이집트의 도시 골목에는 여러 종류의 후카를 파는 가게를 흔히 볼 수 있다. 또한 길거리 카페에서도 여러 개의 후카를 준비해 놓고 아마르와 같은 손님에게 빌려주고 있었다.

우리는 에스나를 떠난 지 1시간 반 후인 저녁 9시 반에 룩소르 공항에 도착했다. 룩소르를 떠나 카이로 공항에 도착하니 자정이었다. 시나이 반도의 샤름 엘 셰이크행 연결편이 새벽 4시 50분에 출발하기 때문에 4시간 이상 카이로 공항에서 밤샘해야 했다. 아스완에서 새벽 2시에 시작하여 다음 날 아침 10시에 시나이 반도 다합에 도착하는 총 32시간의 마라톤 이동을 하는 중이었다.

시나이 산과 이스라엘 민족이 40년간 걸었던 광야 길

아데프가 이스라엘로 국경을 넘어가기 전에 마지막으로 나를 위해 준비한 이집트 일정은 시나이 반도의 다합에서 이틀을 보내는 것이었다. 시나이 반도 동남쪽에 있는 다합은 샤름 엘 셰이크 공항에서 약 80km 떨어진 곳에 있다. 시나이 산과 성 캐서린 수도원 가는 길목에 유일하게 여행자 숙소가 있는 홍해 변 휴양지이다.

샤름 엘 셰이크 공항에서 다합으로 가는 길 주변은 왠지 황량해 보이고 잿빛의 아침 빛깔은 마치 외계로 잘못 들어온 기분이 들게 한다. 나무가 없는 모래언덕 그리고 아침 햇살에 반사하는 굴곡이 뚜렷한 앙상한 산들의 모습은 대부분이 주황색이다.

다합까지 가는 고속도로 주변에는 나무도 풀도 보이지 않고 다만 벌거벗은 바위산과 사막의 연속이다. 이곳에는 1년에 몇 차례나 비가 올까? 이곳이 바로 구약성서 출애굽기에 나오는 시나이 광야라고 생각하

다합은 심해 잠수와 스노클링의 명소이다.

니 감개가 무량하다.

'아, 3,300년 전 모세를 따라서 이집트를 떠나 약속의 땅 가나안으로 가던 이스라엘 군중이 이 척박한 사막길을 40년 동안 지나면서 얼마나 많은 불평을 했을까?'

다합은 구약성서 출애굽기에 모세의 인도를 받은 이스라엘 백성이 잠시 머물렀던 곳으로 이곳의 히브리어 이름은 디 자하브Di-Zahav라고 한다. 홍해 바다 건너편에 사우디아라비아가 있고 1967년 아랍과 이스라엘 간의 6일전쟁에서 이스라엘이 시나이 반도를 점령했을 때 이스라엘 군이 주둔하였던 곳이다. 그러나 1982년 이스라엘·이집트 평화조약 결과로 시나이 반도는 이집트에 환원되었다.

또 이곳은 시나이 반도와 홍해에서 심해 잠수나 스쿠버 다이빙 광들에게 잘 알려진 심해 잠수의 최대 명소이기도 하다. 특히 마스바트에 있는 베두인 마을인 아샬라는 배낭족을 위한 캠프와 호스텔이 많고 남서쪽에는 윈드서핑의 명소 메디나의 라구나 지역이 있다. 그러나 윈드서핑은 주머니 사정이 여의치 않은 나에게는 그림의 떡일 뿐이다.

내가 묵은 샴 방갈로는 호텔 겸 바닷가 식당인데 새로 지은 곳인지 규모는 작으나 깔끔해서 맘에 들었다. 아데프의 전화 메시지에 의하면 오늘 밤 11시에 운전기사가 시나이 산과 성 캐서린 수도원에 가기 위해 나를 데리러 올 것이라고 한다.

어제 새벽부터 32시간 이상의 강행군으로 녹초가 된 나는 아침을 먹자마자 침대에 쓰러졌다. 2시간 후에 일어나 해변 길을 따라 베두인 마을 쪽으로 걸어가는데 눈앞에 비취색 홍해의 아름다운 해안이 시원스레 펼쳐진다. 다합은 해산물이 많은 곳으로도 유명한데 특히 홍해의 홍 도미가 일품이라고 한다. 오늘 저녁에는 홍해의 매콤한 홍 도미를 시식해 볼까? 생각만 해도 입안에서 군침이 절로 돈다.

밤 11시에 한 택시기사가 두 젊은이 네덜란드 처녀 안나와 영국 청년 톰을 뒷좌석에 태우고 시나이 산에 가기 위해 나를 데리러 왔다. 이 택시기사는 달빛만 교교한 어두운 고속도로를 시속 120km가 넘는 속도로 달려 앞좌석에 앉은 나를 매우 불안하게 했다. 이집트의 운전사들은 하나같이 과속 운전을 하는데 솜씨가 한국의 총알택시 운전사들은 저리 가라 할 정도이다. 택시기사에게 좀 천천히 가자고 말하려는데 급커브가 나오더니 커브길 벼랑 아래에 전복된 버스가 달빛에 반사되어 하얗게 보였다. 어젯밤에 과속 운전하다 뒤집힌 사고 차량임이 틀림없다. 전복된 버스를 본 기사도 워낙 갑작스러운 광경이라 속력을 좀 줄인다. 그런데 뒷좌석에 앉은 두 친구는 잠이 들었는지 아찔한 사고현장을 지나는데도 조용하기만 하다. 나는 손가락으로 사고 버스를 가리키며 운전사에게 제발 천천히 가자고 말하였다. 시나이 산에 오르기도 전에 황천으로 먼저 직행할 것만 같았다.

얼마 후 성 캐서린 수도원 주차장에 도착하여 차에서 내린 후 우리를 시나이 산 정상까지 안내해 줄 모하메드를 기다렸다. 낮에는 무척 더웠는데 밤이 되자 온도가 급강하하여 반바지 차림으로 호텔을 나온 것을 바로 후회했다. 밤 12시 반부터 시나이 산 등산이 허용되는데 고도 1,500m 정도 되자 점점 기온이 낮아지고 턱이 덜덜 떨려와 비상용으로 가져갔던 긴 바지를 반바지 위에 껴입어야 했다. 시나이 산 2,300m정상까지 가는 길목에는 몸을 녹이며 잠시 쉬어갈 수 있는 찻집들이 여러 곳 있었다.

그룹으로 순례 와서 정상에서 예배하는 모습

시나이 산 정상에 있는 그리스 정교 예배소

입구부터 낙타를 타고 가라고 호객을 하는 베두인들이 꽤 성가시게 군다. 좁은 산길이라 올라가기도 힘이 드는데 낙타가 지나갈 때는 그 녀석들에게 우선권이 있어 길을 비켜주어야 한다. 킬리만자로를 야간 등정했던 경험으로 밤길 등산을 할 때는 무조건 조심하며 천천히 올라가야 하는데 시나이 산의 안내인 모하메드는 거의 매일 같이 오르내리는 친구라 발걸음이 무척이나 빠르다. 그리고 톰과 안나도 역시 젊은 이들이라 쉬지도 않고 잘도 올라간다. 3시간 반 정도 지나 정상 가까운 찻집에서 우리는 잠시 뜨거운 차를 마시고 담요 하나와 매트리스 하나를 빌렸다.

모하메드는 찻집에 남겨 두고 시나이 산 정상에 올라보니 겨우 몇 사람만 보인다. 우리 셋은 빌려 간 매트리스 위에 담요를 두르고 앉아 동이 틀 때까지 거의 2시간을 떨면서 기다렸다. 부옇게 동쪽 하늘에 해가 떠오르자 좁은 산상은 그사이에 올라온 100여 명의 사람들로 북적이기 시작한다. 주변이 서서히 밝아오자 이곳저곳에서 여럿이 서서 기도하는 사람들과 둘러서서 예배모임을 갖는 사람들이 눈에 뜨인다.

'아, 이 사람들은 무엇을 찾으러 이곳에 온 것일까? 그 옛날 모세가 창조자와 대면해서 십계명을 받았던 이곳에서 자신들의 신앙을 확신할 어떤 증거를 찾으러 온 것일까?'

시나이 산 정상에는 희랍정교회 소속 예배소와 이슬람교의 작은 모스크도 있다. 그리고 모세가 십계명을 받을 때까지 산상에서 기다렸다던 모세의 굴이 있다.

호렙 산기슭에 있는 성 캐서린 수도원은 원래 비잔틴 로마의 황제 유스티니아누스의 명령에 의해 6세기에 건축되었다 한다. 모세가 불붙은 떨기나무를 보았던 호렙 산은 유대교와 기독교는 물론 이슬람교가 성지로 여기는 성산聖山이다. 3세기부터 유럽의 기독교 정통주의자들이 이 산지에 정착하였는데 4세기에는 코카서스의 그루지야 사람들이 대대적으로 시나이 반도에 이주하였다. 그리고 9세기에는 이 지역에 한때 그루지야의 식민지가 형성되었다고 한다.

성 캐서린 수도원은 아랍 이슬람의 이집트 정복 시 무하마드가 유일하게 보호를 약속한 친서를 소장한 곳으로 유명하다. 이집트 내의 모든 콥트 기독교회와 기타 이교의 신전들이 이슬람교도의 침공을 받아 파괴되었을 때에도 성 캐서린 수도원 내의 수도승들은 무하마드의 손도장이 찍힌 이 약속증서 때문에 무사할 수 있었고 그 후에도 치외법권적 특권을 부여받았다고 한다.

이곳에서 들은 흥미로운 이야기는 이 수도원이 이슬람 국가인 이집트, 팔레스타인, 시리아, 크레타, 키프로스와 콘스탄티노플로부터 재

중세부터 요새화된 성 캐서린 수도원

종탑 뒤편에 호렙 산이 보인다

정적 후원을 받고 있다는 사실이다. 그리고 수도원 안에는 바티칸 다음으로 많은 초기 기독교의 귀중한 장서가 소장되어 있는데 그리스어, 아랍어, 아르메니아어, 히브리어, 그루지야어, 시리아어 그리고 고대 우디 문자로 기록되어 있다고 한다. 세계에서 가장 오래된 이 수도원의 실내는 주로 아이콘과 성화들로 장식되어 있는데 신기하게도 에티오피아의 석굴 교회당에서 본 것들과 비슷하였다.

택시기사를 기다리는 동안 안나와 톰은 내가 지난 두 달간 다녀왔던 아프리카 각지의 여행담을 듣고 싶어 했다. 2010년 1월부터 시작한 배낭여행 기간 동안 많은 젊은이와 만나고 헤어졌다. 그리고 여행길에서 만난 길동무는 나이를 초월하여 쉽게 마음의 빗장을 열게 하는 마법이 존재한다는 것을 배웠다. 나는 배낭여행을 좋아하는 두 젊은이에게 내가 여행길에서 터득한 몇 가지 비결을 나누었고 내 여행사진을 올린 웹 사이트를 알려주었다.

시나이 산을 내려와 다합으로 돌아오는 길은 가는 길에 보지 못했던 시나이 반도의 속살 메마른 바위산과 황량한 들판만 계속되었다. 나무도 풀도 강도 호수도 없는 거친 시나이 사막…. 아, 히브리 민족은 40년 동안 이 광야를 지나며 지금과 똑같은 삭막한 풍경을 보았을까? 그들이 거닐었던 공간을 수천 년이라는 시간의 경계를 뛰어넘은 한 나그네가 걷고 있다고 생각하니 가슴이 뜨거워진다.

이집트를 떠나며 이 땅에서 보낸 지난 며칠을 회고해 본다. 초기의 남북 통합 왕조부터 계산하여도 무려 5,200년이 넘는 장구한 역사를 가진 이집트 문명의 발자취를 불과 열흘 만에 돌아본다는 것은 아무리 생각하여도 과욕이고 무리이다. 그러나 비록 주마간산의 짧은 순례길

나귀에 짐을 싣고 가는 베두인 마을 사람들

이었지만 지난 열흘간 고대 이집트 신화 속으로 들어가 파라오의 옛 왕국을 내 두 발로 거닐어 본 체험에 나는 큰 보람을 느낀다. 그리고 또 그들이 남기고 간 흔적을 두 눈으로 확인할 수 있었기에 먼 길을 찾아온 나그네의 빈 보따리가 추억의 선물로 무거워지는 것을 느낀다.

나는 술탄 하산 모스크 바닥에 앉아 중세 이슬람의 찬란한 문화 자취에 경탄하였다. 또한 21억의 사람이 믿고 따르는 이슬람교와 그들의 신앙에 대해 갖고 있던 선입관의 담을 허는 계기가 되었다. 고대 이집트인들이 숭상했던 옛 종교와 신화 속에서 나는 현대인이 지닌 똑같은 고민과 보편적인 신앙 추구의 본능을 발견할 수 있었다. 축복의 강 나일의 풍요 속에서 국토와 민족을 지켜야 했던 파라오의 정치적 책무와 그들이 남기고 간 역사적 업적을 가늠할 수 있었다.

그곳에는 너무나 인간적인 신들의 이야기가 숨겨져 있었고 선대왕의 업적을 헐뜯고서라도 자신의 입지를 강화하려는 파라오의 정치적 열등감도 볼 수 있었다. 약속의 땅 이스라엘에서는 무엇을 볼 수 있을까? 나는 젖과 꿀이 흐르는 가나안 땅의 순례를 위하여 내일 이집트를 떠난다.

시나이 광야를 지나 약속의 땅으로, 이스라엘 순례의 의미

나는 자신을 크리스천이라고 할 만큼 독실하지도 종교적이지도 않다. 그냥 초기 기독교 정신을 추구하는 소박한 신앙인들의 모임 '집에서 모이는 교회이것은 교파 이름이 아니라 필자가 편의상 부르는 이름'에 참석하며 열린 마음으로 성서 속에서 진리를 탐구하는 학습생일 뿐이다. 그 때문에 지난 1년간 배낭을 메고 찾아간 서른세 나라 중에서 이스라엘이 좀 더 가슴으로 익숙하게 느껴지는 것은 이곳이 성서의 나라이고 성서 속의 사람들이 살았던 땅이기 때문일 것이다. 그래서 이스라엘로 가는 것은 내 눈과 귀에 익은 옛 지명을 찾아 두 발로 걸어보고 또 그 시대를 살았던 사람들의 행적을 따라가는 성서 속으로의 시간여행이란 의미가 있다.

모세가 이끄는 이스라엘 백성이 시나이 광야를 지나 약속의 땅 가나안으로 갔던 그 옛 기록을 따라서 나는 2010년 10월 15일 금요일 아침 이집트 타바Taba에서 출국하여 이스라엘 에일라트Eilat로 입국하였다. 이집트에서 육로를 이용해 이스라엘로 가는 길은 두 곳이 있다. 팔레스타인 자치구역인 가자를 통해 에레즈 등 세 곳의 이스라엘로 가는 월경 구역이 있는데 이곳은 현재 외국인의 출입국이 금지되어 있다.

사해 남쪽의 호스텔에서 하룻밤

유일하게 입국할 수 있는 곳은 이집트와 이스라엘의 접경지역인 타바와 에일라트이다.

어제 시나이 산으로 데려다 주었던 택시기사가 이른 새벽에 다합에서 나를 태우고 이집트의 국경도시인 타바까지 왔다. 이스라엘에 들어간 후에는 이집트 돈이 필요 없을 것 같아 남아 있던 20파운드를 미운 녀석 떡 하나 더 주는 셈으로 총알택시 기사에게 팁으로 주었다. 그런데 막상 타바 출국장에 들어가려고 하니 수입인지로 2파운드를 내라고 한다. 환전소도 없고 미국 달라는 안 받는다고 해서 쩔쩔매고 서 있는데 마침 지나가던 한 이집트 사람이 대신 2파운드를 내주었다.

그에게 감사의 인사를 전하며 미화 10불짜리 지폐를 건넸더니 됐다고 한다. 10일간의 여행 중 이집트인에게 팁만 주다가 곤경에 처한 나를 도와준 이집트인을 만나게 되어 기분이 좋았다.

보안 문세 때문인지 이스라엘 쪽 출입국 사무소를 통과하기가 무척 까다로웠다. 출입국 관리는 이스라엘 군복을 입은 20대 청년들이 한다. 돌을 수집하는 아내를 위해 다합 해변에서 주어온 돌멩이 몇 개 때문에 내 배낭은 엑스레이 검색대를 몇 번이나 왕복하다가 배낭 속에 무기나 금수품이 없는 것을 보고서야 통관이 되었다.

2010년 10월 19일 자정에 서울로 떠나야 하므로 이스라엘에서 보낼 수 있는 시간은 닷새뿐이다. 그 기간 동안 사해 근방에서 야영도 해보고 하이파에서 친구를 만난 후에는 갈릴리 호수로 갈 생각이다. 마지막으로 최종 목적지 예루살렘 성지를 순례하는 것으로 두 달 반의 아프리카 오디세이를 마무리하는 꽤 발 빠른 일정이었다. 나는 이스라엘에서 짧은 시간을 가장 효율적으로 보내기 위해 지난번 아일랜드와 스코틀랜드 그리고 나미비아에서 했던 것처럼 렌터카를 빌리기로 하였다. 신용카드로 빌릴 수 있는 가장 저렴한 현대 슈퍼 미니 겟츠에 내비게이터를 선택사항으로 추가하였다.

첫 야영지인 사해 남쪽의 네오하키카르에 있는 호스텔을 향해 네게브의 사막 고속도로를 몇 시간째 달리는데 갑자기 GPS가 먹통이 되었다. 우리 속담 가운데 10리도 못 가서 발병이 난다는 말이 있는데 꼭 그 기분이었다. 모든 도로 표지판이 히브리어로만 되어 있는 이곳에서 GPS 없이 지도 상에도 나와 있지 않은 호스텔 '캠프 슈케이트'를 찾아가려니 암담하였다. 네오하키카르까지는 지도를 보고 왔으나 호스텔을 찾지 못해 한참 헤맸다. 근처 사람에게 물어서 마침내 캠프에 도착한 나는 매니저의 도움으로 GPS 기술 지원센터에 전화하였다. 내 이야기를 듣던 직원은 아무래도 충전기 문제인 것 같으니 근처에서 우선 충전기를 사서 사용하고 차를 반납할 때 영수증을 가져오면 환급해 주겠다고 한다.

처음 온 이스라엘 땅에서 GPS 없이 운전하는 것은 마치 소경이 지팡이 없이 복잡한 거리를 나서는 것처럼 무모한 일이다. 나는 일단 짐을 풀어놓고 사해 리조트 쪽으로 가는 길에 있는 모든 주유소와 편의점에 들렀으나 내가 쓰는 GPS에 맞는 충전기는 없다고 한다. 더군다나 금요일 저녁부터는 유대인 안식일의 시작이라 가게가 문을 닫고 있었다. 호사다마인가? 이스라엘 입국 첫날부터 일이 어렵게 꼬인다는 생각이 들었으나 '이 작은 일 때문에 일생일대의 성지순례를 망칠 수는 없다. 그냥 부딪혀 보자!' 하고 마음을 다잡았다.

우선 편의점에서 저녁거리를 몇 가지 사서 차 트렁크에 넣고 캠프로 막 가려던 참이었다. 그런데 마침 사해에서 수영하는 사람들이 보인다. 나는 사람들이 둥둥 떠 있는 소금물 속으로 들어가고 싶은 강한 유혹을 떨칠 수 없었다. 수영복이 없어 잠시 주저하였으나 이가 없으면 잇몸으로라는 한국인 특유의 기지를 발휘해 입고 온 반바지 채로 소금바다에 들어가서 물 위에 누웠다.

'아, 신기하다. 진짜로 몸 전체가 둥둥 뜨네!'

가만히 누워서 파란 하늘을 보고 있노라니 마치 내 몸이 공중으로 부양하는 것 같은 희한한 기분이 든다.

우주선 안에서 느끼는 무중력 상태가 바로 이런 것일까? 해면보다 더 낮은 사해는 구약성서에 나오는 소돔과 고모라가 멸망한 곳 또 저주받은 죽음의 바다였는데, 지금 사람들은 이곳에서 저주가 아닌 행복한 부영浮泳을 즐기고 있다. 신기한 아이러니가 아닌가? 그러나 얼마 후 이 저주의 바닷속에 축복이 숨겨져 있다는 사실을 알게 되었다.

한참 동안 누워서 하늘에 떠 있는 하얀 구름을 바라보다가 나는 일단 옥외 샤워장에서 소금물만 씻어내고 운전석에 비닐봉지를 깔고 앉아 차를 캠프 쪽으로 몰았다. 캠프로 돌아오는 길에 소돔 산과 와디 프레짐 계곡으로 가는 이정표가 보였다. 기왕지사 옷도 말릴 겸 소돔 산에 올라가보자 하고 차를 산 쪽으로 돌렸다.

소돔 산 정상까지 가는 길은 소금과 모래가 섞인 비포장도로이다. 수천 년 전 롯의 아내가 천사의 경고를 어기고 유황과 불에 멸망하는 소돔과 고모라를 못 잊어 뒤를 돌아보다가 소금 기둥이 되었다는 '롯의 처' 바위가 서 있다.

롯의 처 바위

바위산 아래에는 어둡고 긴 동굴이 있고 그 앞에 '롯의 굴'이라는 푯말이 서 있다. 소돔과 고모라의 멸망에서 도망치던 롯과 두 딸이 숨어 살았던 동굴이 이곳인가?

사해 남쪽에는 석유화학공장 같은 거대한 플랜트가 가동되고 있는데 사해의 소금물 속에 포함된 광물들을 분리하여 다른 파생 원료로 가공하는 공장이다. 소돔 산에서 내려다보니 공장 전체가 마치 눈 덮인 소도시처럼 불빛이 찬란하게 반짝인다. 플랜트 주변에 쌓인 소금 산들은 마치 새하얀 눈 더미처럼 북극권의 백야를 연상시킨다. 이곳에서 생산된 제품들은 생명의학 약품, 고급 화장품 원료 그리고 여러 가지 중요한 화학제가 된다고 한다.

이스라엘 과학자들은 이 죽음의 바닷속에서 숨겨진 생명의 보물을 캐내고 있다. 그리고 저주의 바다를 축복과 생명의 바다로 바꾸는 중이다. 이 작업이야말로 현대과학과 엔지니어링이 이루는 21세기 기적이라고 불러야 할 것 같다.

사해에서 하이파를 거쳐 갈릴리 호수로

2010년 10월 16일, 토요일은 안식일이라 이스라엘에 있는 모든 상점이 문을 닫는다. 슈케이트에서 인터넷으로 하이파 근처에 있는 가장 저렴한 숙소인 키부츠 도르 홀리데이 캠프촌을 예약했다. 그러나 문제는 먹통이 된 GPS로 그곳까지 찾아갈 일이 까마득했다. 시간이 더 걸리더라도 고속도로 이정표만 따라가면 쉽게 찾을 수 있는 벤구리온 국제공항에 먼저 가서 GPS 문제를 해결하기로 했다. 공항 렌터카 사무실에 도착해 이스라엘에서 편하게 운전하려고 빌린 GPS가 먹통이 되는 바람에 오히려 더 고생했다고 상황을 설명했다.

직원은 잠시만 기다려 달라며 곧 GPS 기술자를 불러주었다. 기술자가 가져온 다른 충전기 코드를 꽂아보았으나 GPS에는 여전히 불이 들어오지 않는다. 그렇다면 이 GPS는 전혀 문제가 없고 차량이나 시가잭에 문제가 있다는 결론이다. 렌터카의 정비사를 불러서 차를 점검하고 나서야 문제의 원인이 시가 잭으로 가는 퓨즈가 끊어진 것으로 밝혀졌다.

항의하려고 잔뜩 벼르고 있었는데 그만 맥이 풀렸다. 원망할 대상을 잃어버린 것이다. 처음에는 몇 시간 동안 고생스럽게 사막길을 주행하게 한 불량 GPS 기기 회사를, 그다음에는 불량 차량을 대여한 렌터카 회사를 벼르고 있었는데, 내가 빌린 차가 한국에서 제조한 국산 차량이다 보니 차마 그들 앞에서 현대 자동차나 부품회사의 욕을 할 수는 없었다. 결국 퓨즈 교체 하나로 모든 문제가 해결되었다. 이틀간 스트레스를 좀 받았지만 친구도 만나게 되고 또 별다른 어려움 없이 호스텔도 찾아가게 되었으니 얼마나 다행스런 일인가?

나는 이 황당한 경험을 통해 한 가지 귀중한 교훈을 배웠다. 인생을 살다 보면 작은 퓨즈 하나같은 사소한 것이 우리의 삶을 지탱해 주는 지렛대 역할을 하기도 하고 반대로 행복의 감각적 균형을 깨뜨리기도 한다는 것이다. 우리가 무척 불행하다고 또 아주 절박하다고 느끼는 심각한 문제들의 배후에는 끊어진 퓨즈와 같은 아주 작은 녀석들이 그 원인을 제공하고 있는 것은 아닐까? 적어도 내 경우에는 편견, 독선, 아집, 조바심, 자기 합리화 등이 바로 끊어진 퓨즈였던 것이다.

왜 사람들은 근본적인 원인을 자신 안에서 정직하게 규명하지 않고 외부적인 증상에 더 집착하는 것일까? 끊어진 퓨즈를 갈아 끼우듯 사고를 전환하거나 관점을 바꿀 수만 있다면 인간은 훨씬 쉽게 평상심을 되찾고 새롭게 삶의 의미를 재발견할 수 있을 것이다. 이것이 지난 이틀간 마음고생 끝에 터득한 작은 퓨즈의 교훈이었다.

내가 묵은 숙소 캠프 키부츠 도르 홀리데이는 하이파에서 1시간 정도 떨어진 지중해 변의 작은 휴양지인데 에스키모의 이글루 같은 하얀 방갈로 캠프촌이다. 하이파 도시권과 텔아비브의 사람들이 주로 찾아오는 해변 마을 키부츠이다. 또 이곳에서는 구약성서 히브리의 예언자 엘리야의 굴이 있던 곳으로 유명한 카르멜갈멜 산이 보인다. 지금은 백색의 바하이교의 세계 본부 건물이 카르멜 산 위에 웅장하게 서 있는데 이 아름다운 건물은 유네스코 문화유산 가운데 하나이다. 바하이교는 19세기 바하울라에 의해 페르시아에서 시작된 종교이다. 기독교가 유대교의 뿌리에서 시작되었다면 바하이교는 페르시아의 시아Shia 이슬람에서 그 근원을 찾을 수 있다. 바하이에 대한 나의 최초의 기억은 초등학생이었을 때였다. 당시 의대에 다니던 큰 형은 영어를 배우기 위해 바하이 클래스에 얼마 동안 심취하였다. 그때 가끔 찾아온 바하이 선교사는 내가 처음으로 가까이서 본 서양 사람이라 지금도 기억이 생생하다.

바하이교의 원리는 유일신과 모든 인류와 종교의 영적인 통합을 강조하는 신앙이다. 흥미로운 교리 중 하나는 전능한 유일신은 시대에 따라 발전하는 인간들의 인지 능력과 시대적 상황에 따라 각각 그 시대에 필요한 다른 메신저아브라함, 모세, 부처, 크리슈나, 조로아스터, 예수, 모하메드, 바브 그리고 바하울라를 선택하고 그들을 통해 신의 존재와 신의神意를 계시한다는 것이다. 이슬람교가 아브라함 이래 모세와 예수까지 이슬람의 예언자로 간주하고 모하메드는 이슬람의 마지막 예언자라고 가르치지만, 바하이 신앙은 더 포괄적으로 동양 불교의 부처와 모하메드까지 메신저의 반열에 포함하는 기존 모든 종교의 통일을 지향하고 있다. 현재 전 세계적으로 5~600만 명의 신자들이 200개국에 산재해 있다.

이스라엘에서 세 번째로 큰 도시인 하이파는 카르멜 산 아래에 있는 유대인의 역사 가운데 유서 깊은 곳으로 지금은 이스라엘 IT 산업의 중심지이다. 이 도시에 대한 평판을 표현한 명언이 있다.

하이파 이글루 캠프 키부츠 도르 홀리데이

하이파는 지중해 연안의 휴양지이다

"하이파는 일만 하고, 예루살렘은 기도만 하는데, 텔아비브는 놀기만 한다."

하이파에는 '집에서 모이는 교회'의 선교사로 일하는 세 친구가 있다. 그 친구들과 5시 반에 만나기로 약속을 하고 알람을 맞추려고 휴대폰을 찾는데 영 보이지 않는다. 아! 여기서도 휴대폰이 말썽인가? 어디다 떨어뜨렸지? 주차장과 방갈로를 몇 번씩이나 왔다 갔다 하며 찾는데 어디로 갔는지 도무지 보이지 않는다. 포기하고 막 침대에 누웠는데 등 뒤에 뭔가 딱딱한 것이 느껴진다. 1시간 동안 그토록 애타게 찾던 휴대폰이 반쯤 젖혀진 침대 커버 속에 숨어 있는 것이 아닌가?

나는 여행 중에도 물건을 곧잘 잃어버리고 기억해야 할 중요한 문제도 잊는 경우가 있어 곤경에 처할 때가 간혹 있다. 그렇지만 나는 '그

것이 세상의 끝은 아니다' 라고 편하게 생각한다. 건망증, 이것은 불치의 병일까? 아니면 내 나이에 당연히 찾아오는 자연 현상인가? 그러나 끊어진 기억을 이어줄 퓨즈를 찾을 수만 있다면 정말 좋을 텐데….

'성 베드로' 물고기와 축구광 팔레스타인 청년

10월 17일 일요일 아침, 하이파에 사는 유대인 친구 데이브의 집에서 다른 교우들과 일요일 아침예배에 참석했다. 난생처음으로 예수가 태어난 성지 이스라엘에 와서 그분의 가르침을 따라 집에서 모이는 소박한 모임에 참석하게 된 것은 내게 결코 잊지 못할 체험으로 남을 것이다. 교우들과 점심을 같이한 후 다음 목적지인 갈릴리 호수를 향해 차를 몰았다. 티베리아스는 로마 황제 티베리우스의 이름에서 유래한 갈릴리 지방의 제일 큰 도시이다. 티베리아스에는 유대인들뿐 아니라 아랍인과 팔레스타인 사람도 많이 살고 있다. 다행히 하이파에서 미리 예약한 호수변의 저렴한 호스텔에 일단 여장을 풀고 어두워지기 전에 갈릴리 호수를 한 바퀴 돌아볼 생각으로 다시 차에 올랐다.

갈릴리 호수는 신약성서에 갈릴리 바다 혹은 티베리아스 바다라고 기록되어 있다. 그러나 사실 이곳은 사해 다음으로 세계에서 두 번째로 낮은해면 이하 214m 담수호로 면적이 810km²이고 호수 둘레는 53km로 호수 전체를 차로 일주하는데 2시간이면 충분하다. 몇 개월 전에 갔던 시베리아의 바이칼 호수와 비교하면 약 200분의 1 정도로 작은 호수이다. 그래도 신약성서 가운데 가장 중요한 예수의 성직과 기적의 상당 부분이 이 호수 주변에서 있었고, 또한 그의 열두 제자 중 베드로와 그의 형제 안드레 그리고 요한과 야고보 형제가 이 호수에서 고기를 잡

가버나움 베드로의 옛집 위에 지은 그리스 정교회

던 어부였다.

갈릴리 호수 서남쪽의 티베리아스에서 시작하여 갈릴리 호수 남단의 요단강을 건너 동북쪽으로 차를 주행하였다. 벌써 갈릴리 호반에 어스름 진 저녁 그림자가 보인다. 호수 동편 케르사에서 바라본 호수 위에는 옛날의 베드로처럼 늦도록 고기를 잡는 한 어부의 모습이 외로워 보인다. 호수 가장자리를 따라 호수 북쪽에 있는 가버나움으로 가니 그 언덕 위에는 옛날 베드로가 살았다는 집터 위에 그를 기념한 그리스 정교회 당이 서 있다. 가버나움을 떠나 호수 서편의 게네사렛과 막달라를 지나 갈릴리 호수를 한 바퀴 돌아서 티베리아스에 돌아오니 저녁 7시가 되었다.

나는 티베리아스 호변의 한 식당에서 이곳의 명물인 '성 베드로'라는 생선요리를 주문했다. 갈릴리에 오면 꼭 먹어봐야 한다는 이 생선은 틸라피아Tilapia라는 민물고기인데 조기처럼 생겼으며 등지느러미가 마치 촘촘한 빗처럼 보인다. 주로 기름으로 튀긴 생선에 감자튀김과

갈릴리에 가면 성 베드로를 먹어보라

레몬이 함께 나오는데 맛이 그만이다.

원래 성 베드로라는 별명의 물고기는 신약성서 마태복음 17장에 나오는 베드로가 낚은 '동전을 입에 문 물고기'에서 유래되었다. 가버나움을 방문 중인 예수와 베드로에게 세무관리가 성전 세를 징수하려 하자 예수께서 베드로에게 갈릴리 호수에 가서 낚시를 던져 제일 먼저 잡은 고기의 입을 열어보면 한 세겔의 동전이 있을 테니 그것으로 두 사람분의 성전 세를 내라고 했던 구절이 있다. 바로 그 물고기를 성 베드로라고 부르게 되었다고 한다. 내가 성 베드로를 주문한 곳은 머리에 야물커Yarmulke를 쓴 유대인이 운영하는 코셔Kosher 식당이었다. 혼자 찾아온 동양인이 신기해 보이는지 아까부터 나를 유심히 쳐다보던 젊은 아랍인 웨이터가 다가와 어디서 왔느냐고 묻는다.

한국에서 왔다고 하니 반가워하며 "아, 코리아! 넘버 원 사커! 넘버 원 태권도!" 하며 무척 반가워한다. "너는 어디에서 온 사람이냐?" 고 물었더니 자기는 팔레스타인 사람이라고 한다. 야물커는 보통 보수주의자 유대교인이 머리에 쓰는데 이 팔레스타인 친구가 유대인 주인 밑에서 웨이터로 일하고 있는 것이 하도 신기해 "너는 팔레스타인 사람인데 유대인 보스 밑에서 일하는 것이 어떠냐?" 라고 물었더니 청년의 대답이 걸작이었다.

"아, 저 유대인 녀석 아주 형편없는 친구야!That Jew is no good!" 하고 손가락으로 주인을 가리킨다. 민망해서 유대인 식당주인을 쳐다보았더니 그 친구 왈 "그 아이는 축구에 미친놈이야! The boy is crazy for soccer!" 라고 하더니 웃어버리는 것이었다.

이 의외의 상황은 이스라엘과 팔레스타인은 원수처럼 항상 적개심을 품고 지낸다는 나의 선입관을 여지없이 깨뜨려버렸다.

그리고 이곳에서 나는 전혀 예기치 못했던 조금은 충격적인 교훈을 배웠다.

'화약고와 같은 중동에서 야물커를 쓴 보수주의 유대인과 축구를 사랑하는 팔레스타인 청년이 서로 농담을 하며 상생할 수 있다면 지구촌의 다른 동네에서도 충분히 평화를 위하여 잠시 종교와 이념의 차이를 초월하여 공생할 수 있을 것이다.'

나는 생선튀김을 먹으며 '화평케 하는 자는 복이 있나니 저희가 하나님의 아들이라 불릴 것이라'는 성서의 한 구절을 상기하였다.

갈릴리 해변의 호스텔에서 하룻밤을 지내고 다음 날 10월 18일 아침 나사렛으로 가기 전 산상보훈으로 유명한 팔복보훈八福寶訓의 산Mt. Beatitudes으로 향했다. 갈릴리 호수가 한눈에 보이는 정상에는 기념 성당이 서 있고 주변은 아름다운 공원으로 꾸며져 있었다. 길목에는 '온유한 자는 복이 있나니 저희가 땅을 기업으로 받을 것이다'라는 구절이 새겨진 돌비가 놓여 있다. 우리가 모두 팔복의 참 의미를 알고 실천한다면 지구는 좀 더 천국에 가까운 세상이 되지 않을까?

갈릴리 지방은 솔로몬 왕이 성전건축을 도와준 페니키아 두로 왕 히람에게 하사한 지역이었다고 한다. 로마제국의 통치기간 중에는 유대와 사마리아 그리고 갈릴리 세 구역으로 나뉘어 통치되었는데 나사렛이 고향인 예수가 3년 반의 활동 대부분을 갈릴리 지역에서 했다고 복

산상보훈 산 가톨릭 기념 성당

음서에 기록되어 있다. 그래서 갈릴리는 나에게 더욱 가슴에 와 닿는 정겨운 이름이다.

갈릴리에는 '예수의 행로Jesus Trail'라고 부르는 총 길이 65km의 하이킹 및 순례코스가 있다. 이스라엘과 미국의 두 하이킹 마니아에 의해 시작된 이 트레일은 예수의 생애와 활동 기간에 걸었을 것으로 추정되는 행로와 신약성서에 기록된 유명한 지역들을 연결해 개발한 나흘간의 도보여행 경로이다. 그 트레일은 나사렛에서 시작하여 가나를 거쳐 타보르 산을 넘어 마지막으로 가버나움까지 예수의 흔적을 따라가는 트레일이라고 한다. 나는 이 트레일의 일부만을 렌터카를 이용하여 '예수의 행로'의 순서와는 반대 방향으로 지나고 있는 셈이다.

먼저 나사렛으로 가기 전 5,000명을 먹였다는 기적의 언덕 타브가를 거쳐서 타보르 산을 지났다. 타보르 산은 예수가 모세와 엘리야와 더불어 대화하였던 변형의 기적이 일어났다는 곳이다. 그런데 이상한 것은 예수가 기적을 행했다는 모든 지역에 기념 사원이나 수도원이 서 있는데 여기에도 어김없이 두 개의 수도원이 있다. 동북쪽에 동방정교회 그리고 남동쪽에는 로마 가톨릭 수도원이다. 사도 바울은 '천지의 주재이신 신은 사람의 손으로 지은 전殿에 거하지 않는다' 사도행전 17:24라 말했다고 기록되어 있다. 그런데 왜 인간은 구실만 있으면 수많은 전을 세우는 것일까? 그리고 그 건물들은 누구를 위한 것일까?

갈릴리에서 나사렛을 지나 예루살렘 성으로

예수의 고향인 나사렛으로 가는 길목에 가나가 있다. 혼인 잔칫집에 초대되어 간 예수가 어머니 마리아의 부탁으로 물로 포도주를 만들었다는 기적의 장소가 바로 이곳이다. 이 기적은 그가 성직을 시작하며 행하였던 첫 번째 기적으로 기록되어 있다. 그리고 나사렛은 나다나엘이 '나사렛에서 무슨 선한 것이 날 수 있느냐?' 라고 자기를 초대한 빌립에게 물었던 곳이다. 그 당시 나사렛이란 고을의 평판이 유대인들에게 얼마나 부정적이었던가를 잘 표현하는 구절이다.

아그립바 왕이 처음으로 그리스도를 따르는 자를 가리켜 크리스천이란 용어를 쓰기 전에는 유대인들은 초기 기독교인을 칭할 때 부정적인 의미로 나사렛파라고 불렀다. 그러나 더러운 진흙 웅덩이에서도 아름다운 연꽃이 피어나듯 가장 고상하고 귀한 가르침이 열악하고 누추한 환경 가운데서 빛날 수 있다는 것을 가르쳐 주는 곳이 바로 나사렛이 아닐까? 어두운 밤바다가 타오르는 파로스 등대의 불빛을 결코 막

석양에 빛나는 예루살렘 성곽

지 못한 것처럼 우리는 진실의 힘이 환경의 제약을 뛰어넘는 실질적 증거를 볼 때 감동한다.

올드 시티 나사렛이란 이정표를 따라 들어가 보니 상상 속의 벽촌 나사렛의 옛 모습(?)은 보이지 않고 지금의 나사렛 올드 시티는 수많은 관광버스와 승용차로 길이 막혀 극심한 교통체증을 앓고 있었다. 눈앞의 나사렛보다는 상상 속의 나사렛이 더 좋았던 것 같다. 이곳을 찾아오는 여행객들은 무엇을 보기 위해 왔을까? 교통체증을 보려고 온 것은 아닐 텐데…. 아마도 나처럼 순전히 호기심 때문이었을까? 나는 1시간 이상을 나사렛의 골목길에 갇혀 있다가 겨우 차를 되돌려서 곧장 예루살렘으로 향했다.

내가 묵을 예루살렘 호스텔은 올드 시티에서 가까우나 주차장이 없어서 외곽에 차를 세워두고 숙소까지는 한참을 걸어야 했다. 배낭을 숙소에 부려놓고 하얀 성벽으로 둘러싸인 예루살렘 올드 시티로 향했다. 처음 본 성도 예루살렘은 마침 저녁노을에 반사하는 하얀 성벽이 백옥색의 순결함을 한껏 자랑하듯 아름답게 빛을 발하고 있다. 아, 예루살렘 거룩한 성! 그 얼마나 오랜 세월 동안 와보고 싶어 했던 시온 성이던가?

5,000년의 긴 역사를 지닌 예루살렘은 지구상에 현존하는 수도 중 가장 오래된 곳이다. 히브리인들은 몇천 년 동안 시온 성을 시와 음악으로 찬양하였다. 또한 그들에게는 예루살렘과 이스라엘의 성전은 불가분의 관계였다. 예루살렘은 아브라함에게서 유래된 3대 종교의 공통된 성지로 그 추종자들의 신앙의 고향이자 순례자들이 가장 많이 찾는 성스러운 땅으로 존재하여 왔다.

지금은 사라진 옛 성전의 터 템플 마운트에는 이슬람교의 황금 돔의 모스크 '암반 위의 돔'이 서 있고 유대인에게는 유일하게 성전의 서벽만이 통곡의 벽으로 남아 있다.

예루살렘은 수천 년간 이스라엘 민족의 수난사와 더불어 길고 험난한 종교사의 굴곡을 거쳐 왔다. 이곳에 솔로몬 왕이 첫 번째 성전을 건축한 이래 예루살렘은 이스라엘 민족 신앙의 중심이 되었고 400년 동안 이스라엘과 유다 왕국의 수도이기도 했다.

기원전 586년 바빌로니아가 유다와 이스라엘 두 왕국을 정복할 때 솔로몬의 성전은 파괴되었으며 대부분의 이스라엘 민족은 바빌로니아에 포로로 끌려가게 된다. 그로부터 70년 후 바빌로니아를 정복한 페르시아의 사이러스 왕의 칙령으로 이스라엘 민족은 옛 고토로 귀환하게 되고 예루살렘의 성벽과 제2의 성전을 재건하게 되었다. 이 시기부터 두 번째 성전이 로마군에 완전히 파괴될 때까지 이스라엘의 역사는

옛 성전 서쪽 벽(통곡의 벽) 위에 보이는 이슬람 모스크

제2의 성전 시기라고 부르게 되었다.

알렉산더 대왕의 페르시아와 팔레스타인 정복과 함께 이스라엘과 예루살렘은 마케도니아의 통치권 아래 있게 되었고, 알렉산더 사후에는 그의 후계자인 이집트의 프톨레마이오스와 셀루시드의 헬레니즘 영향권 아래 있게 된다. 그 후 이스라엘은 마카비의 하스모니안 왕국으로 100년간 독립국으로 존재하였으나 로마제국의 팔레스타인 정복으로 이스라엘은 로마의 영토가 되고 로마가 선정한 분봉왕 헤롯에 의해 예루살렘은 로마식 도시로 재건된다.

순수 유대 혈통이 아닌 대건축자 헤롯 대왕은 유대인들로부터 헤롯 왕조의 정통성을 인정받기 위해서 대대적으로 예루살렘 성전을 증축한다. 당시 헤롯 왕이 건축한 예루살렘 성전의 규모는 원래 바빌로니아에서 귀환한 포로들이 건축했던 제2 성전의 2배 이상 되는 웅장한 건축물이었다고 한다.

기원후 70년 로마제국에 대항한 유대의 독립전쟁으로 헤롯의 성전은 로마군에 의해 완전히 파괴되었다. 그 후 4세기에 기독교로 개종한 로마제국의 콘스탄티누스 황제에 의해 예루살렘은 크리스천 성지로 바뀌고 수많은 기독교 사원과 성당들이 건축되었다. 비잔틴 로마제국의 통치기간 중에는 축출된 유대인의 예루살렘 출입이 금지되었다. 그러나 페르시아가 이슬람으로 개종하기 이전의 사싸니안224~651 제국은 유대인의 지원을 받아 팔레스타인에서 비잔틴제국을 축출하고 예루살렘을 함락한 후 수천 명의 기독교인을 학살하였다. 기원후 637년에 예루살렘은 이슬람군에 정복되어 아랍제국의 소속이 되었고 우마야드 칼리프가 옛 예루살렘 성전 터 위에 이슬람 모스크 '바위 돔'을 건축하게 되었다.

예루살렘은 11세기 초부터 약 100년 동안 십자군이 예루살렘 왕국

통곡의 벽(Western Wall) 앞에서

유대인 구역 안에 메노라(Menorah) 칠지 금촛대

을 설립한 이래 살라딘과의 전쟁으로 몇 번씩 주인이 바뀌게 되나 13세기까지 살라딘의 아유비드 왕조에 속하게 되었다. 그 후 260년간 예루살렘은 이집트의 맘루크와 십자군 그리고 몽골의 각축장이 되었다. 그리고 마침내 1917년부터 팔레스타인과 같이 유엔의 위임으로 대영제국의 신탁통치를 받을 때까지 예루살렘은 400년간 오스만 튀르크의 지배 아래 있었다.

그러나 계속되는 시오니즘과 아랍 민족의 분규로 1948년 대영제국이 팔레스타인에서 철수하자 그해 이스라엘은 독립을 선언한다. 당시 예루살렘의 옛 도시는 요르단의 영토인 동부 예루살렘에 속하였으나 1967년 6일전쟁으로 예루살렘 전체가 이스라엘에 귀속되어 수도가 되었다.

1860년까지는 하얀 성벽으로 둘러싸인 올드 시티가 예루살렘 전부였다. 지금은 인구 80만 명이 사는 예루살렘 자치 시의 일부이다. 이 올드 시티 안에 있는 유대인의 가장 중요한 성지는 높이 720m의 템플 마운트와 통곡의 벽이라 부르는 옛 성전의 서벽이다. 템플 마운트는 성서에 나오는 두 성산이 있던 곳으로 아브라함이 이삭을 희생 제물로 바쳤던 모리아 산과 이스라엘의 상징인 시온 산이 그 다른 이름이다. 바로 이 산 위에 유대인의 두 성전이 세워졌었다.

또한 템플 마운트 위에 지은 암석 위의 황금 돔과 알 아크사 모스크

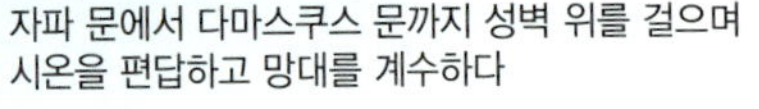
자파 문에서 다마스쿠스 문까지 성벽 위를 걸으며
시온을 편답하고 망대를 계수하다

는 모슬렘의 중요한 성지이다. 올드 시티는 유대인과 아르메니아인 구역, 이슬람 그리고 크리스천 구역 등 네 구역으로 나뉘어져 있는데 각 구역 안에 미로처럼 이어진 골목에는 기념품을 파는 가게들 수도원과 성당 등으로 얽혀 있다. 나는 우선 올드 시티의 유대인 구역에 있는 통곡의 벽과 템플 마운트의 전경을 대충 둘러보고 호스텔로 돌아와 내일 하루 본격적인 예루살렘 돌아보기 계획을 만들었다.

예루살렘 올드 시티의 첫째 관문인 자파 문Jaffa gate에는 그곳부터 성벽 위를 걸어서 예루살렘 성을 두루 돌아볼 수 있는 성벽길이 시작된다. 그리고 자파 문의 망루 돌벽에는 다음과 같은 구절이 새겨져 있다.

'너희는 시온을 편답하고 그것을 순행하며 그 망대들을 계수하라. 그 성벽을 자세히 보고 그 궁전을 살펴서 후대에 전하라.'

- 시편 48:12-13

이 구절은 아마도 내가 보낸 지난 80일간의 아프리카와 이집트의 나그넷길을 어떻게 마무리 지어야 하는지 예시하는 메시지와 같다.

10월 19일 화요일, 이스라엘에서의 마지막 날 한국으로 출발하는 대한항공이 밤 11시 10분에 떠나므로 이번 여행의 마지막 순례지인 예루살렘을 좀 더 알차게 보기 위해 아침 일찍부터 서둘렀다. 어제저녁에 잠시 보았던 자파 문 입구로 다시 갔다. 그리고 시편의 구절처럼 나는 이 시온 성을 편답하고 망대를 세어보며 예루살렘 성벽 위를 걸으며 순행을 시작할 참이다.

나는 지난 수천 년간 수난과 영광의 역사로 점철된 거룩한 성 예루살렘을 내려다보며 잠시 현실의 시공간을 떠나 성서 속의 세계를 거닐 수 있게 된 나의 행운에 감사를 드렸다. 그것은 킬리만자로의 정상에 섰을 때와 같이 예순여섯의 나이에 마침내 꿈에 그리던 예루살렘 성벽 위를 걸을 수 있다는 사실이 내 가슴을 뜨겁게 했다.

자파 문에서 다마스쿠스 문Damascus Gate까지 성벽 위를 걸어가노라면 성벽의 좌우는 과거와 현재를 가르듯 흐르는 시간의 속도 차이가 확연히 눈에 보인다. 성 밖에는 즐비하게 선 하이테크 현대식 건물과 웅장한 정교 사원들이 서 있고 성벽 안쪽으로는 수백 년 동안 시간이 멈춰버린 듯 오밀조밀한 아랍인의 집들이 그대로다.

나는 다마스쿠스 문에서 성벽을 내려와 시장골목 안으로 들어갔다. 아랍인 바자가 있는 골목에는 기념품을 파는 가게들, 더 안쪽에는 아랍인 학교에서 뛰노는 아이들, 긴 수염과 검은 모자에 검은 외투를 입고 거리를 활보하는 정통주의 유대교인들, 무장한 채 삼삼오오 순찰하는 갈색 군복의 이스라엘 군인 그리고 나처럼 이곳을 찾아온 나그네들로 예루살렘은 이른 아침부터 사람의 물결로 출렁인다.

웨스턴 월 터널과 비아 돌로로사

나는 하이파의 친구 제리가 추천한 '웨스턴 월 터널Western wall tunnel'을 보기 위해 정오부터 시작하는 서벽 지하터널 투어에 참여하였다. 옛 헤롯 왕의 성전 서편 외곽 벽 밑에 485m의 지하 부분을 볼 수 있는 숨겨진 통로가 발견되었는데 이를 서벽 터널이라 하며 최근 일반에게 공개하였다.

기원전 19년 헤롯왕은 기존 제2의 성전의 토대인 템플 마운트를 두 배로 늘리기 위해 사면에 외곽 벽을 쌓고 플랫폼을 조성하여 템플 마운트를 확장하였다. 기원후 70년 로마군에 의해 성전은 파괴되었으나 외곽 벽과 플랫폼은 그대로 남겨졌다. 그러나 대부분의 외곽 벽은 수십 세기에 걸쳐 모래흙에 매립되었고 그 위에 아랍인의 여러 건물이 세워졌었다. 그러나 유일하게 노출된 서벽 부분은 옛 성전의 지성소에 가장 가까운 지점으로 지난 2,000년간 이곳을 찾아온 유대인의 순례지인 기도와 통곡의 벽이 되었다.

6일전쟁 이후 예루살렘을 회복한 이스라엘의 종교교육부는 서벽 연장 부분을 지난 25년 동안 계속 발굴하여 지금까지 알려지지 않았던 많은 역사적 유물과 유적을 발견하게 되었다고 한다. 우리가 들어간 지하통로에는 서벽의 북쪽에서 유입되는 수로와 작은 저수지가 있는데 하스모니안 왕조 때 만들었다고 하여 하스모니안 수로라고 한다.

또한 헤롯 왕이 쌓은 외곽 유지 벽의 석재 가운데 길이 13.5m에 폭이 4m인 무게 510t의 큰 석재가 있는데 '웨스턴 스톤'이라고 부른다.

예루살렘 지하의 로마인의 거리

아치형 지하터널

13.5m 510t의 웨스턴 스톤

기중기가 없던 시절 인력으로만 옮길 수 있는 최대의 석재라고 하니 이 건설작업의 규모를 어느 정도 짐작할 수 있을 것 같다.

그 밖에도 서벽과 평행으로 이어지는 지하에서 몇 년 전 로마인의 거리가 발견되었다. 그것은 성전 파괴 후에도 로마 군병이 예루살렘에 계속하여 주둔했다는 사실을 입증하는 것이다. 안내인은 우리에게 헤롯 대왕이 위대한 왕이었는지는 모르겠으나 그가 위대한 건축자였던 것은 확실하다며 건축자로서의 업적에 대해 칭찬을 아끼지 않는다. 헤롯은 예루살렘 성전 외에도 헤롯 궁과 예루살렘 수로 시스템, 헤로디움의 왕궁요새, 마사다 산성과 카이사레아 항만 도시를 건설하는 등 건축의 대왕이라 불리는 데 전혀 손색이 없는 업적을 남겼다.

그러나 그가 남긴 위대한 대건축가의 명성도 자신의 가족과 수많은 유대교의 랍비들을 학살한 미치광이 폭군이라는 어두운 오명을 지우지는 못했던 것 같다. 또한 그토록 심혈을 기울여 건축한 성전도 완공한 지 70년 후에 로마군에 의해 완전히 파괴되었고 카이사레아 항만도, 헤로디움의 왕궁도 모두 다 사라지고 다만 아내와 자식을 무자비하게 죽인 폭군이라는 이름으로 역사에 남아 있을 뿐이다.

웨스턴 월 터널의 북쪽 출구는 움마리야 아랍 초등학교의 지하통로와 연결되어 있는데 이곳이 바로 '비아 돌로로사Via Dolorosa, 고난의 행로'가 시작되는 지점이다. 비아 돌로로사는 예수께서 골고다까지 십자가를 지고 간 고난의 경로를 일컫는다. 비아 돌로로사는 보통 9개의 정류소가 있는데 첫 번째 시점이 빌라도에게 시형선고를 받는 총독 관저 심판정이고 마지막 정류소가 십자가에 못 박혔던 골고다라고 한다. 어느 누구도 예수가 십자가를 지고 걸었던 정확한 경로는 모르는 것 같다. 단지 복음서에 나온 몇 구절과 1세기 로마의 유대인 역사가 요세푸

웨스턴 월 터널 출구가 '비아 돌로로사'로 연결된다

십자가를 지고 고난의 길을 걷는 여행자 그룹

스의 기록에 따라 추정할 따름이다.

현재의 이 경로는 18세기부터 예루살렘에 거주했던 각 기독교 성직자의 전통과 로마 점령지의 헤이드리안 도로 설계 방식을 연구하여 설정한 것으로 가톨릭의 각 종파 사이에도 비아 돌로로사의 구체적인 경로에 대해서는 의견 일치를 보지 못하고 있다고 한다.

아랍인 구역에서 배낭을 멘 채 가벼운 나무 십자가를 메고 좁은 시장 골목을 걸어가는 크리스천 여행자들의 '고난의 길 모방 예식'을 볼 수 있었다. 그들은 각 정류소를 지날 때마다 다른 신도에게 십자가를 넘겨주고 다른 무리와 함께 십자가의 뒤를 따르고 있었다. 이것이 '아무든지 나를 따라오려거든 자신을 부인하고 자기 십자가를 지고 나를 좇을 것이니라' 라는 그리스도의 교훈을 실행하는 것일까? 어째서 인간들은 영성의 교훈보다 형식을 쫓아가는 데 급급한지 모르겠다. 하긴 나 역시 모세의 행적을 따라 출애굽을 한답시고 이집트에서 시나이 반

다마스쿠스 게이트.
양편에 총안의 타워가 있다

도를 거쳐 이스라엘로 들어오지 않았던가?

예루살렘 성의 북문 격인 다마스쿠스 문 안쪽은 유난히 붐빈다. 내가 오전에 자파 문에서 시작하여 성벽 길로 걸어서 온 이곳은 크리스천 구역과 이슬람 구역의 경계점에 있다. 히브리어로 세겜 문이라고 불리는 이 문은 원래 바빌로니아에 포로로 잡혀갔다가 돌아왔던 제2의 성전 시기에 건축되었다고 한다. 현재의 문은 1542년 오스만제국의 술레이만이 건축한 것으로, 문의 특징은 양쪽 2개의 탑 문 위에 외적의 침투를 막기 위한 총안銃眼이 있다는 것이다. 즉 중세의 예루살렘은 비잔틴과 십자군의 침입을 막기 위한 돌벽으로 둘러싸인 요새였다는 증거이다.

예루살렘 아랍 구역 옆 아르메니아 구역은 올드 시티의 네 구역 중 제일 작은 구역이다. 우리에게는 조금 생소한 아르메니아인은 크리스천이지만 예루살렘의 다른 크리스천과 독립된 구역에서 살고 있다. 왜 그들은 1,000여 년 동안 예루살렘 옛 성안에서 자기들의 고유 구역을 지키고 살아왔을까? 궁금증은 그들의 역사를 살펴보고 나서야 풀리게 됐다.

이슬람 구역의 시장골목에서 뛰어노는 아랍 어린이들

아르메니아의 기원은 창세기에 나오는 노아의 방주가 멈추었다는 아라랏 산 고원에서 발원한 우라르투 왕국1000~600 BC에서 찾을 수 있다. 티그라네스 대왕 때는 터키, 레바논과 이란 일부까지 영토를 확장했던 강국이었고 마케도니아, 페르시아와 로마, 비잔틴제국 등 강대국들과 한때 힘겨루기를 했던 코카서스 지방에 근거를 둔 기독교 국가였다. 흥미로운 사실은 아르사시드 왕조AD 301 때 아르메니아 왕국이 기독교를 국교로 받아들였는데, 이것은 로마제국의 콘스탄티누스 대제가 기독교를 국교로 채택한 시기보다 10년이나 앞선 것이었다.

조로아스터교를 숭상하던 아르메니아에 최초로 기독교를 포교한 선교사는 예수의 사후 그곳으로 간 그의 열두 제자 중 다대오와 바돌로매라고 한다. 종교적으로 아르메니아 교회는 가톨릭이나 동부 정교회와는 다른 독립적인 아르메니아 사도 교회라고 부르는데 이집트 콥트 정교회와 에티오피아 정교회와 같은 동방정교회Oriental Orthodox 소속이다. 중세의 아르메니아는 이슬람 국가들에 둘러싸인 외로운 섬 같은 위치에 있었고 다만 멀리 떨어진 유럽의 십자군 원정 국가들과 우호관계를 유지할 수 있었다.

다마스쿠스 문 안 이슬람 구역의 바자

아르메니아인들의 근세사를 읽어보면 유대인의 역사와 너무나 유사함에 놀라움을 금치 못한다. 사람들은 홀로코스트Holocaust라는 세계 2차 대전 중 히틀러 나치에 의해 자행된 유대인 대학살에 대해서는 잘 알고 있지만 1915년 오스만 제국에 의해 자행된 아르메니아인 집단 학살 사건에 대해서는 잘 모른다. 오스만제국이 세계 1차 대전 중에 약 150만 명의 아르메니아인을 학살하고 세계 각국으로 아르메니아인들을 추방했던 역사적인 사건은 세계 2차 대전 중 히틀러가 시도했던 유대인 인종 청소라는 유대인 대학살과 너무나 흡사하다.

그 결과 아르메니아 민족은 유대인의 분산Diaspora처럼 유대인들보다 30년 전에 세계 각처로 추방되는 이산 민족이 되었다. 아르메니아인은 추방된 나라에서도 아르메니아 고유의 전통문화와 언어 그리고 종교를 유지하며 살아왔는데 그 같은 그들의 민족성이 유대인과 닮은꼴이라는 생각이 든다. 아르메니아 본국의 총인구는 300만 명 정도인데 현재 세계 각국에 이산된 아르메니아 민족은 대략 800만 정도이며 그 가운데 약 1,000명이 예루살렘의 올드 시티에 살고 있다.

예루살렘 분문을 나와 벤구리온 공항으로

이슬람 아랍 구역과 아르메니아 구역을 지나서 다시 유대인 구역으로 갔다. 이스라엘을 떠나기 전에 되도록이면 시온 성 예루살렘의 모습을 좀 더 자세히 보고 오랫동안 기억할 수 있기를 바랐기 때문이다. 잘 정리된 거리와 말끔한 유대인의 회당 그리고 땅 밑에 묻힌 옛 로마의 거리를 지나 템플 마운트의 남벽南壁 발굴 현장으로 갔다. 이 지역에서 발굴된 유물들은 이곳에 있는 현대식 박물관에 전시되고 있고 현장

템플 마운트의 남벽 발굴현장

과 연결된 야외 전시장은 진행 중인 발굴작업을 한눈에 볼 수 있도록 전시하고 있다. 고고학자들은 이곳에서 얼마나 더 많은 유물과 숨겨진 예루살렘의 역사를 캐낼 수 있을까?

나는 자파 문에서 시작했던 예루살렘 옛 성의 순례를 마지막 출구인 분문糞門에서 마치게 되었다. 분문이란 말 그대로 '배설물의 문Dung gate'이라는 뜻이다. 조선 시대 한양에도 시구문이 둘 있었다. 죽은 사람들의 시신을 도성 밖으로 내보낼 때 광의문과 창의문을 사용하였는데 시체가 나가는 문이라 하여 시구문이라 불렀다고 한다.

그렇다면 덩 게이트의 용도는 무엇이었을까? 성전에서 가장 가까운 곳에 있는 이 문을 통해 성전에서 생겨나는 희생동물의 쓰레기와 폐기물을 성 밖으로 내보냈던 배출구였다고 한다. 예루살렘 성 분문 밖에는 '힌놈의 골짜기' 라는 인간과 동물의 시체를 태웠던 쓰레기장 혹은 폐기물 처리장이 있었다고 한다. 그렇다면 이 분문의 역할은 조선 시대의 시구문과 별반 다르지 않다. 그런데 흥미로운 사실은 성벽으로 둘러싸인 예루살렘 올드 시티에서 유일하게 차량 통과가 허용되는 곳은 이 분문이 유일하고 또 이 분문으로 나갈 수 있는 것도 각국에서 이곳을 찾아온 종교계의 신도들과 관광객을 실어온 대형 버스들뿐이다.

유대인 구역의 마지막 출구 분문

그 옛날 쓰레기장으로 향하는 예루살렘 성의 폐기물처럼(?) 분문을 통과할 때 갑자기 구약성서 느헤미야서의 한 구절이 떠올랐다. 유대인 총독으로 부임한 느헤미야가 바빌로니아에 포로로 잡혀갔던 이스라엘 민족과 유다 땅에 함께 귀환한 후 제2의 성전과 예루살렘 성을 재건축하는 과정에느헤미야 3:13-14 '레갑의 아들 말기야의 몫으로 이 분문을 수리하게 하였다' 라고 기록되어 있다. 당시 예루살렘 성에는 9개의 성문들이 있었고 미문美門, 샘문, 시온 문 등 멋진 이름을 가졌거나 동물의 이름을 따서 사자 문, 물고기 문, 또는 큰 도시의 이름을 따서 다마스쿠스 문이라 불리었다.

다른 동료는 영광스럽고 아름다운 이름의 문과 성벽을 수리하게 되었는데 레갑의 아들 말기야가 '배설물의 문' 을 수리하는 일을 맡게 되었을 때 그의 기분은 어떠했을까? 자신에게 주어진 임무를 수치스럽게 생각하였을까? 아마도 그는 예루살렘의 성문 중 '가장 중요한 분문'을 재건할 수 있었던 것을 커다란 특권으로 여겼을 것 같다. 적어도 그와 그 가족의 이름은 예루살렘 성을 건축하였던 자로 최고 명예의 전당인 성서에 기록되는 영예를 얻지 않았던가?

짧고도 긴 하루 동안 시온을 편답하고 성벽을 살펴보았으며 망루를 세어보았다. 그러나 내가 후대에 전할 궁전의 모습은 어디에도 없었다. 단지 옛 성전의 토대였던 템플 마운트 위에 서 있었을 예루살렘 성전만을 상상해 볼 뿐이었다. 요한 계시록에 기록된 '사람의 손으로 세우지 않은 영원한 궁전', '새 하늘과 새 땅 위의 거룩한 성 새 예루살렘은 어떤 곳일까?' 상상하면서 이틀 동안 돌아보았던 헌舊 예루살렘과 작별을 고했다.

예루살렘 주차장에서 렌터카를 찾아 벤구리온 국제공항에 도착하니 거의 9시가 다 되었다. 밤 11시 10분에 출발하는 대한항공에 지친 몸을 싣고 잠든 사이 항공기는 2010년 10월 20일 아침 인천공항에 도착하였다. 이로써 나는 2010년 8월 6일 2개의 배낭만을 메고 샌프란시스코에서 시작한 네 번째의 배낭여행 '검은 대륙 아프리카에서 이스라엘까지 80일간의 순례' 여정을 모두 마쳤다.

그리고 한 달 후 백색 빙하의 대륙 남극으로 향하게 된다.

세상의 끝
그러나 모든 것의 시작

이 구절은 남미대륙의 가장 끝자락에 있는 소도시 우수아이아를 가리키는 말이다. 또한 한 지점이 종점이 될 수도 출발점이 될 수도 있다는 뜻이기도 하다. 살다 보면 누구에게나 인생 반전의 순간이 찾아오기 마련이다.

나는 2010년 초 만 65세에 35년간 종사해 왔던 소프트웨어 설계자동화 분야를 끝으로 전반부 경력을 마감하였다. 그리고 후반생 미지의 세계에 도전하기로 하였다. 그것은 내가 도달한 은퇴의 종착역이 새로운 삶의 시발역이 될 수 있다는 강한 믿음으로 인생 이모작을 경작해 보려는 것이다.

누구에게나 꿈의 버킷리스트가 있을 것이다. 가보고 싶은 곳, 해보고 싶은 일, 남기고 싶은 것들….

첫 번째 꿈의 리스트를 따라 배낭을 메고 한 해 동안 지구촌을 순례하였다. 홀로 걸었던 나그네 길목에는 잉카제국의 옛길, 빙하 덮인 마지막 대륙 남극, 시베리아의 바이칼 호, 북극권의 오로라, 아마존의 밀림, 킬리만자로의 눈, 나미비아의 모래언덕, 에티오피아의 원시 부족 마을, 세계의 지붕 티베트 고원, 히말라야의 설국, 몽골의 대평원, 수백 년간 비가 내린 적이 없는 칠레 아타카마 사막, 이스터 섬과 그 외 숨겨진 오지와 지구촌의 구석진 동네들이 있었다. 구경꾼이 아닌 순례자로 신화와 전설이 담긴 고장을 그리고 숨은 역사와 원주민의 숨결이 느껴지는 외진 동네를 찾아다녔다.

비용을 줄이기 위해 무거운 배낭을 메고 합숙소에서 잠을 자고, 직접 음식을 만들어 먹는 저 경비 여행을 통해 지구촌의 그늘진 뒷골목을 좀 더 자세히 살피고자 했다. 찾아갔던 고장 사람들의 저렴한 교통수단과 그 땅의 먹거리를 통해 그들의 체취와 음식문화를 체험하였고, 춤과 노래를 통해 그 민족의 역사와 문화를 이해하도록 했다. 때로는 말이 안 통하는 여러 나라에서도 살아남는 희열과 수시로 겪었던 모험은 예순여섯 살 소년을 마냥 젊고 행복하게 하였다.

두 번째 꿈은 내가 걸었던 후반생 첫 나그넷길에서 만난 전설과 이야기를 우리 시대에 일탈을 꿈꾸는 어버이들과 나눌 수 있도록 한 권의 책으로 엮는 것이다. 이 서투른 글이 재산보다는 전설을 유산으로 남기고 싶어 하는 어버이들에게 마중물이 되어 줄 수 있다면 나에게 하나의 작은 행복이 될 것이다. 더 욕심을 부린다면 내가 걸어온 인생 행로의 굴곡과 순례길에서 보았던 젊은 날의 초상이 현대를 살아가는 젊은이들에게 꿈을 지피는 작은 불쏘시개가 되기를 소망하고 있다.

이 책은 세 번째로 아프리카와 중동 여행기이다. 지리적인 구분에 따라 첫 번째는 남아메리카와 남극 편이고, 유라시아 순례기는 두 번째 책이었다.

이 글이 마무리되는 대로 못다 한 순례길, 지구촌의 구석진 동네를 향해 나는 다시 배낭을 멜 생각이다.

마지막으로 이 글의 초고를 읽고 출판할 것을 권유하고 조언하며 격려를 아끼지 않은 구은모 선생에게 고마움을 전하고 싶다.

최세열